GÜTERSLOHER
VERLAGSHAUS

W0192131

Für meine Frau,
mit der die Liebe nie Sünde,
aber immer das Paradies ist.

Uwe Bork, geboren 1951, arbeitete zunächst als freier Journalist für Hörfunk, Fernsehen, Zeitungen und Zeitschriften und ist heute Redaktionsleiter beim SWR-Fernsehen in Stuttgart. Er ist verheiratet und lebt mit seiner Familie in Esslingen.

UWE BORK

Muss denn Liebe Sünde sein?

Liebe, Lust und Leidenschaft in den großen Weltreligionen

Gütersloher Verlagshaus

Bibliografische Information Der Deutschen Bibliothek
Die Deutsche Bibliothek verzeichnet diese Publikation in der Deutschen Nationalbib-
liografie; detaillierte bibliografische Daten sind im Internet über http://dnb.ddb.de
abrufbar.

ISBN 3-579-06507-6
© Gütersloher Verlagshaus GmbH, Gütersloh 2005

Umschlaggestaltung: schwecke.mueller Werbeagentur GmbH, München
Umschlagbild: William Strang, Adam und Eva, getty images
Bilder Innenteil: Archiv für Kunst und Geschichte, Berlin
Satz: Katja Rediske, Landesbergen
Druck und Bindung: Grafo S. A. Basauri
Printed in Spain

www.gtvh.de

Inhalt

Alles Gefühlssache?

Es gibt Vorurteile, die halten sich besonders hartnäckig. Vor allem, wenn es um Fragen der Religion geht, scheint die Menge ebenso verwirrter wie verwirrender Vermutungen alle von höchster Stelle offenbarten Wahrheiten um ein Vielfaches zu übertreffen. Unsere Vorstellungen über das, was Millionen Menschen glauben, mögen so falsch und überholt sein wie die Annahme, unsere Erde sei eine einzigartige Insel inmitten eines gewaltigen Himmelsozeans, sie besitzen dennoch eine Beständigkeit, gegen die so mancher kirchliche Lehrsatz nicht stabiler wirkt als ein auf einer duftenden Sommerwiese errichtetes Luftschloss.

Kommt zusätzlich noch die Liebe ins Spiel, bei der es sich dem Vernehmen nach ja ebenfalls um eine Himmelsmacht handeln soll, ist dem Irrglauben noch um ein Vielfaches mehr Tür und Tor geöffnet. Unter aufgeklärten Mitteleuropäern wird dann unter Rekurs auf römische Moralvorstellungen nur allzu oft die Meinung verfochten, das Christentum sei im Grunde nichts anderes als eine Religion der spießigen Lustfeindlichkeit, die in sonntäglichen Kanzelreden und Episteln eine vornehmlich asexuelle Liebe propagiere, die ihre eigenen Predigten im Alltag dann aber nur allzu schnell wieder vergesse. Namentlich gegenüber dem Papst und seinen Kardinälen besteht zudem häufig der Verdacht, dass niemand in dieser überalterten Männerrunde aus eigener Praxis auch nur eine entfernte Ahnung von den Konsequenzen jener Ermahnungen habe, in denen etwa die Unauflöslichkeit der Ehe dekretiert oder der Gebrauch empfängnisverhütender Mittel verdammt wird.

Doch das Christentum markiert nur das eine Extrem auf einer breiten Skala von Wertvorstellungen und Verhaltensregeln. Für den verführerischen Schein von mehr Offenheit und Toleranz auf dem Gebiet von Liebe, Lust und Leidenschaften sorgen bei anderen Religionen oft schon allein der Reiz ihrer Exotik oder das unscharfe Bild einer verkürzten Darstellung ihrer Glaubensinhalte und Glaubenspraktiken. Um sie als das genaue Gegenteil christlicher Sexualfeindlichkeit zu profilieren, bedarf es dann nicht mehr viel: Allein die zahllosen Stellungsangebote des Kamasutra mit ihren lyrischen Namen, die immer noch mehr als nur gewagten Plastiken vieler indischer Tempel und der nicht allein von liebebedürftigen Esoterikern geschätzte Tantrismus genügen bereits, um etwa den Hinduismus für westliche Augen wirken zu lassen wie eine zu Religion gewordene Erotik ohne Schranken und Tabus.

Fast müßig zu erwähnen, dass selbstverständlich auch der Islam längst seinen Platz auf dem weiträumigen Plateau religiöser Vorurteile zugewiesen bekommen hat, auf dem Gläubige wie Ungläubige zwischen harschen Verboten und herrlichem Verlangen, zwischen unentschuldbaren Sünden und unstillbaren Sehnsüchten oft orientierungslos umherirren.

Obwohl der Gott der Muslime den Beinamen »der All-Erbarmer« trägt, hat selbst seine Barmherzigkeit gegenüber seiner Schöpfung offenbar nicht verhindern können, dass dem Islam unter allen Weltreligionen unangefochten die Spitzenposition für Frauenfeindlichkeit und Unterdrückung auch nur halbwegs feministischer Positionen zugeschrieben wird. Dass Frauen unter dem Halbmond rechtlos sind und unmündig gehalten werden, gehört inzwischen selbst zum Gemeingut jener christlichen Stammtischbrüder, die mit ihrer eigenen Ehefrau noch nicht einmal über die Wahl des abendlichen Fernsehprogramms diskutieren würden.

Liebe, Sexualität und Religion: Dieses ebenso hochkarätige wie konfliktträchtige Dreierpack verlangt nach mehr als nur einem verschämten Rundblick aus der Kirchturmperspektive. Nimmt doch alles, was mit dem Thema »Liebe« in seinen Schattierungen und Spielarten zusammenhängt, einen zentralen Platz in allen großen Religionen ein. Nicht nur als geradezu unerschöpfliches Thema für hochgeistige Dispute und Abhandlungen scheint sie Götter wie Menschen immer und überall inspiriert zu haben. Die Seiten aller Heiligen Schriften sind voll von geglückten und weniger geglückten Beziehungsgeschichten, von verrückten Liebschaften und verhängnisvollen Affären, manche davon mit geradezu katastrophalen privaten oder politischen Folgen.

Das Alte Testament etwa liest sich über weite Strecken und in vielen seiner Bücher nicht nur wie eine Art erster Adelskalender des Menschengeschlechtes, mindestens ebenso oft geriert es sich auch wie ein billiger Kolportageroman, dessen Verwicklungen mitunter hart an der Grenze des eben noch Glaubhaften liegen.

Die mehr oder minder himmlischen *Love-Storys* versprechen bei all dem jedoch weit mehr herzugeben als nur den Stoff für die eine oder andere Fußnote in einer globalen Literaturgeschichte. Die Nachwehen einer nicht gerade kleinen Zahl der Liebesgeschichten und Beziehungsdramen aller Religionen sind vielmehr bis in unser heutiges Leben spürbar. Nicht anders, als sich beispielsweise für viele Muslime die öffentliche Stellung der Frau direkt aus den Offenbarungen Allahs ergibt, erweisen sich christliche Moral und christliche Sexualethik in vielen Bereichen auch mehr als zweitausend Jahre nach Christi Geburt immer noch als abgeleitete Funktionen biblischer Geschichten oder dessen, was wir dafür halten. Das bezieht sich nicht nur darauf, was nach christlichen Maßstäben in der körperlichen Liebe erlaubt ist, was als Krankheit bedauert oder gar als Sünde gegen den göttlichen Willen verachtet und verurteilt wird, das zeigt sich beispielsweise auch darin, wie sehr das gegenwärtige Modell von Kleinfamilie und Monogamie von manchen Theologen selbst gegen historische Forschungen wie gegen den Wortlaut biblischer Texte zum zeitlosen Muster für ein gottgefälliges Dasein deklariert wird.

Es ist offensichtlich und nicht nur an der Themenwahl von Poesie und Prosa ablesbar: Die Beschäftigung mit dem wohl größten und positivsten Gefühl, das Menschen erleben dürfen, hat in allen Religionen, an allen Orten und zu allen Zeiten Gläubige wie Ungläubige, Fromme wie Atheisten bewegt wie kaum etwas anderes. Das Spektrum reicht dabei von den durchaus sinnenfrohen Formen, die sich in manchen Epen des Hinduismus finden, und den amourösen Eskapaden der Götter Griechenlands bis zu einem rigiden Legalismus, dessen Regeln für das Zusammenleben der irdischen Gesellschaft den Islam weithin zu prägen scheinen.

Liebe wurde und wird in den Heiligen Schriften aller Weltreligionen dabei nie als ein ausschließlich menschliches Phänomen verstanden, sie besitzt auch immer eine spirituelle Dimension, eine Verlängerung in eine jenseitige Existenz, ein anderes Dasein. In dieser Erweiterung gewährt sie nicht nur eine Möglichkeit, dem Verhältnis zwischen Gott – oder Göttern – und den Menschen mit ein paar zusätzlichen Strichen mehr markante Details zu verleihen, sie liefert zusätzlich auch wichtige Farben für das schwierige Unterfangen, den unterschiedlichsten Gottes- und Götterbildern mehr Tiefe und Plastizität zu verschaffen. Nicht zuletzt offeriert sie so auch einige Antworten auf die zentrale Frage, ob im metaphorischen *über uns* eine nur auf sich selbst bezogene Monade wohnt oder ob dort nicht doch eher ein Wesen existiert, das sich in den Menschen ein Gegenüber wünscht. Ein Wesen, das einen Dialog möchte und zum Zwiegespräch einlädt.

Das vorliegende Buch soll den angesprochenen Fragen und ihren Weiterungen zuverlässig nachgehen, es wird dabei aber nicht stur den häufig ausgetretenen Pfaden der Geographie oder der Historie folgen. Der Autor hegt keinesfalls die Absicht, als eine Art spiritueller Buchhalter einen Soll-/Ist-Vergleich menschlicher oder göttlicher Emotionen in den Religionen der Welt anzustellen, um gegen Ende der Arbeit dann Bilanz zu ziehen und unter einem imaginären Strich die diversen Kontostände und möglichen Defizite der Gefühle zu berechnen. Ihn interessiert weit mehr, in Geschichten der Geschichte nachzuspüren und die göttliche Trias von Glaube, Liebe und Hoffnung fühlbar zu machen. Anhand konkreter Fragen und plastischer Beispiele könnte so das Verbindende, aber selbstverständlich auch das Trennende zwischen den Religionen deutlicher hervortreten.

Es ist nicht gut, dass der Mensch allein sei ...: Unter diesem für Juden wie für Christen gleichermaßen programmatischen Titel soll in den folgenden Kapiteln detailreich und sachlich über den Stellenwert von Liebe, Lust und Leidenschaften in den großen Weltreligionen informiert werden. Doch was wäre ein Buch über ein solches Thema, wenn nicht – zusätzlich zum Informationsgewinn – seine Lektüre auch Genuss, Vergnügen und vielleicht sogar Lust bereitete?

Uwe Bork

Ansichten einer Himmelsmacht

Die Geschichte klingt merkwürdig. Und eigentlich so gar nicht wie ein Abschnitt aus dem Alten Testament. Da gab es nach der Vertreibung aus dem Paradies offensichtlich so genannte »Gottessöhne«, die irgendwann einmal erkannt hatten, dass die Frauen der Erde durchaus mehr als nur bescheidenen Reiz besaßen. Diese Gottessöhne, die in anderen Übersetzungen auch als Engel bezeichnet werden, erlagen schon bald dieser weiblichen Attraktivität so gründlich, dass Kinder aus den Verbindungen zwischen himmlischen und irdischen Wesen hervorgingen, die in der Bibel auf Hebräisch als »Nefilim«, als ein Volk von Riesen, bezeichnet werden, als hochberühmte Helden der Vorzeit oder starke Männer der Urzeit.

Gott selbst war von den extraterrestrischen Affären seiner irdischen Geschöpfe mit den Söhnen des Himmels allerdings anscheinend wenig angetan. Nachdem er dem Treiben zunächst eine Zeit lang tatenlos zugesehen hatte, begrenzte er nicht nur die Lebenszeit der Menschen auf einhundertzwanzig Jahre, sondern er bereute es überhaupt, sie erschaffen zu haben. Er empfand sie als völlig verdorben und von einer Schwärze des Charakters, die für die Zukunft des Menschengeschlechtes nichts Gutes ahnen ließ. Die Folgen sind bekannt: Die Sintflut ließ nicht mehr lange auf sich warten.[1]

Der Inhalt dieser Geschichte, der spontan an die erotischen Eskapaden griechischer Götter denken lässt, dürfte Exegeten aller Epochen in höchste Erklärungsnot gebracht und fromme Bibelleser jeglichen Zeitalters zutiefst an ihrem Glauben zweifeln gelassen haben.

In der Tat: Dieser Text aus dem ersten Buch Mose ist eine jener geheimnisvollen Stellen der Bibel, die sich vorschnellem Verstehen und eindeutiger Interpretation verschließen. Außer als ein nahezu versehentlich im Alten Testament verbliebener uralter Ausdruck orientalischer Überlieferung, dessen Wurzeln bis auf sumerische Quellen zurückgehen könnten, lässt er sich lesen als Beispiel für ein hebräi-

---

1. Vgl. Genesis 6,1ff.

sches Denken, dem jegliche Vermischung der göttlichen und der menschlichen Sphäre fremd ist, da sie mit der jüdischen Auffassung von Aufbau und Struktur der Welt und des Universums nicht in Einklang zu bringen ist. Eine Liebe, wie sie offensichtlich zwischen den Gottessöhnen und den Menschentöchtern herrscht, ist nach diesen Ideen unmöglich. Sie führt direkt ins Verderben.

Nahezu diametral diesen alttestamentarischen Vorstellungen entgegengesetzt leuchtet das christliche Bild eines Gottes, der die Menschen so sehr liebt, dass er seinen eigenen Sohn zu ihrer Rettung hingibt. Obwohl dieser Liebe die körperliche Dimension des ersten Beispiels fehlt, besitzt sie doch eine Tiefe, die in dieser Form den meisten anderen Religionen fremd ist. Gott als ein liebender, opferbereiter und bis zum Letzten gehender Vater: Das ist ein Gedanke, der das Verhältnis zwischen Gott und Mensch von Grund auf neu definiert.

Liebe ist eben nicht gleich Liebe. Ebenso wie es zwischen Nächstenliebe und erotischer Raserei gewaltige Unterschiede gibt, bietet auch die Liebe zwischen Göttern und Menschen, zwischen Gott und Mensch mehr als genügend Spielraum für alle nur denkbaren Varianten, für Arten und Abarten. Es muss eben nicht unbedingt so sein, wie es kindliche Gemüter aller Altersstufen nur zu gern vermuten: Gott liebt die Menschen, die Menschen lieben Gott, und mithin ist schon die Geburt der Beginn einer langen, wunderbaren Freundschaft.

In Wirklichkeit liegen die Dinge in der Regel etwas komplizierter: Sie ein wenig zu ordnen, ist der Sinn der folgenden Abschnitte.

Freiheit hinter Mauern

Ist es Freude? Ist es Furcht? Oder einfach nur Unverständnis? Es ist fast unmöglich, in den weit aufgerissenen Augen des Mädchens zu lesen, das sich an einem eiskalten Novembertag des Jahres 1106 gegen den schneidenden Wind zu schützen versucht, der über die Kuppe des Pfälzer Disibodenberges pfeift. Von seiner Statur her eher schwächlich und mehr als andere seines Alters von häufigen Krankheiten geplagt, die es am normalen Gehen hindern oder auch seine Sehfähigkeit einschränken, fällt es dem Kind schwer, ein beinahe krampfartiges Zittern zu unterdrücken.

Das zarte Mädchen wendet wieder und wieder seinen Kopf und blickt um sich, als wollte es Abschied nehmen. Abschied von dieser Welt. Abschied für immer.

Die Szenerie dafür passt, denn der Winter hat plötzlich Einkehr gehalten auf den Hügeln zwischen Nahe und Glan. Die Laubbäume auf den Hängen haben alle ihre Blätter verloren, sie strecken schwarze Äste in einen Himmel von eiskaltem Blau, die Goldtöne des Herbstes sind nur noch Erinnerung. Doch es ist nicht allein die frostige Winterluft, die das Kind immer wieder am ganzen Leib zittern lässt. Mehr noch als die Unbilden der Natur scheint es die Unentrinnbarkeit seines Schicksals zu sein, die den zerbrechlichen Körper in kurzen Abständen durchfährt: Nur noch wenige Minuten wird es dauern, und das Mädchen mit den großen Augen wird hier oben eingemauert werden.

Eingemauert mit einer Klausnerin und einem weiteren Kind.

Von seinen Eltern kann das immer mehr frierende Mädchen keine Hilfe erwarten, denn sie sind es schließlich gewesen, die ihre Tochter hierher zu den Benediktinermönchen gebracht haben.

Die Gründe dafür sind nicht ganz leicht zu durchschauen. Vielleicht wollten die beiden Eheleute aus eher niederem Adel ihr zehntes und letztes Kind einfach versorgt wissen in dieser unruhigen Epoche, in der sich nicht nur die weltlichen Herrscher, die Kaiser, Könige und Fürsten, mit fast sportlichem Ehrgeiz bekriegen, sondern in der auch das ewige Schiff der *Heiligen Mutter Kirche* von einer rasch wechselnden Folge korrupter Päpste und Gegenpäpste von einer Klippe gegen die nächste gesteuert wird. Vielleicht haben sie auch einfach nur angenommen, ihrem ständig kränkelnden Sorgenkind werde ohnehin kein langes Leben beschieden sein und eine Unterbringung bei frommen Gottesmännern oder -frauen sei daher das Beste, was ihm geschehen könne, um die Chancen auf einen guten Platz in der himmlischen Seligkeit zu verbessern, und zwar sowohl für das Kind selbst als auch – auf dem Weg direkter Fürbitte beim göttlichen Herrscher – für die auf Erden zurückgebliebenen Eltern.

Dass darüber hinaus die Aufnahme eines Sohnes oder einer Tochter in einem Kloster dem sozialen Ansehen der Familie nicht unbedingt abträglich ist, kann getrost vermutet werden.

Doch gleich, welche Motivation nun die vorherrschende ist, das Mädchen mit den großen Augen dürfte sie kaum begreifen. Noch ganz nach Liebe und Zuneigung hungerndes Kind, fühlt es in diesem Moment ausschließlich den Schmerz der Trennung, sieht nur, dass sich vor ihm eine Tür schließt und nicht, dass sich gleichzeitig vielleicht eine andere öffnet.

Tränen rinnen seine Wangen hinab, als der eben noch weit offene Eingang der bescheidenen Klause, die nun auf Jahre hinaus seine Welt sein soll, mit dicken Reihen massiver Steine geschlossen wird. Bald wird nur noch eine schmale Durchreiche für das tägliche Brot übrig sein.

Draußen singen jetzt die Mönche lateinische Verse, die es nicht versteht, und der Vater des Mädchens spricht laut und in weihevollem Ton die Worte, die für das weitere Leben des Kindes entscheidend werden sollen: »Deshalb will ich diese unsere Tochter im Namen der Heiligen, deren Reliquien hier liegen, und im Beisein des Abtes vor Zeugen hiermit übergeben, dass sie der Regel gemäß hier bleibe. Sie darf also von diesem Tage an ihren Nacken nicht mehr dem Joch der Regel entziehen.«

Hildegard von Bermersheim wird abgeschlossen von der Welt, in der sie später einmal als Hildegard von Bingen bekannt werden soll. Hildegard von Bingen, Äbtissin, Dichterin, Komponistin, Naturkundlerin und – obwohl sie von den Formen traditioneller Mystik vieles trennt – eine der größten Mystikerinnen und Seherinnen, die die Kirche je gekannt hat.

Ein feuriges Licht

Mystik ist eine der wichtigsten Formen, in denen Gottesliebe seit jeher erfahren wird, in denen Gottesliebe sich seit jeher ausdrückt. Sie ist durch alle Zeiten und Religionen verbreitet, und sie würde sicher ein hervorragendes Mittel abgeben, um zu verlässlichen Aussagen über die Natur dieser Liebe zu gelangen, gäbe es da nicht ein vertracktes Problem. Es liegt darin, dass mystische Erfahrungen für Außenstehende – und das dürfte in diesem Fall die überwiegende Mehrzahl aller Menschen sein – im Wortsinne »nicht von dieser Welt« sind und damit als nahezu unbeschreiblich gelten müssen. Wenn Mystiker etwa davon reden, mit ihrem Gott »eins zu werden«, ist das für die meisten ihrer Hörer und Leser nur schwer zu verstehen und noch schwerer nachzuvollziehen. Hildegard von Bingen macht da keine Ausnahme. Auch bei ihr kann von Klarheit keine Rede sein.

Das beginnt schon bei vielen biographischen Details ihres Lebens. So oder ähnlich wie eingangs geschildert mag es beispielsweise zwar wirklich gewesen sein, als die junge Hildegard auf einer Anhöhe nur wenige Kilometer vom heutigen Bad Kreuznach entfernt die ersten Schritte auf einem Weg machte, der paradoxerweise gerade über die reale Einengung ihrer Welt ihren Geist für neue Horizonte öffnete und sie damit zu einer außergewöhnlichen Entwicklung ihres Geistes und ihrer Spiritualität führte.

So oder ähnlich mag es in der Tat gewesen sein, allerdings – der Autor muss es zugeben – die Szene kann sich auch ganz anders abgespielt haben. Denn nicht einmal das Jahr, in dem jene Heilige, die von ihrer katholischen Kirche trotz viermaliger Prüfung nie offiziell heilig gesprochen wurde, ihre Lehrzeit als Klausnerin begann, steht genau fest. Während ein Teil der Schriften den 1. November 1106 als den Termin ihrer Einmauerung angibt, gehen andere davon aus, dass das fragliche Datum frühestens im Jahr 1112 gelegen haben kann, da das Kloster auf dem Disibodenberg nicht vor dem Jahr 1108 gegründet wurde. Entsprechend variieren die Angaben über ihr Eintrittsalter zwischen acht und vierzehn Jahren.

Doch gleich, welches Alter nun das tatsächliche war, früh – und für heutige Verhältnisse vermutlich grausam früh – erfolgte ihr Eintritt ins klösterliche Leben in jedem Fall.

Als Kind, dessen körperliche und geistige Entwicklung noch nicht im Mindesten abgeschlossen war, wurde sie der ebenfalls noch sehr jungen Jutta von Sponheim oder »von Spanheim« übergeben, die sich in ihrer an die Kirche des rasch aufblühenden Klosters angebauten Zelle der Erziehung junger Mädchen widmete. Sie lebte inmitten der Benediktiner als so genannte »Inklusin«, d. h. Eingeschlossene, in einer Frauenklause.

Diese Klause war allerdings trotz ihrer schon in ihrem Namen erwähnten Abgeschlossenheit alles andere als ein mit einer hermetischen Kontaktsperre belegtes Gefängnis für ihre Insassinnen. Die Frauen wurden dort nicht lebendig begraben, und sie fühlten sich auch nicht so. Sie waren vielmehr Teil des Lebens mittelalterlicher Klöster, die mit ihren ausgedehnten Landwirtschaften, mit ihren Bibliotheken und Schreibsälen, als Ort für Märkte und Obdach für durchreisende Mitglieder des Hofes multifunktionale Zentren darstellten, wie sie zeitgenössische Architektur und Stadtplanung heute größtenteils vergeblich zu schaffen versuchen.

Obwohl ganz real und zudem auf Dauer eingemauert, vegetierten die Klausnerinnen keinesfalls in einem unwirtlichen schwarzen Loch dahin. Ihnen stand vielmehr eine Kammer zum Wohnen, Beten und für den täglichen Unterricht zur Verfügung, der es an nicht viel mehr fehlte als an einem jederzeit frei nutzbaren Aus- und Eingang. Dafür, dass die Verbindung zur Außenwelt trotz dieser Beschränkung nicht völlig abriss, sorgten mehrere Fenster: eines, das die Wand zum Inneren der Klosterkirche durchbrach und die Teilnahme an den dortigen Gottesdiensten ermöglichte, und mindestens ein weiteres zum Klosterhof, durch das Speisen und Getränke sowie unbedingt notwendige Artikel des täglichen Bedarfs hereingereicht wurden.

Den Inklusen stand zusätzlich meist ein kleiner Garten zur Verfügung, der einen doppelten Zweck erfüllte: Zum einen ließ sich in ihm beim stillen Umrunden der Beete vorzüglich meditieren, gleichzeitig befriedigten dieselben Beete aber auch die eher körperlichen Bedürfnisse der Eingeschlossenen nach frischem Obst, jungem Gemüse und heilsamen oder wenigstens wohlschmeckenden Kräutern.

Kam ein Kloster in Mode und standen die Bewerber für ein Leben in der ummauerten Einsamkeit förmlich Schlange, konnten an eine bestehende Klause ohne Probleme weitere Zellen angebaut werden, sodass sich die sensiblen Sinnsucher bald in einer mehr oder minder großen Gemeinschaft von Einzelgängern wiederfanden, die allerdings auch nicht geselliger ausgefallen sein dürfte als die Nachbarschaft in einem mit wohlverdienenden Singles belegten Apartmenthaus unserer Tage.

Doch zurück zu Hildegard von Bingen. Für ihre nicht nur nach dem Maßstab der damaligen Zeit umfassende Bildung wurde durch ihre Lehrerin Jutta von Sponheim der solide Grundstein gelegt.

Wie Strahlen vom Himmel: Die heilige Hildegard von Bingen schreibt ihre Visionen auf. (Hildegardis Prophetissa; Bildpostkarte; Farbdruck; um 1910).

17

Die von der Kirche ebenfalls in den Rang einer Heiligen erhobene Frau las mit ihren Schülerinnen sowohl in der Bibel wie sie sie in der Kunst des Psalmengesangs unterrichtete. Außerdem unterwies sie die adligen Mädchen nicht nur in den benediktinischen Ordensregeln, sondern sie vermittelte ihnen vermutlich auch solch fassbare und nützliche Künste wie Handarbeit oder Gärtnerei. Der besonders lernbegierigen Hildegard wurden darüber hinaus von einem gewissen Vollmar die Grundbegriffe des Lateins beigebracht, einem Mönch, der später zu ihrem engen Vertrauten und Sekretär werden sollte.

Dieser Vollmar war es denn auch, der Hildegard als »Symmista«, d. h. »Miteingeweihter«, bei der sich über den Zeitraum von 1141 bis 1151 erstreckenden Niederschrift ihres ersten Werkes unterstützte. Es trägt den geheimnisvoll klingenden Titel »Scivias« – lateinisch für »Wisse die Wege« – und ist eine dreiteilige Schrift mit sechsundzwanzig Visionen, in dem sie ihre Sicht des göttlichen Heilsgeschehens von der Schöpfung bis zum Tag der endgültigen Vollendung der irdischen Geschichte in schwer verständlichen Worten und prophetischen Bildern darstellt. Den Erfolg des Buches hat diese Unzugänglichkeit indes eher gefördert als behindert, denn das Werk ist über Jahrhunderte und Ländergrenzen hinweg ebenso ein Standardwerk mystischer Welt- und Geschichtsbetrachtung geblieben wie die anderen Darstellungen der himmlischen Eingebungen Hildegards.

Ihre Visionen haben Hildegard nicht plötzlich in reiferem Alter überfallen, sie begleiteten sie vielmehr seit ihrer Kindheit und dürften das sensible Mädchen dabei durchaus stark geängstigt haben. Sie selbst terminiert den Starttermin für ihre außergewöhnlichen Fähigkeiten auf den frühestmöglichen Zeitpunkt und äußert sich in ihrer Autobiografie auch klar über denjenigen, dem sie ihre Begabung verdankt: »Bei meiner ersten Gestaltung, als Gott mich im Schoß meiner Mutter durch den Hauch des Lebens erweckte, prägte er dieses Schauen meiner Seele ein.«

Ihre Visionen dürften Hildegard auch in der Zeit ihrer Einschließung nicht verlassen haben, sie blieben jedoch geheim, denn Hildegard teilte sie ganz bewusst nicht mit ihrer Umwelt: »Die Kraft und das Geheimnis verborgenen und wunderbaren Schauens erfuhr ich wundersam in meinem Inneren seit meinen Kinderjahren. Doch tat ich es keinem Menschen kund und deckte alles mit Schweigen zu bis zu der Zeit, da Gott es durch seine Gnade offenbaren wollte.«

Dieser Zeitpunkt kam erst, als Hildegard bereits die Vierzig überschritten hatte und bereits seit einigen Jahren als Äbtissin die Geschicke des Frauenklosters auf dem Disibodenberg leitete. Sie selbst schreibt dazu: »Im Jahre 1141 der Menschwerdung des Sohnes Gottes, Jesu Christi, als ich zweiundvierzig Jahre und sieben Monate alt war, kam ein feuriges Licht mit Blitzeleuchten vom offenen Himmel hernieder. Es durchströmte mein Hirn und durchglühte mir Herz und Brust gleich einer Flamme, die jedoch nicht brannte, sondern wärmte, wie die Sonne uns erwärmt, wenn sie uns mit ihren Strahlen übergießt.«

Bei ihren Visionen verlor sich Hildegard allerdings nie in einem wahnhaften Rausch, wie er von der delphischen Pythia bis zu den tanzenden Derwischen des Islam sonst scheinbar zum Markenzeichen besonders inniger Verbindung mit himmlischen Mächten gehört. Hildegards Beschreibungen ihrer mystischen Versunkenheit deuten eher auf einen eigentümlichen Zwischenzustand zwischen wacher Realitätswahrnehmung und versunkenem Träumen hin, der manchen modernen Wissenschaftler schon zu der – göttliche Einflüsse zumindest auf den ersten Blick negierenden – Vermutung kommen ließ, ihre Bilder seien nicht mehr als das Ergebnis besonders heftiger Migräneanfälle.

Ihrem letzten Sekretär und Biographen Wibert von Gembloux, einem wallonischen Benediktiner, beschrieb sie das unerklärliche Phänomen, das ihr den Beinamen einer »prophitessa teutonica« eintrug, im Alter von siebenundsiebzig Jahren mit den folgenden Worten: »Ich sehe diese Dinge nicht mit den äußeren Augen und höre sie nicht mit den äußeren Ohren, ich sehe sie vielmehr einzig in meiner Seele, mit offenen leiblichen Augen, sodass ich niemals die Bewusstlosigkeit einer Ekstase erleide, sondern wachend schaue ich dies bei Tag und Nacht.«

Was sie sah, ist dabei stark auf die Idee einer Liebe konzentriert, mit der Gott alle seine Geschöpfe und besonders die Menschen umgibt. Das Göttliche wird von ihr – wie es im Übrigen wohl die meisten Kulturen tun – als ein strahlendes Licht wahrgenommen, dem Gottesferne und Gottesfeindschaft als ein Raum der Finsternis und mehr oder minder starken Dunkelheit zugeordnet ist. Hildegards Visionen dieses Lichtes, das sie als sichtbaren Ausdruck der von Gott ausstrahlenden und alles umfangenden Liebe begreift, haben für sie etwas Tröstliches, sie auch ganz persönlich Befreiendes und Beglückendes: »Das Licht, das ich schaue, ist nicht an einen Raum gebunden. Es ist viel, viel lichter als eine Wolke, die die Sonne in sich trägt. Weder Höhe noch Länge noch Breite vermag ich an ihm zu erkennen. Es wird mir als der Schatten des lebendigen Lichtes bezeichnet. In diesem Lichte sehe ich zuweilen, aber nicht oft ein anderes Licht, das mir das lebendige Licht genannt wird. Wann und wie ich es schaue, kann ich nicht sagen. Aber solange ich es schaue, ist alle Traurigkeit und alle Angst von mir genommen, sodass ich mich wie ein einfaches junges Mädchen fühle und nicht wie eine alte Frau.«

Hildegard sieht sich – wie alle Menschen überhaupt – in der Liebe Gottes geborgen und durch die Liebe Gottes geborgen. Diese Liebe ist für sie nichts Abstraktes, sondern sie vergleicht sie ganz konkret mit jener Form der menschlichen Liebe, die sie auch selbst früher erfahren hatte. Dabei distanziert sie sich gleichzeitig von einer einseitigen Geschlechtszuschreibung Gottes, wie sie auch heute noch aus schlichter Gedanken- und Fantasielosigkeit oder aus berechnendem Kalkül immer wieder vorgenommen wird: »Denn durch das Wort, das der Lebensquell selber ist, kam die umarmende Mutterliebe Gottes hernieder. Sie nährte uns zum Leben. Sie steht uns bei in der Gefahr. Sie ist das tiefste, mildeste Erbarmen, das uns den Weg der Umkehr zeigt.«

Mit einer irgendwie gearteten sexuellen Liebe hat diese Liebe freilich ebenso wenig zu tun, wie Hildegards Gotteserfahrungen jene quasi sexuelle Ekstase einschließt, wie sie vor allem manch anderen Religionen nicht unbedingt fremd ist und wie sie der Heiligen selbst – wenn auch vermutlich nicht unbedingt aus der eigenen Erfahrung körperlicher

Liebe – so doch zumindest als Objekt naturwissenschaftlichen For-
schens durchaus nicht unbekannt gewesen zu sein scheint.

Für Hildegard dürfte das sie bis ins Innerste berührende Erlebnis göttlicher Liebe im Übrigen Konsequenzen gehabt haben, deren Auswirkungen bis heute spürbar sind. Als Reflex ihrer tiefen und sie völlig
ergreifenden Gottesbeziehung mag nämlich durchaus Hildegards Hinwendung zu einer Heilkunst betrachtet werden, die den ganzen Menschen in den Mittelpunkt stellt und nicht nur mechanistisch einzelne
Glieder oder Organe dieses seines Körpers zu kurieren oder gar zu »op-
timieren« sucht. Hildegard versteht Heilung nicht als Reparatur defek-
ter Körperteile, für sie liegt Heilung vielmehr in einer Hinwendung zu
Gott, aus dem nach ihrer Überzeugung allein Heil zu erwarten ist.

Parallelen zum Heilungsbegriff von »Medizinmännern«, weisen
Frauen und Schamanen anderer Erdteile und Religionen sind hier sicher mehr als nur zufällig.

Ähnlich wie für diese offensichtlich gegenüber der strahlenden Aura
und der spürbaren Präsenz eines göttlichen Wesens besonders emp-
findlichen und empfänglichen Menschen ist auch für Hildegard, die
Zeit ihres Lebens an diversen körperlichen Beschwerden leidet, das
göttliche Licht, die göttliche Liebe, nicht nur der Gegenstand theolo-
gisch-theoretischer Betrachtungen, sie empfindet es vielmehr immer
wieder auch als Mittel für die ganz persönliche Linderung ihrer Nöte.
Ihre spirituellen Erfahrungen müssen auf sie gewirkt haben wie eine
Behandlung psychosomatischer Symptome durch einen allerhöchsten
Therapeuten. Sie erlebte ganz offensichtlich sehr individuelle und intime Begegnungen mit ihrem Gott, dessen Liebe sie bis in ihr Innerstes
berührte. Eine Mystik, die sie vollständig ergriffen hat, die andere aber
nur schwer begreifen können.

Der Kirchenlehrer und Philosoph Thomas von Aquin (ca. 1225–1274)
beschreibt Mystik denn auch als »cognitio Dei experimentalis«, als Erfahrung eines unmittelbaren Kontaktes mit Gott oder mit einer meta-
physischen Urwirklichkeit, bei der das Einswerden und damit die lie-

bende Vereinigung mit dem Göttlichen als eine »unio mystica« sich jeder irdischen Aussage über ihre wahre Natur entzieht. Sie verbleibt für den in seiner Erkenntnis- und Ausdrucksfähigkeit beschränkten menschlichen Geist in einer undurchdringlichen Sphäre der Sprachlosigkeit und des Schweigens, eines »silentium mysticum«, das in einem Zeitalter, in dem man über alles sprechen zu können glaubt und doch vieles nur zerredet, wie ein Monument eines längst vergangenen Epoche wirken muss.

Besonders entschiedene Christen, die zeitlebens auf dem schmalen Grat zwischen Strenggläubigkeit und Engstirnigkeit balancieren, mögen sich beim Folgenden vielleicht die Haare raufen, aber selbstverständlich ist die mystische Hinwendung zu Gott keine christliche Spezialität und auch keine Entdeckung des Christentums, sie ist vielmehr konstitutiv für alle Religionen.

Indien etwa erlebte schon in den Jahrhunderten vor der Erleuchtung des Gautama Buddha und gänzlich unabhängig von ihr wahre Wellen mystischen Erlebens, die mit ihrer Ausrichtung auf Meditation in all ihren Formen, auf Bewusstseinsschulung und Bewusstseinsveränderung inzwischen spürbarer als je an westliche Ufer schlagen. Die seit dem 19. Jahrhundert ihre Lehren auch außerhalb Indiens verbreitenden Yogis und Gurus haben mittlerweile gerade in den Stammländern des Christentums eine nach Hunderttausenden zählende Anhängerschaft erreicht, von denen freilich nur eine verschwindende Minderheit jene höchste Stufe des Yoga erreicht hat, nach der die Einzelseele Einheit mit der Weltseele erlangt. Überdies scheint für sie jene den Menschen völlig erfassende Erfahrung der göttlichen Liebe, von der christliche Mystiker immer wieder berichten, keineswegs einen zentralen Stellenwert auf ihrer Reise nach innen einzunehmen.

In der Mystik des Islam, die sich vor allem in den verschiedenen Formen und Zweigen des Sufismus ausdrückt, wird dagegen auf verschiedensten Wegen eine enge persönliche Beziehung zu Allah angestrebt, die in ihren Erfahrungen und Zielen durchaus Ähnlichkeiten mit den

Erfahrungen und Zielen christlicher Mystik aufweist. Dies erklärt sich freilich nicht zuletzt daraus, dass die Sufis neben der Offenbarung des Koran auch aus frühchristlichen Quellen schöpften, die etwa in den Formen des orientalischen Mönchtums oder der Einsiedelei in ihrer unmittelbaren Nachbarschaft sprudelten. Die Islamwissenschaftlerin Annemarie Schimmel, die sich neben dem rationalen stets auch um ein emotionales Erfassen dieser Religion bemühte, zitiert in diesem Zusammenhang den Perser Urfi (1555–1591), der als Hofdichter im Indien des Mogulkaisers Jalaluddin Mohammad Akbar wirkte, mit dem ebenso eindrucksvollen wie schwer verständlichen Satz: »Die wichtigste Eigenschaft des echten Sufis ist es, dem Selbst zu entwerden, dem Liebenden zu, der sich in seinem Geliebten verliert.«[2]

Die Sufis verbinden zum Teil überaus strenge Askese[3] mit einer intensiven körperlichen Praxis, in der etwa die berühmten »tanzenden Derwische« durch andauernde Wiederholung bestimmter Bewegungen oder durch anhaltende Drehungen ihres Körpers einen »Fana« (Auslöschung) genannten Trancezustand zu erreichen versuchen, der einem vollständigen Aufgehen in der Gottheit entspricht. Aus ihm erklären sich Sufi-Zitate wie »Ich bin die Wahrheit« oder gar »Ich bin Gott«, die von anderer islamischer Seite wiederum als Gotteslästerung empfunden wurden und vielfach zu einer Verfolgung der Sufis und ihrer Orden führten. Sie sind es auch, die den Sufis – manchmal vielleicht nicht ganz unberechtigt – den Vorwurf religiöser Scharlatanerie eintrugen.

Ihre Wurzeln führen die verschiedenen Schulen des Sufismus bis auf den Propheten Muhammad zurück, den sie als ihren ersten Führer und Lehrer betrachten. Sie sind nicht nur im Nahen Osten zu finden,

2. Annemarie Schimmel: Mystische Dimensionen des Islam. Die Geschichte des Sufismus, Köln 1985, S. 42
3. Diese Ausrichtung wird auch in vielen Bezeichnungen deutlich: Der Name Sufi leitet sich beispielsweise vom Wort »suf« (Wolle) ab, das auf das schlichte Gewand der Sufis hindeutet. Das deutsche Wort »Fakir« geht auf den arabischen Ausdruck »faqir« für »arm, mittellos« zurück, der Begriff »Derwisch« leitet sich aus dem persischen »darwesch« ab, das ebenfalls eine Person bezeichnet, die arm ist und bettelnd von Tür zu Tür geht.

sondern sie haben sich bis nach Afrika, den indischen Subkontinent und den gesamten südostasiatischen Raum ausgebreitet. Auch wenn das Einswerden mit ihrem Gott, die mystische Vereinigung mit dem unergründlichen Allah, für sie im Vordergrund steht, haben viele von ihnen ebenso die mehr diesseitigen Aspekte des Daseins nicht aus den Augen verloren: Einige Sufi-Orden waren und sind vor allem in der Armenfürsorge sehr aktiv.

Teresa von Avila: Die Liebe des Herrn

Es regnet. Schon seit Tagen. Die Wege in dem Teil Spaniens, über die sich der von einem mageren Klepper gezogene Karren quält, sind gefährlich rutschig und von tiefen Pfützen übersät. Und so kommt es, wie es kommen muss: Ausgerechnet an einer besonders engen Stelle begegnet dem schmucklosen Fuhrwerk, auf dem sich neben dem Kutscher nur noch eine in einen weiten Umhang gehüllte Frau gegen die sprühenden Schauer zu schützen versucht, eine Herde magerer Schafe. Der Mann auf dem Kutschbock steuert vorsichtig ganz an den Rand des schlammigen Weges, aber es nützt nichts mehr. Langsam aber unaufhaltsam kommt sein Fahrzeug ins Rutschen, es neigt sich immer mehr zur Seite und landet schließlich unter hölzernem Ächzen im Straßengraben. Sein Fahrgast und er haben zwar noch Zeit abzuspringen, aber die Achse des Karrens hat den Unfall nicht überstanden: Sie ist gebrochen. Eine Weiterfahrt ist unmöglich. Ebenso wie ihr namenloser Kutscher ist auch Teresa von Avila, bedeutende Mystikerin und Reformatorin des Klosterlebens, zunächst einmal gestrandet, gestrandet auf einem schmutzigen Weg mitten auf einer unwirtlichen Hochebene im Zentrum Spaniens, weitab von jeder menschlichen Behausung.
Selbst für eine Heilige dürfte das eine Situation sein, die ihre Duldsamkeit und Selbstbeherrschung auf eine ernsthafte Probe stellt. Und Teresa, jüngstes von elf Kindern einer adligen Familie aus dem Städtchen Avila in der Nähe von Salamanca, ist nicht unbedingt ein Muster an Ruhe und Ausgeglichenheit. Schon als Kind galt sie als

neugierig, temperamentvoll und fröhlich; lange still zu sitzen, war ihre Sache nicht.

Kein Wunder also, dass es aus ihr hervorbricht, als die kalten Tropfen sie mehr und mehr durchweichen und die Hilfe auf sich warten lässt, nach der sie den Kutscher geschickt hat. Im Zwiegespräch mit ihrem Gott macht sie ihm Vorwürfe, sie – ausgerechnet sie! – in solch eine unangenehme Lage gebracht zu haben.

Die Antwort lässt nicht lange auf sich warten. Im immer stärker prasselnden Regen vermeint sie Jesus zu vernehmen, der begütigend zu ihr spricht: »Meine Tochter, manchmal behandle ich gerade meine Freunde so ...«

Offensichtlich ist das als Zusicherung eines besonderen Vertrauensverhältnisses gedacht. Teresa kann diese Geste aber dennoch nicht im Mindesten beruhigen, sie hält sarkastisch dagegen: »Ja, Herr, deshalb habt ihr auch so wenige!«

Wie diese Anekdote zeigt, ist Teresas Verhältnis zu ihrem Gott stets ein sehr enges; sie hat mit ihm Freundschaft geschlossen wie mit einem anderen Menschen und sucht mit ihm das tägliche Gespräch. Ihren irdischen Leib und seine Bedürfnisse vergisst sie darüber jedoch nicht im Mindesten. Von ihr stammt die in jeder Beziehung menschenfreundliche Aufforderung: »Tue deinem Körper etwas Gutes, damit die Seele Lust bekommt, darin zu wohnen.«

Ein Hoch auf die Liebe

Eines steht absolut fest: Der Mann hat einen guten Ruf, und zwar schon seit Jahrhunderten. König Salomo, der im Israel des zehnten Jahrhunderts vor Christus regierte, gilt schon beinahe sprichwörtlich als weiser Herrscher, als gerechter Richter und überhaupt als ein grundgütiger und gottesfürchtiger Mensch.

Sogar seinen Gott Jahwe muss sein wohlgefälliges Wesen beeindruckt haben, denn als er dem jungen Salomo in einem Traum anbietet, ihm seinen größten Wunsch zu erfüllen, bittet der nicht etwa um unermessliche Schätze oder die Herrschaft über die damals bekannte Welt, nein, der Neuling auf Israels Königsthron wünscht sich nur die Weisheit, zwischen Gut und Böse unterscheiden zu können.[4] Salomos Gott ist offensichtlich gerührt von so viel Bescheidenheit, denn er erfüllt nicht nur seine Bitte, sondern er schenkt ihm auch das, worum der Nachwuchsherrscher – anscheinend von Jugend auf ein geschickter Taktiker – ihn selbst gar nicht ersucht hat: »Aber auch das, worum du nicht gebeten hast, will ich dir geben, sowohl Reichtum als Ehre, sodass keiner unter den Königen dir gleichkommen soll. Und wenn du auf meinen Wegen wandelst, indem du meine Satzungen und Gebote hältst, wie dein Vater David gewandelt ist, so will ich dir ein langes Leben schenken.«[5]

Göttliche Großzügigkeit, aus der König Salomo durchaus etwas zu machen weiß. Er agiert auf politischem, wirtschaftlichem und kulturellem Gebiet durchaus geschickt, muss zur Jahrtausende überdauernden Untermauerung seiner Erfolge aber zusätzlich wohl auch einen überdurchschnittlich guten PR-Agenten beschäftigt haben. Denn obwohl er – und das schon vor dem Traum, der ihm staatsmännische Klugheit schenken sollte – nach einem bis heute in manchen Ländern gern angewandten Modell zur Herrschaftssicherung seinen ältesten Bruder Adonija, der ihm den Thron streitig macht, ebenso umbringen lässt wie dessen wichtigste Parteigänger, obwohl es ihm nicht gelingt, das von seinem Vater David ererbte Großreich nach außen wie innen auf Dauer zu festigen, und obwohl ihn schließlich die seinem Volk verordneten Fronarbeiten und Steuerabgaben als einen prunk- und prachtsüchtigen Blutsauger erscheinen lassen, gilt er nach wie vor als ein weiser und gerechter Herrscher, unter dessen Regierung das Dasein für alle Menschen das schiere Glück gewesen sein muss.

Ganz so kann das aber vermutlich nicht gewesen sein, denn Salomos Regierungsleistungen werden selbst von der Bibel durchaus nicht nur

---

4. Vgl. 1 Könige 3,4ff.
5. 1 Könige 3,13f.

positiv beurteilt. Offen wird dort etwa getadelt: Er tat, »was den Augen des Herrn missfiel; er gehorchte nicht unentwegt dem Herrn wie sein Vater David.«[6]

Die Zusage Gottes auf einen mit keinem anderen König vergleichbaren Reichtum bezieht Salomo beispielsweise offensichtlich nicht nur auf irdische Herrscher, sondern er nimmt sie so wörtlich, dass an seinem eigenen Palast in Jerusalem dreizehn Jahre gebaut wird, der nördlich davon gelegene Tempel, immerhin die für ein gläubiges Volk ja nicht ganz unwesentliche Wohnung des himmlischen Königs in seiner Mitte und darüber hinaus der Aufbewahrungsort der Bundeslade, wird dagegen bereits nach sieben Jahren fertig gestellt.

Salomo ist offensichtlich in keiner Beziehung ein Freund von Traurigkeit. Was sein Liebesleben wie seinen Gehorsam gegenüber den Vorschriften seiner Religion angeht, dürfte er eher jenen modernen orientalischen Potentaten geähnelt haben, deren Petrodollars englischen Luxuskaufhäusern, italienischen Autoschmieden und französischen Strandbars heute ein mehr als nur solides Auskommen sichern. Für seine Hofhaltung benötigt er beispielsweise täglich »dreißig Kor[7] Weizengrieß und sechzig Kor Feinmehl, zehn Mastrinder, zwanzig Weiderinder, hundert Stück Kleinvieh, nicht gerechnet die Hirsche, Gazellen, Rehe und das gemästete Geflügel«[8].

Von Monogamie hält er zudem allem Anschein nach ebenso wenig wie von Askese. Sein sexueller Appetit deutet nicht unbedingt darauf hin, dass er großen Wert auf die Entwicklung tiefer zwischenmenschlicher Beziehungen legt, eher wirft die in der Bibel genannte Zahl von eintausend Frauen und Nebenfrauen die Frage nach einer eventuell nötigen buchhalterischen Begleitung seiner feudalen Lüste und Leidenschaften auf.

---

6. 1 Könige 11,6
7. Die Angaben, um wie viel es sich bei einem »Kor« handelt, sind nicht ganz eindeutig: Sie schwanken zwischen 220 und 400 Litern. Allein an Grieß dürften danach täglich mindestens 66 Hektoliter und an Mehl eine doppelt so große Menge verbraucht worden sein: keine geringe Belastung für ein ohnehin schon gefordertes Volk.
8. 1 Könige 5,2f.

Nur eine seiner vielen Beziehungen ist der Bibel allerdings einen längeren Abschnitt wert, in dem der Name der Frau, anders als im Koran, der die Geschichte ebenfalls wiedergibt, jedoch ungenannt bleibt: Gemeint ist das Zusammentreffen Salomos mit der Königin von Saba, das als undurchsichtige Affäre auf höchstem diplomatischen Niveau die Menschen auch Jahrtausende später noch immer beschäftigt.

Die in muslimischen Quellen Belqis genannte Königin jenes Saba, das heutige Forscher im Südjemen lokalisiert haben wollen, hat in ihrem Reich von Salomo und seiner Weisheit gehört. Sein Ruf beeindruckt sie derart, dass sie sich mit großem Gefolge auf den Weg macht, um diesen wunderbaren Mann persönlich kennen zu lernen und seine Klugheit mit Rätseln auf die Probe zu stellen.[9]

Salomo absolviert alle Prüfungen mit Bravour und imponiert seiner Herrscherkollegin darüber hinaus in einer Art, wie es zeitgenössische Verführer nicht besser könnten: Er führt sie durch seinen Palast und fährt auf, was Küche und Keller zu bieten haben. Das Ergebnis lässt denn auch nicht lange auf sich warten: Wie die Bibel notiert, bleibt »ihr vor Staunen der Atem aus«[10], was ihr Gegenüber nun vollends dazu animiert haben dürfte, es nicht bloß bei der Vermittlung von mentalen Eindrücken zu belassen: Nach der Legende ist der erste äthiopische Kaiser Menelik das ganz konkrete Ergebnis dieses Rencontres.

Das amouröse Gipfeltreffen zahlt sich für Salomo aber auch materiell aus: Als die offensichtlich von ihm in jeder Beziehung faszinierte Königin wieder in ihr fernes Reich aufbricht, lässt sie ihm als kleines Andenken Gold, Edelsteine und Spezereien in vorher nie gekannter Menge zurück.

---

9. Eines dieser Rätsel scheint zumindest in der Fassung, die sich in der volkstümlichen Überlieferung erhalten hat, für eine gewisse vorausdenkende Überlegenheit des weiblichen Geschlechts zu sprechen: Die Königin von Saba führt danach Salomo zehn absolut gleich aussehende Kinder vor und will von ihm wissen, welches davon Jungen und welches Mädchen sind. Salomo lässt ihnen Süßigkeiten vor die Füße werfen: Die Jungen erkennt er daran, dass sie sich die Bonbons gleich in den Mund stecken, die Mädchen dagegen sammeln die Süßigkeiten für den späteren Genuss in ihren Gewändern.

10. 1 Könige 10,5

An der göttlichen und menschlichen Einschätzung von Salomos Lebenswandel kann das freilich nichts mehr ändern. Die königliche Promiskuität stößt nicht nur in quantitativer Hinsicht auf immer stärkeres Missfallen, das Alte Testament kritisiert Salomos ausschweifende Bettenbelegung auch aus einem Blickwinkel, der hinter einer vordergründig religiösen Argumentation krude Bevölkerungspolitik versteckt: »Der König Salomo liebte viele ausländische Frauen neben der Tochter des Pharao. Es waren moabitische, ammonitische, edomitische, sidonische und hethitische Frauen, aus den Völkern also, von denen der Herr den Israeliten geboten hatte: »Ihr sollt nicht zu ihnen gehen, und sie sollen nicht zu euch kommen; sonst wenden sie eure Herzen ihren Göttern zu.«[11]

Mit seinem eigenen Gott, das hätte der weise Salomo eigentlich wissen müssen, ist in solchen Dingen nicht zu spaßen. Es kommt deshalb so, wie es kommen muss: So wie auch heute noch dauerpubertierende Playboys das elterliche Erbe manchmal munter verspielen, so ergeht es letzten Endes auch Salomo. Als er seinen exotischen Gespielinnen zuliebe irgendwann sogar heidnische Tempel errichtet und Götzenopfer darbringt, da erzürnt diese Unbotmäßigkeit seinen Herrn fürchterlich.

Er bestraft ihn durch den Entzug von Gunst und Gütern, wegen der Verdienste seines Vaters David gewährt er ihm allerdings eine Gnadenfrist: »Da es so mit dir steht und du meinen Bund und meine Satzungen, die ich dir auftrug, nicht befolgt hast, will ich dir das Königtum entreißen und es deinem Knecht geben. Doch um deines Vaters David willen werde ich das zu deinen Lebzeiten noch nicht tun; erst deinem Sohn werde ich es entreißen.«[12]

Eine anfangs viel versprechende Karriere findet so ihr trauriges Ende.

11. 1 Könige 11,1f.
12. 1 Könige 11,11f.

Heilige Erotik

Lustvolle Körperlichkeit, diesen Gedanken legt die biblische Biografie Salomos nahe, ist den Verfassern des Alten Testaments alles andere als fremd. Heiligkeit der Schrift hin oder her: Auf ihren Seiten finden die Höhen und Tiefen der Sexualität, ihre Irrungen und Wirrungen an so vielen Stellen und in einer manchmal derartigen Deutlichkeit Berücksichtigung, dass eine Indexierung der Bibel als jugendgefährdende Schrift zumindest erwägenswert erscheinen könnte.

Für den wohl erotischsten Text des Alten Testaments scheint dabei natürlich kein besserer Autor in Frage zu kommen als der eben kurz porträtierte König Salomo, lassen doch die Eskapaden dieses blaublütigen Schwerenöters die Affären mancher Präsidenten unserer Tage so harmlos wirken wie das Treiben übermütiger Vorschulkinder im Sandkasten.

Für die raue Wirklichkeit ist diese Version allerdings zu schön, um auch wahr sein zu können: Das von Martin Luther in seiner Übersetzung erstmals so benannte »Hohelied«, das auf Hebräisch den plastischeren Titel »Lied der Lieder« trägt, stammt wohl kaum aus der Feder des israelitischen Herrschers. Es ist zwar in der so genannten »Vulgata«, der klassischen lateinischen Bibelübersetzung, zwischen das Buch »Prediger« oder »Kohelet« und das Buch der Weisheit – und damit zwischen zwei ebenfalls als »salomonische Schriften« geltende Bücher – eingeordnet, es dürfte in der Realität aber nicht einmal zur Regierungszeit Salomos verfasst worden sein. Aufgrund verschiedener Eigenheiten des Textes und der Verwendung aramäischer sowie persischer Ausdrücke ist es weit wahrscheinlicher, dass es im vierten oder fünften Jahrhundert vor Christus entstanden ist.

Eigentümlich am Inhalt des Hohenliedes, einer Sammlung von Einzeltexten über die durchaus auch körperlich verstandene Liebe, ist nicht nur die Eindeutigkeit seiner Ausdrucksweise, sondern auch die Tatsache, dass es, obschon Teil der Bibel, in allen seinen Versen ohne eine einzige explizite Erwähnung Gottes auskommt. Beides hätte diesen Text im ersten nachchristlichen Jahrhundert beinahe seinen angestammten Platz im offiziellen Kanon der anerkannt heiligen Schriften gekostet. Dass es zu dieser Streichung nicht kam, liegt vermutlich nur daran, dass niemand seinem angenommenen Verfasser Salomo damals eine gottferne Schlechtigkeit zutrauen mochte. Umstritten ist das Hohelied indes bis heute; seine Interpretation bereitet vielen Theologen immer noch Schwierigkeiten.

In der Debatte, ob es sich bei seinen Versen um eine allegorische Darstellung der Beziehung zwischen dem Volk Israel und seinem Gott handle oder nur um teilweise recht deftige Liebeslyrik, gehen die Meinungen nach wie vor auseinander. Sah etwa der französische Exeget André Robert es noch in den sechziger Jahren des vorigen Jahrhunderts allein als die bildliche Schilderung der nach dem Ende des babylonischen Exils erneut vollzogenen Vermählung Jahwes mit Israel, wobei unter dem aus Laub gebildeten Lager der Liebenden dann die fruchtbaren Ebenen Palästinas zu verstehen wären, setzte sich beispielsweise der streitbare Schweizer Alt-Testamentler Herbert Haag unter Ablehnung »intellektueller Verstiegenheiten« stets vehement dafür ein, die Verse wörtlich und damit als sehr menschliche Liebeslyrik zu verstehen. Diese Deutung dürfte sich heute weitgehend durchgesetzt haben.

Anders als dem Neuen Testament, das in seinen Aussagen über die Liebe zwischen Mann und Frau vielfach die Überzeugungskraft einer von einem Blinden verfassten Abhandlung über die Farbe besitzt, ist dem Alten Testament jegliche Leibfeindlichkeit fremd. Ein Begriff wie »Schönheit« findet sich in seinen Büchern sehr wohl, im Neuen Testament fehlt er. Nicht nur der Machtmensch und Pragmatiker Paulus hatte für derlei sensible Feinheiten offensichtlich keinen Sinn.

Zu einer Zeit, in der den Anhängern des neuen Glaubens zwar von dessen Stifter Jesus Christus die glänzendsten Perspektiven aufgezeigt worden waren und in der die Wiederkunft des Herrn und damit die himmlische Herrschaft unmittelbar bevorzustehen schien, in der das Christentum trotz dieser überaus positiven Aussichten aber auch politisch wie religiös um sein Überleben kämpfen musste, gab es aller Wahrscheinlichkeit nach Dringlicheres, als in Lehr- und Leitschriften unbedingt die Körperlichkeit des menschlichen Lebens zu betonen. Wer für die allernächste Zeit mit dem Ende gerade dieser Körperlichkeit rechnete, für den machte es wenig Sinn, sich gewissermaßen kurz vor Toresschluss noch mit ihren positiven Aspekten auseinander zu setzen. Auch die ablehnende Haltung des selbst ehelosen Apostels Paulus gegenüber der Ehe dürfte hierin zumindest teilweise ihre Ursache haben.

Für die Menschen, die zu der Zeit lebten, in der das Hohelied verfasst wurde, war eine derartige Gleichgültigkeit oder gar Feindseligkeit gegenüber den Anforderungen und Bedürfnissen des eigenen Körpers allerdings undenkbar. Sie sahen die Körperpflege und die Unterstreichung der Schönheit nicht nur als ein wesentliches Mittel zur Förderung des Wohlgefühls an, für sie gehörten Leib und Seele auch so eng zusammen, dass sie für beides allein gar keinen separaten Ausdruck kannten. Sie wussten Körper und Geist zwar sehr wohl zu unterscheiden, sie fassten beides aber nur als unterschiedliche Ausprägungen einer größeren, beides umfassenden Einheit auf: ein ganzheitliches Menschenbild, das jedem modernen Psychotherapeuten nicht fremd sein dürfte.

Da nach dieser Auffassung der Körper nicht vom Gotteslob ausgeschlossen werden konnte und eine Begegnung mit Gott dem Geist allein gar nicht möglich war, galt es folglich auch mit beidem sorgsam umzugehen. Eine Vernachlässigung des Körpers hätte immer zugleich eine Missachtung des göttlichen Schöpfers bedeutet.

Ob sich aus dieser Betrachtungsweise auch das rhythmische Wiegen beim jüdischen Gebet erklären lässt, mit dem nach dieser Interpretation dann der Körper aktiv an Andacht und Gotteslob beteiligt wäre, muss allerdings dahingestellt bleiben: Andere Erklärungsansätze benennen andere Gründe, wobei die Spanne bei der Vermutung beginnt, mit dem Schwanken solle die biblische Aussage, ein demütiger Mensch sei eine Leuchte des Herrn, durch die Darstellung eines flackernden Lichtes illustriert werden, und noch nicht bei der überaus prosaischen Vermutung endet, die dauernden Verbeugungen gingen auf die Zeit vor Erfindung des Buchdrucks zurück, als viele Leser sich einen einzigen Text teilen mussten und sich bei dessen abwechselnder Lektüre nicht den Blick verstellen durften.

Doch selbst wenn die Verbindung zwischen der Achtsamkeit dem eigenen Körper gegenüber und der täglichen Gebetspraxis in der Realität vielleicht doch nicht so eng gewesen sein mag, wie es manche Interpretatoren nahe legen, sorgte doch der im Alten Testament verschiedentlich dokumentierte und oft überaus verschwenderische Umgang mit Duftwässern, Salbölen und Pflegesalben – wenn man ihn sich denn leisten konnte – durchaus für ein länger andauerndes Wohlgefühl, das mit einer positiven Grundhaltung dem Leben gegenüber in einer engen Wechselbeziehung stand. Männer wie Frauen schätzten demzufolge sehr wohl die Schönheit und liebten die Liebe.

Das salomonische Hohe Lied ist ein Beleg für diese Vermutung, bei dem die im Text vorkommenden Beschreibungen der körperlichen Vorzüge des geliebten Partners oder der Partnerin überdies nahe legen, dass zwischenmenschliche Beziehungen für die Menschen dieser Zeit nicht nur ein notwendiges Übel zur Erhaltung der Art waren und es ihnen in der Liebe auf weit mehr als nur die inneren Werte einer Person ankam.

Die Frau, die im Hohenlied ihren Partner beschreibt, tut das beispielsweise mit einer erotischen Begeisterung und einer offenen Leidenschaft, die ganzen Generationen von Religionslehrerinnen und -lehrern mit Sicherheit die Röte auf die Wangen und den Schweiß auf die Stirn getrieben haben dürfte: »Sein Haupt ist gediegenes Gold, seine Locken sind Dattelrispen, wie die Raben so schwarz. Seine Augen sind wie Tauben an Wasserbächen, gebadet in Milch, ruhend auf dem Damm. Seine Wangen sind wie Balsambeete, in denen Würzkräuter sprießen; wie Lilien sind seine Lippen, tropfend von flüssiger Myrrhe.«[13]

---

13. Das Hohelied 5,11

Dieser Geliebte scheint zudem einen Körperbau gehabt zu haben, wie ihn heute nur noch ein Jahresabonnement im Fitnessstudio hervorbringt. In biblischen Zeiten scheint die Sprache allerdings etwas gewählter ausgefallen zu sein als in der Gegenwart: Statt von einem eher vulgären »Sixpack« bevorzugte die den muskulösen Corpus ihres Liebhabers bewundernde Frau immerhin eine Platte aus Elfenbein als Vergleichsgegenstand: »Seine Hände sind Barren von Gold, mit Tarsissteinen besetzt, eine Elfenbeinplatte ist sein Leib, bedeckt mit Saphiren. Seine Schenkel sind Marmorsäulen, gestellt auf Sockel von Feingold.«[14]

Auf männlicher Seite war man allenfalls sprachlich, nicht aber inhaltlich zurückhaltender, wenn es um die möglichst plastische Darstellung der körperlichen Vorzüge der Erwählten ging. Aus einer Vielzahl ähnlicher Beispiele, in denen der Dichter förmlich in Bildern und Gleichnissen schwelgte, sei hier nur eines zitiert, in dem die Frau direkt angesprochen wird und das in fast allen seiner Vergleiche nahezu bäuerlichen Besitzerstolz eines erfolgreichen Jungagrariers zu atmen scheint: »Deine Augen blicken wie Tauben hinter einem Schleier hervor. Dein Haar gleicht einer Herde von Ziegen, die herabsteigt von Gileads Bergen. Deine Zähne blinken gleich einer Herde geschorener Mutterschafe, die frisch aus der Schwemme steigen; von Zwillingen trächtig sind alle, und keines von ihnen ist unfruchtbar. Wie ein Streifen von Scharlach sind deine Lippen, und lieblich ist dein Plaudermund. (...) Deine beiden Brüste sind wie zwei Kitzlein, wie Zwillinge einer Ricke, die unter den Lilien weiden.«[15]

In einer modernen Industriegesellschaft sähe eine solch hymnische Beschreibung vermutlich sehr viel anders aus.

Doch nicht nur in seiner Vorliebe für möglichst anschauliche Beschreibungen sticht das Hohe Lied in der Bibel hervor, es vertritt auch eine Moral, die etwa mit späteren Vorstellungen des Christentums über ein

---

14. Das Hohelied 5,14ff.
15. Das Hohelied 4,1ff.

gottgefälliges Sexualleben kaum auf einen Nenner zu bringen sind. Kein Gedanke wird in ihm etwa daran verschwendet, dass die beiden in seinen Versen offensichtlich mit Nachdruck auf ein Ausleben ihrer erotischen Vorstellungen zusteuernden Partner etwa auch zwangsläufig verheiratet sein müssten. Wären sie es tatsächlich, bräuchte beispielsweise die Frau nicht nächtens und ruhelos auf der Suche nach einem – ihrem? – Mann die Stadt zu durchstreifen wie ein moderner Single die Partnerbörsen des Internets: »Auf meinem Lager des Nachts suchte ich den Liebsten meiner Seele. (...) So will ich denn aufstehen und durchstreifen die Stadt, die Gassen und Plätze; will suchen den Liebsten meiner Seele.«[16]

Augenscheinlich zeigt dieser Körpereinsatz letztendlich auch Erfolge, denn irgendwann kann die von ihren Liebesnöten erzählende Frau im wahren Wortsinn »einen Mann abschleppen« wie ein zeitgenössisches Girlie seine maskuline Trophäe aus der nächsten Szenedisco: »Ich hielt ihn fest und ließ nicht von ihm, bis ich ihn brachte ins Haus meiner Mutter, in die Kammer derer, die mich gebar. Ich beschwör« euch, ihr Töchter Jerusalems, bei den Rehen und Hirschen der Flur: Weckt nicht auf und stört nicht die Liebe, bis dass es ihr selber gefällt.«[17]

Ein Paulus hätte derartige Zeilen nie zu Papier gebracht, und ein Augustinus hätte solche Vorfälle allenfalls als ein abschreckendes Beispiel für unchristliche Zügellosigkeit gegeißelt. Der Autor des Hohenlieds sieht die Dinge dagegen gelassener: Seine Erzählung versprüht nicht mehr saures Moralin als ein Bericht über einen »One-Night-Stand« unter bindungsscheuen Yuppies oder eine Instantaffäre zwischen überbezahlten Singles der New-Economy in einem Lifestyle–Roman des 21. Jahrhundert.

Und sicher wäre auch weder bei Paulus noch bei Augustinus eine derart lebensfreundliche Aufforderung denkbar, wie sie im etwa um das Jahr 200 vor Christus verfassten Buch Kohelet (oder Prediger) gleich

---

16. Das Hohelied 3,1f.
17. Das Hohelied 3,4f.

verschiedene Genüsse sinnenfroh bündelt: »Wohlan, so iss dein Brot in Freude und trinke frohen Herzens deinen Wein! Denn Gott gefällt seit je solches Tun von dir. Allzeit seien deine Kleider weiß, und Öl soll deinem Haupt nicht fehlen! Genieße das Leben mit der Frau, die du liebst, alle Tage deines nichtigen Lebens, die Gott dir gibt unter der Sonne!«[18]

Himmlische Lust

Sein Ruf ist bestenfalls zwiespältig: Den einen gilt der gleichermaßen im Hinduismus wie im Buddhismus verankerte Tantrismus endlich einmal als ein Weg zu spiritueller und ganzheitlicher Erfahrung, der praktizierte Sexualität als zentral für die Annäherung an das Göttliche ansieht, für die anderen ist er eine Art schwarzer Magie oder schlicht ein Realität gewordenes Derivat vorwiegend männlicher Fantasien aus dem Rotlichtbezirk. Die selbst für abgehärtete westliche Betrachter überaus freizügigen Szenen in den Reliefs mancher indischer Tempel scheinen ja in der Tat mehr als genug Grund für diese Annahme zu liefern und zumindest das klassische Indien als ein Land darzustellen, in dem Sexualität und Erotik selbst in ihren ausgefalleneren Formen den Alltag prägten.

Auch wenn namentlich in westlichen Kreisen sich im Tantrismus Erotik und Esoterik tief zu durchdringen scheinen und in entsprechenden Buchhandlungen die Bildbände zum Thema ganze Regalbretter füllen, ist und war Indien stets ein sittenstrenges Land fernab jeder gewohnheitsmäßigen Ausschweifung. In dieser Gesellschaft, in der immer noch drei Viertel der Bevölkerung auf dem Lande lebt, ist das soziale Leitbild eher konservativ geprägt, seine Kernzelle ist die von Männern dominierte Großfamilie, sind Ehen, in denen es für die Frau nach wie vor die höchste Erfüllung ist, Söhne auf die Welt zu bringen. Trotz der Veränderungen durch Industrialisierung und Technologisierung, trotz ei-

---

18. Kohelet 9,7ff.

ner deutlich erkennbaren Profilierung Indiens als globaler High-Tech-Standort hat sich landesweit an der Position der Frauen noch nichts Grundlegendes geändert, obwohl heute wohl kaum noch Frauen beim Tod ihres Mannes gleich mit auf den Scheiterhaufen wandern. Soweit nicht schon säkulare westliche Standards die Moral bestimmen, gilt aber immer noch und gerade auch in Bezug auf Partnerschaft, Ehe und Sexualität brahmanisches Gedankengut mit seinem ausgeprägten Hang zur Askese gewissermaßen als die »herrschende Meinung« in religiösen und sittlichen Fragen.

Der Tantrismus bietet in vielerlei Beziehung ein Gegenprogramm zu dieser religiösen Route der Entsagung an. Er geht dabei zurück bis auf archaische religiöse Auffassungen aus einer Zeit weit vor Hinduismus oder gar Buddhismus. Nach ihnen bietet die im hingebungsvollen Liebesakt ausgelebte Sexualität die Chance, das Absolute zu erspüren und sich dem Göttlichen anzunähern. »Wenn es den Körper nicht gäbe, wie könnte man dann Glückseligkeit erlangen?«, das ist eine der typischen Fragen dieser Tantra-Praxis, wie sie etwa für das Kundalini–Yoga prägend ist. Bei ihm soll es durch dauernde Übung und strenge Selbstbeherrschung für den Yogi möglich sein, die Schöpfungskraft des Gottes Shiva zu aktivieren, die als eine am unteren Ende der Wirbelsäule ruhende Schlange vorgestellt wird. Sie steigt durch den Körper auf, um schließlich aus dem Schädeldach auszutreten und sich über dem Kopf des Yogis mit Shiva zu vereinigen und dem Yogi Momente höchster Glückseligkeit zu bereiten. Sex, Hingabe und Ekstase werden dadurch in eine spirituelle Dimension geliftet, die mit Fortpflanzung gar nichts mehr und mit den häufig eher technisch orientierten Ratschlägen vieler westlicher Sexualratgeber nur noch wenig zu tun hat.

Die bis ins Äußerste kultivierte Erotik und die mitunter nach höchster Körperbeherrschung verlangenden Körperpositionen der Tempelfriese und der einschlägigen Literatur sind nie Selbstzweck, sie müssen eher als religiöse Übungen mit angenehmen Nebenwirkungen angesehen werden. »Just for fun!« dürfte als leitende Handlungsmaxime auf einen Anhänger des Tantrismus mehr als nur befremdlich wirken.

Diese in ihren Haupt- und Seitenlinien überaus vielfältige Denkschule, die bei ihrem Streben nach vollkommener Erleuchtung – wie viele Religionen überhaupt – jede Allgemeinverständlichkeit fahren gelassen hat, wird von modernen Esoterikern leider häufig auf eine bloß philosophisch überhöhte Lizenz zur freien Liebe reduziert, was im Verständnis viel zu kurz greift und ihr nicht im Mindesten gerecht wird. Entspringt sie doch dem alle Zeiten überdauernden menschlichen Wunsch, sich den göttlichen Sphären möglichst eng anzunähern, eins zu werden mit dem Gott oder den Göttern.

Im Gegensatz zu den orthodoxen Tendenzen indischer Religiosität, die in der Regel eine strenge Askese als zentrales Mittel zur Erreichung dieses Zieles ansehen, wird von Tantrikern nicht zuletzt in der rückhaltlosen Erfüllung körperlicher Bedürfnisse die Vereinigung mit dem Absoluten gesucht. Nach diesen Lehren besteht eine vollkommene Einheit zwischen Leidenschaft und Erleuchtung, was bei manchen Anhängern des Tantrismus dazu führt, dass sie keine Unterscheidung zwischen Erlaubtem und Verbotenem mehr machen und die Schranke zwischen Gut und Böse aufheben: Für sie ist alles erlaubt, solange es in Hingabe erfolgt.

Der Körper wird so zu einem heiligen Element und zu einem Instrument der Heilsfindung. Er ermöglicht, wie der Indologe und Professor für Buddhismuskunde Heinz Bechert es formuliert, Höhere Erkenntnis, höhere und höchste Erkenntnis: »Die Tantriker sehen das Gefühl des Glücks und das Wesen des Absoluten als zusammengehörig an. Wenn wir das perfekte Glück verwirklichen, erreichen wir das Absolute, das Nirvana.«[19] So gesehen eröffnen die ausgelebte Sinnlichkeit und sogar die bis zum Exzess praktizierte Sexualität einen direkten Weg zu Gott.

Christlichen Beobachtern, denen von ihrer Kirche mit hoher und höchster Autorität jahrhundertelang vermittelt wurde, dass, von den gebote-

---

19. Heinz Bechert: Shaktistischer Tantrismus. In: Hans Küng/Heinz Bechert: Christentum und Weltreligionen. Buddhismus. München 1984, S. 124

nen Ausnahmefällen der Fortpflanzung einmal abgesehen, die sexuell liebende Nähe zweier Partner zueinander gleichzeitig auch immer eine Ferne zu Gott bedeute und dass eine konsequente Verneinung der Sexualität einem späteren Eintritt ins Paradies förderlicher sei als deren ebenso konsequente Bejahung, müssen derlei Theorien – je nach dem Grad interreligiöser Toleranz oder interkultureller Versiertheit – vorkommen wie unbegreifliche Wunder oder Akte irreversibler geistiger Verwirrung.

Gelebte Sexualität als einen wesentlichen Weg zur Gotteserfahrung zu nutzen und diese nicht erst für den Zeitpunkt zu erwarten, an dem den Suchenden endgültig alle Lust verlässt, ist unter vielen Theologen – und nicht nur unter denjenigen der in diesem Punkt seit je strenger argumentierenden katholischen Kirche – immer noch eine weitgehend theoretische Möglichkeit. Die kirchliche Basis ist ihnen hier weit voraus, wenn sie auf dieses Thema überhaupt noch einen Gedanken verwendet und nicht längst eine klaren Trennungsstrich gezogen hat zwischen ihrem Bett und ihrem Betstuhl.

Göttliche Abenteuer

Die alten Griechen hatten es in vielerlei Beziehung nicht unbedingt leicht. Zwar gelten sie gemeinhin als die Erfinder der modernen Demokratie, als sensible Schöngeister, bedeutende Philosophen, Künstler und nicht zuletzt auch Sportler, Vorbilder an Eintracht waren sie jedoch höchst selten. Ihre Stadtrepubliken überzogen sich gegenseitig mit Krieg; die Belagerung von Troja ist noch nach Jahrtausenden einen Breitwandfilm wert; Tapferkeit, Härte und Kampfeswillen etwa der Spartaner sind immer noch ebenso legendär wie die Heldentaten eines Odysseus oder eines Achilles.

Und erst einmal ihre Götterwelt! In ihrem Himmel war – weiß Gott – tagtäglich der Teufel los: Auf dem Olymp wurde vermutlich mehr gelogen und betrogen als in der finstersten Hafenkneipe von Piräus, in der griechischen Götterwelt herrschten mehr Intrigen, mehr Neid,

Missgunst und Leidenschaft als in jeder amerikanischen Seifenoper! Das Pantheon der Hellenen bildete dabei keine gegenüber dem Irdischen abgeschlossene Sphäre, die Grenzen zwischen göttlichem Oben und menschlichem Unten waren durchlässig und wurden von beiden Seiten aus regelmäßig überschritten. Die Existenz so genannter »Halbgötter«, Mischwesen mit häufig außergewöhnlichsten Fähigkeiten auf unterschiedlichsten Gebieten, deutet dabei darauf hin, dass diese Grenzüberschreitungen durchaus nicht immer ohne physische Folgen blieben. Als eine Art übernatürliche Besatzungskinder teilten diese halbhimmlischen Heroen dabei nur zu oft das Schicksal ihrer späteren, rein irdischen Pendants aus Nachkriegstagen. Sie hatten eher selten ein leichtes Los: Die schöne Helena, seine von ihm als Schwan gezeugte Tochter aus der Verbindung mit der Königin Leda, war zumindest mittelbar Schuld am Untergang Trojas, und selbst ein Held wie Herakles, Sohn des Zeus und der Königin Alkmene, der schon in der Wiege zwei Schlangen erwürgte und dessen Heldentaten in den festen Sagenschatz Europas eingingen, fand schließlich ein überaus tragisches Ende in der unglücklichen Liebe zu der eifersüchtigen Königstochter Deianeira.

Io: Eine verhängnisvolle Affäre

Die Geschichte hat Hollywoodformat. Unschuldiges Mädchen wird von wollüstigem Ehemann bedrängt. Dessen Frau kommt hinter die Affäre, lässt ihre Wut nun aber statt am Missetäter am Opfer aus. Das wird grausam misshandelt und muss viel leiden, bevor es, nachdem der Verführer endlich reuevoll gebeichtet und Besserung gelobt hat, in einem fernen Land doch noch sein Glück erfährt. Und weil die Story statt auf banales irdisches Personal auf ein gemischt göttlich-menschliches Ensemble zurückgreifen kann, kommen zusätzlich noch ein bisschen Wetterzauber, eine Verwandlung in ein Tier, ein hundertäugiges Monster und ein stechwütiges Insekt ins Spiel: Superbreitwand, Menschen, Tiere, Emotionen.

In der Langfassung liest sich – wie zu erwarten – alles noch komplizierter. Zeus, offensichtlich wieder einmal im Triebstau, findet bei einem Rundblick von seinem Olymp Gefallen an der jungen Io, Tochter der Königs von Argos. Er nähert sich ihr in Menschengestalt, doch sie geht auf sein Werben nicht ein. Da hüllt er kurzerhand die gesamte Gegend in einen schwarzen Nebel, der sie am Fliehen hindert. Sexuelle Gewalt von oben.

Hera, durch die einsame dunkle Wolke in ansonsten sonniger griechischer Landschaft misstrauisch gemacht, eilt eifersüchtig herbei, doch ihr treuloser Göttergatte hatte offensichtlich Vorahnungen: Er verwandelt die schöne Io noch gerade rechtzeitig vor Entdeckung seines Seitensprunges in eine schneeweiße Kuh.

Durch zahllose frühere Affären gewitzt, durchschaut Hera den Betrug. Raffiniert lobt sie das herrliche Tier und erbittet es von ihrem Gatten zum Geschenk. Statt seine Verfehlung zu gestehen, geht der feige darauf ein und verzichtet als betrogener Betrüger ohne Gegenwehr auf seine Geliebte. Ios Schicksal ist damit besiegelt.

Doch Heras Zorn ist noch lange nicht besänftigt. Aus Rache gibt sie die nun wehrlose Io in die Obhut des hundertäugigen und daher nie schlafenden Argos. Das Ungeheuer hat dafür zu sorgen, dass die verzauberte Königstochter nur bittere Gräser zu essen bekommt und allein aus schlammigen Pfützen trinken kann. Schlafen muss sie auf dem harten Erdboden.

Io kann ihr Los mit Worten niemandem mitteilen, aber als sie auf ihren Vater trifft, offenbart sie sich ihm, indem sie mit ihrem Huf ihre Geschichte in den Staub schreibt.

Das Leid der Tochter und jetzt auch des Vaters rührt Zeus nun doch noch. Er schickt daher seinen Boten Hermes auf die Erde, der mit einer Berührung seines goldenen Stabes Menschen müde machen und ihnen die Augen schließen kann. Auch bei Argos gelingt ihm dieser Trick: Das Monster schläft ein, und Hermes schlägt ihm den Kopf ab.

Hier könnte die Geschichte eigentlich ihr Happy End haben, wäre nicht Hera von ähnlicher Wachsamkeit wie Argos. Sie bemerkt die jetzt zwar unbewacht, aber immer noch als Kuh umherstreifende Io und schickt eine offensichtlich übernatürlich starke Bremse zu ihr, die das Rind mit zahllosen Stichen über den Bosporus, quer durch das Land der Amazonen und den Kaukasus bis nach Ägypten hetzt, wo es schließlich zusammenbricht und – ganz gequälte Kreatur – seinen jammervollen Blick gen Himmel richtet.

Nun gibt auch Zeus endlich auf. Er wirft sich seiner Hera an den Hals, gesteht ihr seine Sünden und verspricht für die Zukunft unverbrüchliche Treue. Hera ist's zufrieden, alle sind glücklich, und Io kann endlich wieder ihre menschliche Gestalt annehmen. The End. Fast. Denn für die Verfilmung wäre noch ein kurzer Nachtrag fällig, der als Abspann über die Leinwand flimmern könnte: Allem Anschein nach hat Zeus die Zeit in der schwarzen Wolke nämlich doch offenbar gut zu nutzen gewusst. Seine Geliebte Io schenkt am Nil nur wenig später einem Sohn das Leben, der irgendwann einmal König von Ägypten wird und die Stadt Memphis gründet.

Aus heutiger Sicht besitzen die Amouren des Göttervaters durchaus auch einen tragikomischen Aspekt, der von göttlicher Erhabenheit nicht mehr viel spüren lässt. Wie ein kleinbürgerlicher Herzensbrecher des ausgehenden zwanzigsten oder beginnenden einundzwanzigsten Jahrhunderts stahl Zeus sich vielmehr immer wieder aus seinem olympischen Haus, dabei für seine Seitensprünge nicht ohne Grund den Zorn und die Eifersucht seiner angetrauten Hera fürchtend. Mit ihr hatte er immerhin einst eine »heilige Hochzeit« vollzogen, die von den Griechen als eine sinnbildliche Befruchtung der Mutter Erde durch den männlichen Himmelsgott und als das Urbild aller irdischen Hochzeiten angesehen wurde.

Mag sein, dass Risiko und Gefahr ihn zusätzlich antrieben, in jedem Fall besaß er offenbar einen unstillbaren Hang zu sexuellen Abenteuern, den er mit seiner allem Anschein nach immer matronenhafter werdenden Gattin, die zudem noch seine Schwester war, nicht im Mindesten ausleben konnte. Nicht nur aus Gründen der himmlischen Staatsräson war eine Scheidung undenkbar, und so dürfte sich der unsterbliche Stenz quasi gezwungen gefühlt haben, nach diversen himmlischen Amouren, zu denen auch eine Affäre mit seiner eigenen Tochter Persephone gehörte, die er in Gestalt einer Schlange beschlief, auch ein irdisches Herz nach dem anderen zu brechen. Gemeinhin bevorzugte er dabei – gleich ob verheiratet oder gar noch Jungfrau – die weiblichen Mitglieder von Königsfamilien.

In der Wahl seiner Verkleidungen und Rollen bewies er dabei weit mehr Einfallsreichtum als die weltlichen *Womanizer* von heute, die dem Vernehmen nach meist ziemlich fantasielos auf die krude Überzeugungskraft schneller Autos, schnittiger Boote oder schöner Häuser setzen. Der göttliche Zeus scheint von derlei Imponiergehabe, das es auch schon zu seiner Zeit gegeben haben dürfte, herzlich wenig gehalten zu haben. Er setzte eher auf den gekonnten persönlichen Auftritt, den er in einer Vielzahl von Variationen mit der in seiner Stellung ja zu erwartenden Meisterschaft beherrschte.

So beglückte er – um mit dem vermutlich bekanntesten Beispiel zu beginnen – Europa in Gestalt eines Stieres, er trat als Adler auf, als Satyr oder als Göttin Artemis, er nahm die Rolle des unverhofft heimkommenden Ehemanns an und verschmähte nicht einmal ein Gastspiel als Kuckuck oder Ameise.[20] Die Prinzessin Danaë, die er zur Mutter des heldenhaften Perseus machte, konnte die göttliche Intervention dagegen nur in eher abstrakter Form genießen: Zu ihr kam der zu seiner Zeit oberste Gott Griechenlands in Form eines goldenen Regens, was ikonographisch zwar reizvoll sein mag, der armen Königstochter aber andererseits nur wenig körperliche Befriedigung verschafft haben dürfte.

Die Kinder aus den vielfältigen Verbindungen des augenscheinlich nicht nur mächtigsten, sondern auch bei weitem fruchtbarsten Gottes bevölkerten Griechenland bald in einem Ausmaß, dass kaum mehr eine

---

20. In ein solches Insekt verwandelte er sich, um mit der offensichtlich ausgesprochen kleinwüchsigen Kleitoris verkehren zu können. In der Folge wurde sie zur Namensgeberin des entsprechenden Organs am weiblichen Scheideneingang.

Region oder Subregion übrig blieb, die nicht stolz verkündete, Heimat eines Gotteskindes oder wenigstens Schauplatz eines göttlichen Liebesabenteuers gewesen zu sein.

Auch wenn der griechische Zeus, der sich später zum römischen Jupiter wandeln sollte, mit ziemlicher Sicherheit Anspruch auf den Ruf des zügellosesten Dandys im Götterkreis erheben könnte, sind liebende Verbindungen zwischen Göttern und Menschen jedoch bei weitem kein Spezifikum der Mythologie Griechenlands. Wie wir zu Beginn dieses Kapitels gesehen haben, finden sich Anklänge dieser Thematik sogar im alttestamentarischen Ersten Buch Mose. Namentlich in dem auch in seinen farbigen Darstellungen stets bunten Hinduismus gibt es diverse Beispiele für liebevolle und liebende Beziehungen zwischen Göttern und Menschen.

Anders als bei den häufig auch durchaus in mehr als nur einer Hinsicht zweifelhaften Liebschaften des Zeus finden sich hier auch die Farben der Fantasie und der Zärtlichkeit, aber auch die kindlichen Überschwangs und ausgelassener Tollerei. Wenn sich beispielsweise in den mehr als 5000 Jahre alten Geschichten von den Spielen des noch kindlichen Krishna mit den Kuhhirtinnen eine findet, in der der junge Gott den badenden Frauen und Mädchen zunächst heimlich ihre am Ufer abgelegten Kleider entwendet, dann mit den Saris auf einen Baum steigt und sie den Nackten erst zurückgibt, nachdem sie sich ihm genähert haben und er mit ihnen seine wahrscheinlich durchaus nicht immer nur unschuldigen Spiele treiben konnte, dann hat das mehr als nur versteckt erotische Untertöne.

Nach den indischen Erzählungen mögen das auch die Hirtinnen selbst so empfunden haben: Nachdem sie zunächst Scham wegen ihrer Nacktheit empfunden hatten, durchzog sie mehr und mehr Lust und Freude in der Annäherung an das lachende göttliche Kind auf seinem Baum, immerhin eine Verkörperung des Gottes Vishnu, des »Gottes aller Götter« und Erhalters der Welt.

Für Krishna-, respektive Vishnuanhänger ist das auch der zentrale Punkt der Geschichte. Für sie symbolisiert das ausgelassene Geschehen an der Badestelle die grenzenlose Freude der Seele, die sich ihrer Gottheit nähert und sich von ihr so geliebt sieht, wie sie ohne alles Beiwerk ist.

Nach der Rückkehr von diesen notgedrungen nur kurzen Ausflügen durch Kulturen und Zeiten liegt der Gedanke nahe, dass es vor allem der Islam ist, dem die Vorstellung einer göttlich-menschlichen Liaison fremd, ja geradezu undenkbar ist.

Allah, von dem sich die Gläubigen ja nicht einmal ein Bild machen dürfen, ist so weit über der Sphäre des Menschlichen angesiedelt und so von ihr verschieden, dass die Idee einer fleischlichen Verbindung zwischen beiden jedem Muslim absurd vorkommen muss. Schon in der Auseinandersetzung mit dem im vorislamischen Arabien vorherrschenden Polytheismus, in dem das Göttliche in der Natur verehrt wurde und aus dem die Ka'aba mit ihrem schwarzen Stein noch in den Islam hinüberragt, wird vom Propheten Muhammad immer wieder die Einzigartigkeit und Herausgehobenheit Allahs betont. Er steht unangefochten an der Spitze, und dort ist – auch um den Preis der Einsamkeit – für niemanden sonst ein Platz: »Er ist der Schöpfer der Himmel und der Erde. Wie könnte er Kinder haben, wenn er keine Gefährtin hat? Er ist der, der alles erschaffen hat, und sein Wissen ist allumfassend.«[21]

Der islamische Monotheismus ruht auf einem derart strengen und stringenten Gedankengebäude, dass ihm sogar die Vorstellung einer christlichen »Dreifaltigkeit« als eine Abkehr vom Bild eines einzigen Gottes erscheinen muss. Jegliche Modifikation des monotheistischen Prinzips steht unter schwerer Strafe: »Gott verzeiht nicht, wenn man ihm andere Gottheiten beigesellt, und er verzeiht, wem er will, die geringeren Frevel. Wer Gott andere Gottheiten beigesellt, hat eine große Sünde begangen.«[22] Und damit sich niemand täusche, was ihn im Falle des Falles erwartet, wird es im Koran nur wenige Zeilen weiter ganz konkret: »Die Ungläubigen, die unsere klaren Zeichen leugnen, wer-

---

21. Koran, Sure 6,101
22. Koran, Sure 4,48

den wir mit dem Höllenfeuer qualvoll bestrafen. Wenn ihre Haut verbrannt ist, ersetzen wir sie, damit sie die Pein vollkommen auskos-
ten.«[23]

Sage also niemand, er sei nicht gewarnt gewesen. Die einzigartige
Göttlichkeit Allahs wird im Koran unmissverständlich hervorgehoben.
Jegliche sexuelle Beziehung zu diesem einen und wahren Gott liegt
außerhalb aller Möglichkeiten. Dieses Dogma spricht nicht zuletzt auch
aus der mit dem lyrischen Titel »Die Reinheit des Vertrauens« verse-
henen Sure 112, in der Muhammad aufgefordert wird: »Sprich: Er ist
Allah, der Einzige; Allah, der Unabhängige und von allen Angeflehte.
Er zeugt nicht und ward nicht gezeugt, und keiner ist ihm gleich.«[24]

Eine Durchbrechung dieses Prinzips ist es auch nicht, dass Allah spezi-
ell für die Männer im himmlischen Paradies eine besondere Attraktion bereithält: die »Huris«. Bei ihnen handelt es sich um wunderschöne
Jungfrauen mit – wie der Koran mehrfach betont – großen, strahlenden Augen, schwellenden Brüsten und einer Haut, die so weiß schim-
mert, sowie Lippen, die so rot strahlen, »als wären sie Hyazinth und
Korallen«.[25] Im Heiligen Buch der Muslime ist ausdrücklich festgelegt[26], dass die Huris von Allah eigens als Belohnung für die Männer
geschaffen wurden, die auf Erden seinen Gesetzen gehorchten: »Wir
haben sie eigens entstehen lassen und sie zu Jungfrauen gemacht, lie-
bevoll und gleichaltrig, für die von der rechten Seite.«

Bei allen im Koran genannten körperlichen Vorzügen, die, um als
Märtyrer einen direkten Einzug ins Paradies zu erreichen, muslimische Männer sogar zu Selbstmordattentaten treiben und alle anderen
zumindest zum Träumen anregen könnten, sind die himmlischen Se-
xualpartnerinnen eines jedoch nicht: Göttinnen. Ebenso wie die Menschen sind sie Geschöpfe Allahs, und sie sind diesen sogar noch unter-
legen, denn sie wurden allein geschaffen, um ihnen Freude und Lust
zu bereiten. Ein Akt wahrhaft göttlicher Fürsorge.

---

23. Koran, Sure 4,56
24. Koran, Sure 112,1ff.
25. Koran, Sure 55,58
26. Koran, Sure 56,35ff.

Jungfräuliche Schwangerschaft

Im Christentum, vor dessen Hintergrund der Islam ja erst entstand, gibt es ebenfalls keine körperliche Liebesbeziehung zwischen Gott und Mensch. Allenfalls bei äußerst oberflächlicher Betrachtung legt die Gottesmutterschaft Marias den Gedanken nahe, in der galiläischen Stadt Nazareth könnte es kurz vor der Zeitenwende zu einem göttlichen Zeugungsakt gekommen sein.

Einmalig wäre das zwar nicht, wenn man vor allem an die irdischen Liebschaften griechischer Götter denkt, aber auch die Jungfrauengeburt ist in den Religionen und ihrer Geschichte ein weit verbreiteter Mythos. So kennt etwa der Götterglauben des alten Ägypten die Verbindung zwischen einem göttlichen Vater und einer menschlichen Mutter, die den jeweiligen König zum Gottessohn oder die Königin zur Gottestochter macht und damit deren göttlich-menschliche Doppelnatur begründet. Der Pharao galt als »Gottes geliebter Sohn«. Entsprechendes nahm man auch von seiner Gemahlin an. Die Königin Hatschepsut, die von 1485 bis 1473 vor Christus regierte, verstand sich beispielsweise als Tochter des Gottes Amun, was ihren irdischen Vater Thutmosis I. seinem Religionsverständnis gemäß nicht im Mindesten zu irritieren schien. Er sagte über sie: »Sie besitzt die Göttlichkeit einer Gottestochter.«

Dieser Geburtsmythos hat vom Herrschaftsgebiet der Pharaonen aus in den gesamten östlichen Mittelmeerraum ausgestrahlt, und so ist es sicher kein Zufall, dass vor diesem Hintergrund eine Ägyptologin wie Emma Brunner-Traut einen Aufsatz mit dem Titel »Pharao und Jesus als Söhne Gottes« verfassen kann, in dem sie belegt, dass sich für beinahe alle Episoden der christlichen Weihnachtsgeschichte Parallelen in entsprechenden ägyptischen Werken finden lassen.

Eine irdische Gottesmutter findet sich aber auch im Buddhismus. Hier ist es die einer lokalen Herrscherdynastie in Nordostindien angehörende Königin Maya, die den Prinzen Siddharta Gautama, der später zum Religionsstifter Gautama Buddha werden sollte, vermutlich im

Jahr 566 vor Christus[27] zur Welt brachte. Sie kam zu dieser Ehre, weil sie als eine besonders tugendhafte Frau galt, die in späteren Texten sogar als Jungfrau bezeichnet wird.

Für Buddhisten lebte Buddha schon vor seiner irdischen Geburt im so genannten Tushita–Himmel, von wo er als »Bodhisattva«, d. h. als Erleuchteter, zur Erde herabstieg. Seine Mutter erlebte diese Aktion in einem Traum, in dem der Bodhisattva als ein weißer Elefant in ihren Schoß einging. Die eigentliche Geburt erfolgte nach zehnmonatiger Schwangerschaft völlig schmerzlos und wurde von vielfältigen Wundern begleitet. Buddha selbst, der nach der Überlieferung »nicht mit dem Schmutz des Mutterleibes behaftet war«, zeigte sich schon unmittelbar nach diesem mirakulösen Geburtsakt ausgesprochen frühreif: Nach der Legende schritt er unter dem Schutz eines weißen Sonnenschirmes weit aus, musterte seine Umgebung und sprach mit lauter Stimme: »Ich bin der Höchste, Beste und Älteste dieser Welt. Dies ist meine letzte Geburt, nach ihr werde ich kein neues Dasein mehr beginnen.«

Ähnlich wie die Geburt Jesu wurde im Übrigen auch die Geburt Buddhas von Weisen gewürdigt. Waren es hier die berühmten »Heiligen Drei Könige« aus dem Morgenland, war es bei Buddha der Seher Asita, der an die Wiege des Neugeborenen eilte, um dessen Vollkommenheit zu preisen und ihm ein erfülltes Leben vorherzusagen.

Die christliche Maria steht also in einer langen Tradition jungfräulicher Gottesmütter. Einzigartigkeit in der Religionsgeschichte kann die Jungfrauengeburt nicht für sich in Anspruch nehmen, das belegt auch ihre zurückgenommene Stellung im Neuen Testament.

In den Evangelien spielt sie keine zentrale Rolle, zumal selbst aus der berühmten Ankündigung des Propheten Jesaja eine nach dem griechischen Wort für Jungfrau aus »Parthenogenese« genannte Jungfrauengeburt herauslesen zu wollen, nur bei äußerst freier und eher fehlerhafter Übersetzung gelingen will. Ist dort doch nur von einer jungen Frau, hebräisch: »alma« die Rede, die erst in der griechischen Überset-

---

27. Andere Wissenschaftler datieren die Geburt auf das Jahr 448 v. Chr.

zung dann zur »parthenos« mit der Doppelbedeutung »Jungfrau / junge Frau« wurde: »Seht, das junge Mädchen wird empfangen und einen Sohn gebären und seinen Namen ›Immanuel‹ (Gott mit uns) nennen«[28].

Von allen Evangelien wird die Geburt aus einer Jungfrau überhaupt nur in denen des Matthäus und des Lukas ausdrücklich erwähnt. Offensichtlich geschieht dies vor allem, um die Position Jesu herauszuheben und sie von Anfang an als die des kommenden Messias seines Volkes zu definieren. Markus beginnt sein Evangelium dagegen gleich mit der Taufe Jesu durch den asketischen Johannes und dem öffentlichen Wirken in Galiläa. Johannes, dessen Evangelium erst als letztes um das Jahr 100 geschrieben wurde, erwähnt eine Jungfrauengeburt ebenfalls nicht. Der Apostel Paulus ist in diesem Punkt nicht auskunftsfreudiger: In seinem Brief an die heidenchristlichen Gemeinden im kleinasiatischen Galatien umreißt er die Aufgabe Jesu nur mit schon wortkarger Knappheit: »Als aber die Fülle der Zeit kam, sandte Gott seinen Sohn, geboren aus einer Frau, geboren unter der Ordnung des Gesetzes, damit er die unter dem Gesetz loskaufte und wir die Anerkennung als Söhne empfingen.«[29] Maria, immerhin die Gottesmutter, wird von ihm nicht einmal namentlich erwähnt. In dieses Bild passt es auch, dass über ihre eigene Herkunft fast nichts bekannt ist, außer dass sie der Legende nach aus Jerusalem, Nazareth oder dem benachbarten Sepphoris (Zippori) stammt und dass dem apokryphen Evangelium des Jakobus ein jüdisches Paar namens Joachim und Anna ihre Eltern waren.

Offensichtlich geschah es erst später, dass die Jungfräulichkeit Marias für die Christenheit eine wichtige Rolle zu spielen begann. Während für die frühe Kirche die Frage, ob Maria nun Jungfrau war und blieb, offensichtlich nicht zu den zentralen Fragen ihres Glaubens gehörte, ging die spätere Kirche an dieses Problem mit der Akribie von Juristen

---

28. Jesaja 7,14
29. Galater 4,4f.

heran, deren Rechtsauslegung für den weiteren Gang eines Verfahrens entscheidend sein könnte.

Nach den Schriftsätzen dieser Advokaten des Glaubens ist Maria oder Miriam sogar in dreifacher Hinsicht Jungfrau geblieben – und das, obwohl sie einerseits Gottesmutter, andererseits aber auch mit dem Zimmermann Josef verehelicht war. Maria, eher ein mit zwölf oder vierzehn Jahren von seinen Eltern verlobter jüdischer Teenager als die gereifte Frau der meisten bildlichen Darstellungen, war vor der Geburt Jesu Jungfrau, sie empfing ihren Sohn also ohne körperliche Einwirkung; der Fachausdruck dafür lautet »virginitas ante partum«. Entsprechend der »virginitas durante partu« blieb sie auf wunderbare – und biologisch kaum nachzuvollziehende – Weise sogar während der Geburt Jungfrau, und nach der Lehre von der »virginitas post partum« änderte sich daran auch nichts mehr, solange sie auf dieser Erde lebte.

Für manchen kritischen Theologen zeigt sich in dieser auffällig starken Betonung der Jungfräulichkeit Marias eine »jahrhundertealte, beinahe puritanische Reinheitsmoral«, die unter dem Thema »Unbefleckte Empfängnis« auch Maria selbst einschloss. Nicht nur konnte man sich offensichtlich nur schwer die Gottesmutter als mit der Erbsünde belastete Teilnehmerin an einem ebenfalls auch immer als irgendwie sündig gedachten Zeugungsakt vorstellen, konstatiert wird zusätzlich auch »ein fast medizinisches Desinfektionsdenken«: Jesus, der kommende Messias und natürlich durch keinerlei Sünden belastete Sohn Gottes, der aber dennoch von einer menschlichen Mutter geboren werden sollte, hatte ohne Infektionsgefahr durch die Verirrungen der sündigen Welt für seinen irdischen Auftritt heranzureifen. Dies war nicht zuletzt deshalb geboten, weil der Erlöser als sündenfreier »neuer Adam« nicht nur aus Gründen theologischer Symmetrie ja auch kaum aus einer sündenbehafteten Mutter geboren werden konnte.

Während Katholiken kraft zweier Dogmen, deren erstes bereits aus dem Jahr 451 stammt und damit auch für die orthodoxe Kirche gültig ist, an die marianische Unberührtheit und Unbefleckheit glauben müssen, besitzen die diversen protestantischen Kirchen und Konfessionen in diesem Punkt mehr Freiheiten. Auch bei ihnen gilt die »virginitas ante partum« jedoch weitgehend als akzeptiert, die bleibende Jungfräulichkeit nach der Geburt von Bethlehem wirft allerdings nicht nur für sie Fragen auf.

So spricht die Bibel gleich an mehreren Stellen von Geschwistern Jesu, die – soweit es sich um seine Brüder handelt – im Markusevangelium sogar namentlich genannt werden, als die Zuhörer einer seiner Predigten in der Synagoge erstaunt fragen: »Was ist das denn für eine Weisheit, die ihm zu Eigen ist? Und was sind das für Wunder, die durch seine Hände geschehen? Ist er nicht der Zimmermann, der Sohn der Maria und der Bruder des Jakobus und des Joses und des Judas und des Simon?«[30] Theologen aller Jahrhunderte konnten diese Verzweigungen in der Verwandtschaft natürlich nicht recht sein. Eine Gottesmutter, die außer ihrem göttlichen Sohn auf dem üblichen irdischen Weg auch noch weitere Kinder zur Welt brachte: beinahe undenkbar und beinahe ein Sakrileg. Doch wie in vielen anderen Fällen ließ sich auch dieses Problem durch kreative Textauslegung lösen.

Nachdem die anfängliche Idee des Augustinus, Josef habe vielleicht aus einer früheren Ehe schon Kinder gehabt, diesem selbst wegen der Implikation, der irdische Vater Jesu habe vor seiner Ehe mit Maria schon mit anderen Frauen sexuellen Kontakt gehabt, selbst nicht recht gefallen konnte, nimmt man heute eher an, bei den angesprochenen Geschwistern handle es sich einfach um entferntere Verwandte, die aus irgendeinem Grund im Hause Josefs und Marias Aufnahme gefunden hatten und die deshalb im Volksmund einfach als seine Brüder und Schwestern galten.

Ist also die Geschichte von der Geburt Jesu aus einer Jungfrau nicht mehr als eine bunte Legende aus dem erzählfreudigen Vorderen Orient, die von der modernen Wissenschaft längst als faktisch nicht haltbare Fabel entlarvt wurde und die zudem mehr Fragen aufwirft, als sie beantwortet? Nicht ganz.

---

30. Markus 6,2ff.

Theologen wie der anerkannte Ökumeniker Hans Küng sehen ihre Bedeutung nicht als eine zweifelhafte Darstellung historischer Fakten, für sie besitzt sie vielmehr einen unbezweifelbaren Wert als symbolische Deutung von Wirklichkeit durch uralte mythische Bilder. So stellt Küng in seinem Buch »CREDO. Das Apostolische Glaubensbekenntnis – Zeitgenossen erklärt« die Jungfrauengeburt als Möglichkeit dar, die Person des Jesus Christus und das Handeln Gottes in der Welt neu und stärker zu akzentuieren: »Mit Jesus ist von Gott her – in der Geschichte der Welt und nicht nur in meinem Seelenleben – ein wahrhaft neuer Anfang gemacht worden.«[31]

Kein Sex: Der Erzengel Gabriel verkündet Maria die Botschaft einer rein geistigen Zeugung durch den Heiligen Geist (Fra Angelico: Verkündigung an Maria; Tempera auf Holz; S. Martino alla Palma bei Florenz).

31. Hans Küng: CREDO. Das Apostolische Glaubensbekenntnis – Zeitgenossen erklärt. München 1995, S. 66

Die Jungfräulichkeit Marias war und ist den Christen wertvoll, denn sie macht sowohl Maria selbst als auch Jesus einzigartig. Zu seiner Geburt musste kein göttlicher Regen fallen, kein Schwan wurde gebraucht, kein Stier und noch nicht einmal ein Kuckuck. Denn wo Naturgewalten und Tiere doch letztendlich nichts anderes bedeuten als einen nur in fremde und befremdliche Verkleidungen gehüllten göttlichen Zeugungsakt, so ist im Fall der Gottesmutter Maria auch der letzte Rest von Körperlichkeit getilgt. Dass sie den Sohn Gottes gebiert, geschieht allein auf Grund eines göttlichen Gedankens, einer Entscheidung ihres Gottes. Jesus kommt nicht in Form eines – wie auch immer – in die Gebärmutter Marias gepflanzten Samentropfens auf diese Welt, sein Ursprung ist rein geistig, »pneumatisch«, wie es sich mit dem mittlerweile leider etwas missverständlichen griechischen Wort für »Atem« oder »Hauch« sagen ließe.

Gott sendet den Erzengel Gabriel als seinen Boten zu Maria, der ihr freundlich, aber knapp ihre Aufgabe verkündet, – und damit hat es sich dann auch:»Fürchte dich nicht, Maria, denn du hast Gnade gefunden bei Gott! Siehe, du wirst empfangen und einen Sohn gebären und seinen Namen Jesus nennen. Dieser wird groß sein und Sohn des Allerhöchsten genannt werden.«[32]

Die Empfängnis vollzieht sich gänzlich unerotisch, allein durch das Wort, sie bleibt in einem Geheimnis verborgen. Selbst der Evangelist Lukas, der von allen Evangelisten das in der Bibel merkwürdigerweise nur mit wenigen Strichen hingeworfene Bild Marias noch am liebevollsten zeichnet, liefert keine Details. Er gestattet der menschlichen Fantasie allenfalls einen verschwindend kleinen Spielraum für Spekulationen darüber, was tatsächlich vor sich gegangen sein könnte, wenn er Gabriel zu Maria die mystische Ankündigung sprechen lässt:»Heiliger Geist wird über dich kommen, und Kraft des Allerhöchsten wird dich überschatten; darum wird auch das, was geboren wird, ›heilig, Sohn Gottes‹ genannt werden.«[33]

---

32. Lukas 1,30ff.
33. Lukas 1,35

Nach Erotik klingt das wahrlich nicht. Sexuelle Lust durch ausgelebte Körperlichkeit dürfte damit bei der Herabkunft des Gottessohnes auf die Erde definitiv ausgeschlossen sein, denn handelnd sind hier nur der körperlose Geist und die Kraft Gottes. Während dieses Faktum theologisch mit Freude und Genugtuung zur Kenntnis zu nehmen ist, droht plötzlich von anderer Seite aber Gefahr: Denn in der christlichen Kirche scheint mit dieser Sicht der Dinge die Grundlage dafür gelegt worden zu sein, dass namentlich ihre Theologen, sehr oft aber auch ihre Laien, dem menschlichen Leib und seinen Bedürfnissen über Jahrhunderte hinweg mit einer gewissen Reserviertheit begegneten, um einen stärkeren Ausdruck bewusst zu vermeiden.

Doch ist der Eindruck, der sich hier aufdrängt, wirklich richtig: Ist das Christentum tatsächlich so leibfeindlich, dass sich so manche andere Religion dagegen als sinnenfroh und lustfreundlich profilieren kann?

Leib und Seele

Sage niemand, der Mann habe keinen Mut gehabt. Zwar markierte die Infrastruktur des »Imperium Romanum« mit einem ausgebauten Fernstraßennetz, mit regelmäßigen Schiffsverbindungen quer über das Mittelmeer und einem verlässlichen Postsystem für damalige Standards die absolute Weltspitze, sich als religiöser und politischer Außenseiter entlang der Pisten Kleinasiens zu bewegen, dürfte aber dennoch ein gehöriges Maß an Unerschrockenheit vorausgesetzt haben. Rom war weit, seine Sicherheitskräfte in den Außenbezirken des Reiches eher dünn gesät, und für jemanden, der von den Juden als Abtrünniger und von den Römern als Störenfried betrachtet wurde, war das Gebiet entlang der Küsten des östlichen Mittelmeers nicht unbedingt ein einfaches Reisegebiet. Dem im heute südtürkischen Tarsus geborenen Saulus, den die Römer Paulus nannten, machte das jedoch anscheinend nichts aus. Der Mann, der nach damaligen Bräuchen zusätzlich zu seinem Thorastudium auch den handfesten Beruf eines Grobwebers und Zeltmachers gelernt hatte, war entflammt von seiner Mission, der Mission, alle damals bekannte Welt – gleichgültig, ob jüdisch oder nicht – zu Jesus Christus zu bekehren und für ihn zu erobern.

Sein hitziges Temperament, das ihn nichts und niemand und weder offene Konflikte noch harte Kontroversen scheuen ließ, war Paulus dabei sicher hilfreich. Er war kein Mannschaftsspieler wie die anderen Apostel, er gab eher den durch nichts zu stoppenden Einzelkämpfer im Dienste des sich entwickelnden Christentums.

Dabei hatte alles zunächst ganz anders ausgesehen. Nach Abschluss seiner Ausbildung an der Tempelakademie von Jerusalem war er als Erstes mit der Rücksichtslosigkeit eines jungen Fanatikers angetreten, um mit der Empfehlung des jüdischen Hohen Rates die Christengemeinde von Damaskus zu dezimieren, in der er nur einen Haufen von »Abtrünnigen und Gesetzesverächtern« erkennen konnte. Angesichts dieses Zieles bedurfte es schon eines im Wortsinne »blendenden« Bekehrungserlebnisses, damit er nun alles dafür tat, um der neuen Religion zum entscheidenden Durchbruch zu verhelfen. Drei Tage war er vollkommen blind, kämpfte mit sich und seinem neuen Gott, bevor er sich – nun von der Richtigkeit seines Weges restlos überzeugt – mit unvergleichlicher Energie daran machte, das Christentum von dem Ruch zu befreien, nur eine abgespaltene Variante des Judentums zu sein.

Nach Rambomanier geschah das nicht – oder zumindest nicht nur. Zwar gibt es von Paulus durchaus Geschichten, die, wie etwa seine nächtliche Flucht in einem Korb über die Stadtmauer von Damaskus oder sein Schiffbruch vor Malta, jedem Actionfilm alle Ehre machen würden, sie vermitteln jedoch kein vollständiges Bild seiner vielschichtigen Persönlichkeit. Obwohl er stets ein Mann war und blieb, der keinem Streit aus dem Weg ging, setzte er dennoch weit mehr als seine jederzeit stoßbereiten Ellenbogen seinen eigenwilligen Kopf ein. Nach allen vorliegenden Zeugnissen muss er ein Mensch gewesen sein, den neben persönlichem Mut auch strategischer Weitblick auszeichnete – von seinem profunden Wissen und seiner ungewöhnlichen Überzeugungskraft einmal abgesehen.

Zu dieser flüchtig hingeworfenen Personenskizze passt, dass Paulus nach heutigen Maßstäben ein »Technikfreak« und ein Kommunikationsgenie gewesen sein muss. Er nutzte alles, was seine Ideen und seinen Glauben weiter verbreitete sowie ihn zu anderen Menschen in Beziehung treten ließ. Er reiste und redete viel, er predigte, hielt Vorträge, er missionierte und diskutierte ohne Ende – manchmal sogar so lange, bis seine Zuhörer einschliefen.

Neben allem anderen aber schrieb Paulus Briefe. Seine Botschaften an ganze Gemeinden oder einzelne Personen – zehn solcher Schreiben gelten heute als mit Sicherheit von ihm verfasst – können als die ältesten erhalten gebliebenen Dokumente des Christentums überhaupt angesehen werden. Alle anderen Texte des Neuen Testaments sind zum Teil um Jahrzehnte jünger, entstanden in einer Zeit, die mit den Jahren und den Lebenserfahrungen Jesu nicht mehr unbedingt viel gemein hatte.

Seine Briefe dienten Paulus dazu, Kontakte zu halten und zu pflegen. Sie ermöglichten es ihm, Seelsorge auch aus der Ferne zu betreiben, das Gemeindeleben selbst an fernen Orten zu prägen, Aufsicht auszuüben und die Richtlinien des Glaubens zu bestimmen, ohne selbst anwesend zu sein. Einen wesentlichen Teil seiner Korrespondenz nehmen daher Regeln und Empfehlungen in sittlichen Fragen ein, und hier äußert sich der entschiedene Weltmissionar und tolerante Apostel der Heidenchristen ohne diplomatische Scheu vielfach in einer Art und Weise, die ihm rund 2000 Jahre später bei weitem nicht nur Beifall einträgt.

Daran ändert auch die Tatsache nichts, dass Paulus andererseits ein Loblied auf die Liebe singt. Dessen betörende Töne gelten nämlich nur, soweit die von ihm gepriesene Liebe die Ebene eines allgemein freundlichen Umgangs miteinander nicht verlässt und sich vor allem nicht zu leidenschaftlicher Körperlichkeit hinreißen lässt.

Ausschließlich vor diesem Hintergrund ist denn auch jenes populäre Zitat zu sehen, mit dem gerade Hochzeitsredner ohne wirklich profunde Bibelkenntnis ihren launigen Ansprachen oft etwas spirituellen Tiefgang zu verleihen suchen: »Wenn ich mit Menschen-, ja mit Engelszungen redete, hätte aber die Liebe nicht, so wäre ich ein tönendes Erz und eine klingende Schelle.«[1] Nur wenige Verse weiter folgen die klassischen Zeilen: »Die Liebe ist langmütig, gütig ist die Liebe, die Liebe ist nicht eifersüchtig, sie prahlt nicht, sie ist nicht aufgeblasen. Sie handelt nicht taktlos, sie sucht nicht den eigenen Vorteil, sie lässt sich nicht erbittern, sie trägt das Böse nicht nach. Sie freut sich nicht über das Unrecht, freut sich vielmehr mit an der Wahrheit. Alles deckt sie zu, alles glaubt sie, alles hofft sie, alles erträgt sie. Die Liebe hört niemals auf.«[2] Das müssen selbst seine Kritiker dem Apostel lassen: Schöner als Paulus kann man über die Liebe nicht reden. Jedenfalls, solange man bei ihr nicht auch ein ganz klein wenig an Sex denkt.

Wenn der nämlich ins Spiel kommt, ist es schlagartig vorbei mit dem kirchenväterlichen Wohlwollen. Eine lustvolle und in eigener Verantwortung gelebte Sexualität ist ihm absolut fremd. So betrachtet Paulus etwa die Ehe hauptsächlich als ein notwendiges Übel und eine Institution, die die Menschen von Gott entfremdet. Dass die tief empfundene

---

1. 1 Korinther 13,1
2. 1 Korinther 13,4ff.

Liebe zweier Menschen zueinander ja auch positiv auf ihr Verhältnis zu ihrem Gott ausstrahlen könnte, kommt ihm nicht in den Sinn. Katharina Elliger und Herbert Haag bringen das in ihrem Buch »Zur Liebe befreit« auf die kurze Formel: »War für den Juden seiner Zeit die Ehe *geboten*, so ist sie für Paulus *erlaubt*«[3], um Schlimmeres zu verhüten. Selber Junggeselle, kommt ihm – vielleicht mangels eigener Praxis – nie der Gedanke, sie als ein durchaus gottgefälliges und gottgewolltes Mittel zur Förderung und Vermehrung der irdischen Glückseligkeit zu betrachten.

Sexualität wird von Paulus durchgängig negativ bewertet. Er kann sie nicht als ein Geschenk des Gottes sehen, der als ein liebender Gott doch mit Sicherheit keine nutzlosen oder gar schädlichen Gaben an seine Kinder verteilen würde. Für ihn ist Sex schlicht etwas, das der Christenmensch – um Gottes und des Himmels willen – lieber vermeiden als genießen sollte.

Was zwischen zwei Menschen im Bett oder anderswo geschieht, ist für den gestrengen Apostel überdies alles andere als die Privatsache dieser beiden. Der Umgang mit ihrer Sexualität stellt sich für ihn nicht als eine Angelegenheit dar, die Menschen mit sich und miteinander abmachen sollten, für ihn wird der Körper eines Christen durch die Taufe zu einem Besitz Gottes, zu einem »Glied Christi«, wie er in seinem ersten Brief an die Gemeinde in Korinth formuliert, damals eine der wichtigsten und nach den Ergebnissen historischer Forschungen wohl auch unmoralischsten Städte im Römischen Reich. »Wisst ihr nicht«, so lautet seine wohl nur rhetorisch gemeinte Frage in dem Schreiben, »dass eure Leiber Glieder Christi sind?«[4]

Für die Christen kann das nichts anderes bedeuten, als dass Vergehen gegen den eigenen Leib als besonders schwer wiegende Sünden gelten müssen, denn ihr irdischer Körper gehört ihnen gar nicht mehr selbst, sondern er ist mit dem Taufversprechen in das Eigentum ihres Herrn übergegangen. Insofern ist auch Paulus' kategorische Aufforderung zu

---

3. Herbert Haag/Katharina Elliger: Zur Liebe befreit. Sexualität in der Bibel und heute. Zürich und Düsseldorf 1998, S. 241
4. 1 Korinther 6,15

einem sittlich einwandfreien Lebenswandel nur eine logische Fortführung seines schon begonnenen Gedankenganges: »Fliehet die Unzucht! Jede andere Sünde, die ein Mensch begeht, bleibt außerhalb seines Leibes; wer aber Unzucht treibt, versündigt sich an seinem eigenen Leibe.«[5] Damit aber hat Paulus ein grundsätzliches Problem angesprochen, das nicht nur Christen immer wieder beschäftigt hat und nach wie vor beschäftigt: Wie halte ich es mit meinem Körper?

Im Kerker des Körpers

Für Christen besteht nach der Lektüre der entsprechenden Bibelstellen einiger Grund zu der Annahme, dass den himmlischen Heerscharen ihres Himmels eine ganze Reihe höchst menschlicher Probleme allenfalls vom Hörensagen oder durch Beobachtung von gewissermaßen allerhöchster Warte bekannt sein können. Nicht nur, dass nach der luziferischen Rebellion und dem Höllensturz der Aufständischen das Verhältnis der Engel zu ihrem Herrn und Gott ein für alle Mal geklärt sein dürfte, als körperlose Geistwesen müssen sie sich auch beispielsweise nicht den geringsten Gedanken über das schwierige Verhältnis zwischen Körper und Geist machen. Die menschlichen Philosophen und Theologen aller Zeiten und Kulturen haben mit dieser durchaus nicht immer unproblematischen Beziehung dagegen wesentlich mehr Schwierigkeiten.

Schon ein kurzer Blick in die Ideengeschichte und ein flüchtiges Durchblättern der Heiligen Schriften aller Weltreligionen zeigen, dass die schnell formulierte Annahme, der menschliche Geist könnte den menschlichen Leib doch einfach als eine von seinem Gott oder seinen Göttern geschenkte Wohnung für die Zeit seines Aufenthalts auf Erden betrachten, im besten Fall eine vorschnelle Vermutung, wenn nicht gleich eine überaus naive Vorstellung darstellt.

Nehmen wir etwa den neuplatonischen Philosophen Plotin, der im Jahr 205 im ägyptischen Lykopolis geboren wurde und nach langem Auf-

---

5. 1 Korinther 6,18

enthalt in Rom im Jahr 269 oder 270 im kampanischen Minturnae starb. Der asketische Denker, von dem der durch seine Schriften stark beeinflusste Augustinus später einmal sagen sollte: »Tauscht nur ein paar Wörter in seinem Denken aus, und ihr habt einen Christen«, war zu seiner Zeit so etwas wie ein Superstar der Philosophie, zu dessen Vorlesungen sich sogar der römische Kaiser Gallienus, seine Frau Solonina und diverse Senatoren einfanden.

Plotin scheint das kalt gelassen zu haben: Er machte aus sich und seiner Person trotz der Beachtung durch die politischen und gesellschaftlichen Spitzen Roms kein Aufhebens, im Gegenteil, sein durch die nicht nur für Luxus gewöhnte Römer unbequemen Ergebnisse seines Denkens bestimmter Lebensstil wurde immer radikaler. Sein Schüler und Biograf Porphyrios verglich ihn deshalb mit einem Mann, »der sich schämt, im Leibe zu sein.«

Nicht nur, dass der sperrige Querdenker es ablehnte, Büsten oder Bilder von sich anfertigen zu lassen, er verheimlichte auch seinen Geburtstag, um zu verhindern, dass einer seiner einflussreichen Freunde und Gönner etwa auf den Gedanken käme, diesen Tag besonders zu feiern. Er kümmerte sich außerdem so wenig um die Bedürfnisse seines eigenen Leibes, dass er an Unterernährung sowie Schlaflosigkeit samt schmerzhafter Koliken zu leiden begann und Hände wie Füße zu eitern anfingen. Für seine Schüler dürfte das nicht nur deswegen eine besondere Prüfung bedeutet haben, weil sie das Leiden ihres Lehrers hilflos mit ansehen mussten, der Geruch seines geschundenen Körpers soll auch nicht gerade angenehm gewesen sein. Daneben mochte auch die Angewohnheit des Philosophen, seine Schüler zur Begrüßung stets herzlich zu umarmen und zu küssen, viele seiner Anhänger zumindest in der letzten Phase seines Lebens eine gewisse Überwindung gekostet haben.

Für Plotin war die Missachtung seines Leibes indes alles andere als verspielte Gedankenlosigkeit oder gar die öffentlichkeitswirksame Marotte eines geistlichen Gurus. Seine Geringschätzung aller Sinnlichkeit, die durch den Körper erfahren werden könnte, war vielmehr letztes und konsequentestes Zeichen seiner Abwendung von der Welt und seiner Ablehnung ihrer Verlockungen. Nur durch eine bewusste Loslösung von allem Irdischen, so meinte er, könnte sich die Seele letztendlich zu ihrem Gott und Schöpfer erheben und eins mit seinem Willen werden. Der damit theoretisch vorgezeichnete Weg nach oben sei im Übrigen auch in der Praxis nicht schwer zu finden und zu verfolgen, denn für ihn brauche man »nur alles Übrige auszuschließen«.[6] Am Ende dieses Weges, das Plotin selbst nach Angaben seines Biografen Porphyrios allerdings auch nur vier Mal erreicht hat, wartet eine der Welt entrückte Ekstase, ein, wie es der Italiener Luciano De Crescenzo mit einer gewissen romanischen Respektlosigkeit schreibt, »geistiger Orgasmus, in dem sich der Eingeweihte als Individuum auflöst, um sich mit dem Ganzen, also mit Gott, zu vereinigen.«[7] Der Meister selbst formuliert etwas zurückhaltender: »Immer wieder, wenn ich aus dem Leib aufwache in mich selbst, lasse ich das andere hinter mir und trete ein in mein Selbst; sehe eine wunderbar gewaltige Schönheit und vertraue, in solchem Augenblick ganz eigentlich zum höheren Bereich zu gehören; verwirkliche höchstes Leben, bin in eins mit dem Göttlichen und auf seinem Fundament gegründet; denn ich bin gelangt zur höheren Wirksamkeit und habe meinen Stand errichtet hoch über allem, was sonst geistig ist.«[8]

Wie die Abwendung zumindest eines Teiles seiner Anhänger zeigt, ist der Preis für die von Plotin propagierte leibfremde und leibfeindliche Entrückung indes sehr hoch. Die katholische Theologin Regina Ammicht-Quinn, die sich zum Missfallen einiger ihrer Kirchenoberen intensiv und kritisch mit Fragen des Verhältnisses zwischen Religion und Sexualität befasst hat, bezeichnet ihn als eine »Auflösung des menschlichen Miteinanders«. Sie ist Teil und Ergebnis einer Lebenshaltung, »die das leibliche Leben als eine lebenslange Freiheitsstrafe betrachtet: Die Seele kann nur hinter den Gittern des Kerker-Körpers leben. Der andere, materielle Teil der Existenz ist nichts als Last und Bedrohung, im bes-

---

6. Vgl. Plotin, Enneaden, IV, 8, 5. Zitiert nach: Luciano De Crescenzo: Geschichte der griechischen Philosophie. Von Sokrates bis Plotin. Zürich 1990, S. 228
7. ebd., S. 225
8. Plotin, Enneaden, IV, 8, 1. Zitiert nach Luciano De Crescenzo: Geschichte der griechischen Philosophie. Von Sokrates bis Plotin. Zürich 1990, S. 228

ten Fall fremdes Gelände, im Normalfall Feindesland. Das »Ich« ist Asylant in der feindlichen Materie, ohne Halt, ohne Boden, ohne Heimat.«[9]

Der bis zum unappetitlichen und für ihn schmerzhaften Ende konsequente Plotin war aber bei weitem nicht der Einzige, der sich in dieser unwirtlichen Landschaft bewegte. Ein ähnliches Feindesland durchstreifte offensichtlich auch der Kirchenlehrer Origines, der mindestens ebenso rücksichtslos gegen seinen eigenen Körper vorging wie Plotin. Der im Jahr 185 im ägyptischen Alexandria geborene Origines, den Hans Küng als »das einzig wirkliche Genie unter den griechischen Kirchenvätern« bezeichnet, war ein Mann von großer Wissbegier, umfassender Bildung und offensichtlich gewaltiger Tatkraft: Rund zweitausend Schriften soll er zum Teil mit Hilfe von Schnellschreibern, denen er diktierte oder die er seine Predigten mitstenographieren ließ, verfasst haben.

Von diesem gewaltigen Werk einmal abgesehen, gibt es aber auch einige verlässliche Hinweise, die es gerechtfertigt erscheinen lassen, ihn für einen Fanatiker des Glaubens zu halten. So musste er etwa mit Gewalt und durch eine List seiner Mutter davon abgehalten werden, sich nicht selbst dem Märtyrertod auszuliefern, als sein Vater 202 bei einer Christenverfolgung getötet wurde. Folgenreicher noch: In einem entschlossenen Akt, an dessen Gottgefälligkeit es begründeten Zweifel geben dürfte, entmannte er sich selbst, um gegen ablenkende und unerwünschte körperliche Versuchungen für alle Zukunft gefeit zu sein. Er nahm mit seinem Griff zum Messer, den er selbst später übrigens kritisch sah, vermutlich den Evangelisten Matthäus wörtlich, der in einem Text über die Gnaden der Ehelosigkeit zumindest missverständlich formuliert: »Es gibt Verschnittene, die sich selbst verschnitten haben um des Himmelreiches willen. Wer es fassen kann, der fasse es!«[10]

In dem engen Sinn einer Konzentration auf das für ihn Wesentliche – und das war für ihn nun einmal ausschließlich seine theologische und katechetische Arbeit – mag seine Selbstkastration für Origines sogar ein Erfolg gewesen sein. Immerhin gilt der Kirchenvater, der zu seiner Zeit

9. Regina Ammicht-Quinn: Corpus delicti: Körper – Religion – Sexualität. In: Salzburger Theologische Zeitschrift, 6. Jahrgang, 2/2002, S. 256
10. Matthäus 19,12

durchaus nicht unumstritten war und sogar der Häresie bezichtigt wurde, heute als einer der wohl bedeutendsten Theologen der griechischen Orthodoxie und als einer der wichtigsten Wegbereiter und Vordenker des nach wie vor einflussreichen Kirchenlehrers Augustinus. Ein friedliches Ende war ihm allerdings nicht beschieden. Nachdem er in Caesarea eine Schule für Literatur, Philosophie und Theologie gegründet hatte, wurde er bei einer neuerlichen Christenverfolgung durch Kaiser Decius im Jahr 250 gefangen genommen und gefoltert. Zwar ließen ihn seine Häscher wieder frei, doch Origines überlebte sein Martyrium nicht lange: Er starb um das Jahr 254 an den Folgen seiner Verletzungen vermutlich in Tyros, dem heutigen Sur an der libanesischen Küste.

Origines ist nur eines, aber das wahrscheinlich herausragendste Beispiel für eine nicht zuletzt vom Neuplatonismus des Plotin, doch auch von Gnosis und Manichäismus beeinflussten Denkrichtung des frühen Christentums. Diese Schule sah Leib und Seele in einem gegensätzlichen Verhältnis und verwarf aus diesem Dualismus heraus jegliche Sinnlichkeit und Sexualität – wie das Exempel Origines zeigt, auch mit sehr handfesten Eingriffen.

Der Kirchenvater, selber ein Asket von hohen Graden, entwickelte sich gewissermaßen zu einem der Chefideologen aller Weltflüchter und Körperfeinde. Bei ihm lässt sich durchgängig eine manifeste Trauer um das verlorene Paradies feststellen, denn dort hatte der Leib nach seiner Interpretation der Schöpfungsgeschichte noch keine reproduktiven Aufgaben zu erfüllen, Adam und Eva waren vielmehr den Engeln gleich. Erst der Sündenfall und die auf ihn folgende Vertreibung aus dem Paradies brachte dann den Tod ins Spiel und damit, sollte die menschliche Geschichte nicht ein vorschnelles Ende finden, auch überhaupt erst das Erfordernis einer geschlechtlichen Fortpflanzung. Geschlechtsverkehr aber – so der Gottesmann – sei ausgeübte Gottesferne, eine Geburt etwas Unreines, und jede Form von Sinnlichkeit bedeute ohnehin Sünde.

Origines steht mit seinen strengen Lehren bei weitem nicht allein. Schon vor seiner Geburt hatte etwa ein gewisser Athenagoras um das Jahr 180 die noch bis heute nachwirkende Meinung vertreten, Geschlechtsverkehr sei nur zur Zeugung erlaubt und Christen sollten, statt sexuelle Lust zu suchen, lieber grundsätzlich nach Jungfräulichkeit und Enthaltsamkeit streben. Dieser Ratschlag, der bei konsequenter Beachtung das Christentum längst zum Verschwinden gebracht hätte, konnte sich zwar glücklicherweise nicht allgemein durchsetzen, Athenagoras verschaffte mit seinen Theorien aber den zahllosen Asketen, Einsiedlern und weltabgewandten Wüstenvätern immerhin eine einigermaßen tragfähige theologische Grundlage für jenen Lebensstil, den der Mönch Johannes Cassianus (etwa 360−430) bündig als eine Abkehr von Bischof und Frau beschrieb. Mit einigen Worten mehr könnte man ihn aber auch als eine einsame Suche nach Gott durch Gebete, Meditationen und Gottesdienste beschreiben, bei der Einzelne ihre Überzeugungen sogar so weit Realität werden ließen, dass sie sich ohne jeden Kontakt zu anderen Menschen nackt und Gras essend in karge Höhlen zurückzogen.

Alles andere als ein positives Verhältnis zu Sexualität und Körperlichkeit hatte auch Gregor von Nyssa, der etwa von 334 bis 394 lebte und Theologen vor allem deshalb im Gedächtnis geblieben ist, weil er im Jahr 381 auf dem Konzil von Konstantinopel als einer der »drei Kappadokier« die Lehre von der Wesensgleichheit von Vater, Sohn und Heiligem Geist durchsetzte. Die anderen beiden Kappadokier waren übrigens sein Bruder, der Kirchenvater Basilius der Große, sowie sein Freund, der ebenfalls als Kirchenvater anerkannte Gregor von Nazianz. Gemeinsam liefern sie ein Beispiel für die überdurchschnittlich hohe ›Heiligendichte‹ in bestimmten Epochen und Regionen, die aus heutigem Blickwinkel fast jede Urchristengemeinde aussehen lässt wie eine Ansammlung kirchenhistorischer und theologischer Prominenz.

Gregor von Nyssa spitzte die Ideen des Origines nochmals zu. Er lehrte, die Sexualität sei etwas dem Menschen Fremdes, denn der sei nach dem Ebenbild Gottes geschaffen worden, und von einer − wie auch immer gearteten − Sexualität des Herrn sei in der Bibel schließlich an keiner Stelle die Rede. Sexualität sei demzufolge etwas Tierisches; Gott habe die Menschen überhaupt nur wegen des fatalen Sündenfalles im Paradies damit ausgestattet. Im Garten Eden nämlich hätten Adam und

Eva noch keinen Drang nach Sex verspürt, menschliche Vermehrung, wenn es sie denn je gegeben hätte, wäre engelsgleich und körperlos vonstatten gegangen.

Für die Entwicklung eines positiven Verhältnisses zum eigenen Körper, zu seinen Bedürfnissen und Möglichkeiten, musste sich eine solche Sichtweise verhängnisvoll auswirken, ließ sie zusätzlich zum Blick auf den Leib doch auch immer zugleich die Vergehen und Verfehlungen mit ins Bild geraten, die in Gestalt der Erbsünde einen kaum aufzuhellenden Schatten auf ihn warfen. Die Folgen dieser Einengung der Perspektive sind quer durch 2000 Jahre christlicher Geschichte deutlich zu erkennen: Fasten, Selbstkasteiung und sexuelle Enthaltsamkeit sind hier ebenso zu nennen wie die Geißler und Flagellanten des Mittelalters, die ihre blutige Spur durch ganze Jahrhunderte ziehen.

Eine Tradition aus dem Judentum lässt sich dabei nicht herleiten. Zwar kennt das Volk Israel überaus viele Gebote, die das tägliche Leben regeln, die bestimmte Speisen verbieten oder gar ganz das Fasten befehlen und ein bestimmtes Verhalten einfordern, als eine asketische Religion mit einer negativen Einstellung zu den Bedürfnissen des Körpers kann man es aber trotzdem nicht bezeichnen. Der Schöpfungsauftrag Gottes verhindert zumindest in seinen rabbinischen Überlieferungen eine Weltflucht und eine strenge Selbstkasteiung zur besseren Gotteserkenntnis. Auch eine Ablehnung der Sexualität mit einem dezidierten Ideal der Ehelosigkeit und Enthaltsamkeit dürfte für jüdische Augen eher unverständlich und absurd wirken. Im alttestamentarischen Buch der Sprüche, sicher nicht ohne Grund unter die Weisheitsbücher der Bibel eingereiht, findet sich beispielsweise das Lob einer engen Beziehung zur eigenen Frau, das alles andere als asexuell wirkt, wenn es auch – dem Geist der Zeit entsprechend – mehr als nur leise die patriarchalischen Untertöne eines salomonischen *Machismo* anschlägt: »Freu dich der Frau deiner Jugend: Die liebliche Hindin, die anmutige Gazelle! Sie möge sich mit dir halten, ihre Brüste sollen dich sättigen jederzeit, ihre Liebe mache dich immerfort trunken!«[11]

---

11. Buch der Sprüche 5,18f.

Dieser positiven Einschätzung körperlicher Triebe und einer gelebten Sexualität haben die frühchristlichen Apologeten der Enthaltsamkeit und Versagung wenig entgegenzusetzen. Ihnen bleibt nur, auf höhere Ziele als auf das irdische Glück zu vertrauen und gewissermaßen für die himmlische Seligkeit einen verlustreichen Pyrrhussieg über den eigenen Leib zu erkämpfen. Die Theologin Regina Ammicht-Quinn drückt das unmissverständlich aus: »Der Körper wird zum Feind, stückweise abgetötet und vernichtet. Man kämpft dabei aber nicht nur *gegen*, sondern auch *für etwas*: für das Leben der Seele.«[12]

Augustinus: Die Last mit der Lust

Hinter jedem großen Mann steht immer auch eine große Frau. So weiß es der Volksmund, und so war es allem Anschein nach selbst bei jenem Aurelius Augustinus, den nicht nur die katholische Kirche als einen ihrer größten Kirchenlehrer unter die Heiligen zählt, sondern der auch von Protestanten geschätzt wird, legte er mit seiner Theologie der Gnade Gottes doch einen der Grundsteine für die Rechtfertigungslehre Martin Luthers. Bei Augustinus, der im Jahr 354 in Thagaste, dem heute algerischen Souk-Arrhas, geboren wird, ist die machtvolle Frau im Hintergrund seine Mutter Monika. Vermutlich nicht gerade glücklich verheiratet mit einem ungetauften römischen Hauptmann, der zu cholerischen Anfällen neigt, will sie ihren Sohn so erziehen, dass er sich anders entwickelt als sein Vater. Sie hat immer nur das Beste für ihr Kind im Auge, und, so wie es aussieht, hat sie genau das auch bekommen. Augustinus scheint von der mütterlichen Fürsorge allerdings zunächst nicht sehr angetan zu sein. Er tut alles dafür, um sich ihr zu entziehen. Er stiehlt nicht nur Obst aus Nachbars Garten, sondern er schließt sich sogar einer Jugendbande an, von deren Überfällen auf Passanten er sich jedoch fern hält.

Vater und Mutter haben diese Eskapaden wahrscheinlich unterschiedlich beurteilt, wie sie ohnehin über ihn selten einer Meinung gewesen

---

12. Regina Ammicht-Quinn, a. a. O., S. 263

sein dürften. In seinen »Bekenntnissen«, der wohl ersten Autobiografie der Weltliteratur, schildert er beispielsweise eine Begebenheit, die ein Licht darauf wirft, was für seine Einstellung zu Sexualität und Sinnlichkeit prägend war: »Als mich mein Vater im Bade in meiner aufkeimenden Mannbarkeit und energievollen Jugendkraft sah, erzählte er es, als böte dies schon Grund genug, auf Enkel hoffen zu können, voll Freude meiner Mutter. Doch sie war entsetzt und sagte: ›Es gibt viel höhere Ziele, als Kinder zu haben, nämlich den Dienst an Gott.‹«

Vorläufig teilt Augustinus diese Meinung noch nicht, ganz im Gegenteil. Obwohl an der Universität alles andere als erfolglos, gibt er nicht den durchgeistigten Gelehrten, sondern profiliert sich eher als junger Wilder. Unter anderem zieht er ohne Trauschein mit einer Frau zusammen und bekommt mit ihr ein Kind, was Mutter Monika, die auf eine akademische Karriere samt gesellschaftlichem Aufstieg für ihren Sohn hofft, in Verzweiflung stürzt. Die Situation spitzt sich bald zu: Monika bombardiert ihren Sprössling mit Dauervorwürfen, der reagiert entsprechend genervt und setzt sich mit seiner jungen Familie nach Italien ab.

In Mailand, damals Hauptstadt des Römischen Reiches, wird Augustinus zwar Professor für Rhetorik, behält seinen freizügigen Lebensstil jedoch bei. Gleichzeitig wird er jedoch zusehends grüblerisch. In seiner neuen Heimat, wo das Christentum sich zur vorherrschenden Religion entwickelt hat, besucht er nun regelmäßig die Gottesdienste im Dom, in denen Bischof Ambrosius eine radikale Absage an alle Verlockungen der irdischen Welt predigt. Unter dem Einfluss von Philosophen wie Platon oder Plotin ist Augustinus dazu zwar grundsätzlich bereit, überstürzen will er aber nichts: »Ich verschob es immer, das irdische Glück zu verachten und mich ganz frei zu machen für die Suche nach der Weisheit«, erinnert er sich später in seinen ›Bekenntnissen‹. Er bittet, noch immer ungetauft, pragmatisch den Gott der Christen: »Gib mir Keuschheit und Enthaltsamkeit, aber bitte nicht sofort!«

Der barmherzige Gott mag zur Erfüllung dieser Bitte bereit sein, Monika im fernen Nordafrika ist mit dem schleppenden Gang der Dinge indes alles andere als einverstanden: Sie will Veränderungen, und zwar sofort! Resolut packt sie ihre Koffer und fährt nach Mailand. In einer kruden Mischung aus sittlicher Entrüstung und tiefer Sorge um das gesellschaftliche Emporkommen ihres Sohnes wirft sie erst einmal die Geliebte aus der Wohnung; der immerhin inzwischen selbst dreißigjährige Augustinus beugt sich dem handgreiflichen Willen seiner Mutter, obwohl es ihm, wie er gesteht, das Herz zerreißt. Auf Monikas Druck, die statt einer Affäre nun endlich eine standesgemäße Ehe sehen möchte, willigt er sogar in eine Heirat ein. Da die ins Auge gefasste Braut aber erst zwölf Jahre zählt und damit noch gar nicht heiratsfähig ist, beginnt er sofort eine neue Liebschaft. Sich selbst bezeichnet er in dieser Beziehung als »Sklave der Lust«.

Damit ist er nun aber auch am Wendepunkt angekommen. Im Sommer des Jahres 386 erlebt er seine Bekehrung, als er unter einem Feigenbaum liegend eine Kinderstimme hört, die ihn auffordert: »Nimm und lies!« Augustinus gehorcht, greift zur Bibel – und wird ein anderer Mensch. Er sagt die geplante Heirat ab, ändert seinen Lebenswandel grundsätzlich, lässt sich taufen. Und damit nicht genug: Er wird Priester und im Alter von 41 Jahren Bischof von Hippo Regius im heutigen Algerien. Doch nicht dieses Amt ist es, das ihm bleibenden Ruhm sichert: Als er im Jahr 430 stirbt, hat er sich zum bedeutendsten Kirchenlehrer des christlichen Altertums entwickelt. Seine Schriften, in denen er zentral das Verhältnis des Menschen zu Gott behandelt, zeigen seine Größe als Philosoph und Theologe.

Das menschliche Verhältnis zur Sexualität – und damit auch sein ganz persönliches und nicht zuletzt durch seine Mutter vermitteltes – bleibt für ihn dabei allerdings lebenslang ein Problem. So betrachtet er die Geschlechtlichkeit der Menschen als eine Strafe Gottes für den paradiesischen Sündenfall und gesteht in seinen Bekenntnissen im Zwiegespräch mit Gott, dass ihn sein eigener Sexualtrieb nie in Ruhe gelassen habe: »Gewiss befiehlst du, dass ich mich enthalte von Fleischeslust, von Augenlust und von der Hoffart dieser Welt. Doch noch heute leben in mir in der Erinnerung (...) Bilder solcher Dinge, die mir die Gewohnheit dorthin eingedrückt. Und kommen sie, solange ich wache, so fehlt es ihnen an Gewalt und Kraft; doch kommen sie im Schlaf, so locken sie mich mit zur Freude, ja fast zu einer Zustimmung, die nah dem Tun ist.«

Seine Mutter Monika wäre mit dieser Entwicklung sicher zufrieden gewesen, doch sie kann sie nicht mehr miterleben. Sie stirbt noch vor der Rückkehr nach Nordafrika. Mit ihrem widerspenstigen Sohn hat sie sich vorher noch mehr als nur ausgesöhnt: Augustinus berichtet in einer Vision, wie er und Monika gemeinsam in die himmlischen Höhen vorstoßen.

Ein Happy End? Nicht unbedingt. Aber mit Sicherheit genug Stoff, um ganze Generationen von Sexualethikern, Theologen und Psychologen ins Sinnieren zu bringen ...

Um ein besseres Leben für die unsterblichen Bestandteile des Menschen, die man in unserer Kultur gemeinhin als dessen Seele zu bezeichnen pflegt, geht es immer wieder auch in anderen Religionen. Obwohl viele von ihnen, wie sie etwa im alten Assyrien oder Ägypten, im klassischen Griechenland oder auch im konfuzianischen China zu finden sind, der körperlichen Askese zweifelnd bis ablehnend gegenüberstehen, bleibt das Christentum dennoch nicht allein, wenn es mit einer positiven Bewertung des Körpers und der Körperlichkeit manchmal so seine Probleme zu haben scheint.

Eine Geringschätzung und Missachtung leiblicher Lüste von raffinierten sexuellen Sinnlichkeiten bis zu ja oft durchaus nicht weniger raffinierten Gaumenfreuden findet sich dabei überraschenderweise gerade auch in Religionen, die zumindest aus westlicher Perspektive und aus einiger Entfernung eher für das Gegenteil stehen. Namentlich der Hinduismus, für den nach Maßgabe diverser in die Tempelwände gemeißelter Szenen eine ausgelebte Leiblichkeit ja geradezu zentral zu sein scheint, kennt auch deren exaktes Gegenteil: die Befreiung von den Bedürfnissen des eigenen Körpers um der Befreiung der Seele willen.

Unverständlich ist das nicht, denn der Hinduismus als Religion präsentiert sich nicht als fugenloser Monolith wie etwa der Islam, an dessen durch Allah offenbarten Wahrheiten es keinen Zweifel geben darf, ja die noch nicht einmal zeitbezogen ausgelegt und interpretiert werden dürfen. Der Hinduismus stellt vielmehr eine Sammlung unterschiedlichster religiöser Strömungen dar, deren Namen nicht mehr bedeutet als eine zusammenfassende Bezeichnung für die Lebensart und die Anschauungen der Bewohner des Indus-Gebietes.

Sie geht auf die kolonialen Briten zurück und dokumentiert in ihrer undifferenzierten Pauschalität nicht mehr und nicht weniger als das Unvermögen einer Besatzungsmacht, sich in die Vorstellungswelt der von ihnen unterjochten Völker hineinzudenken. Da sie sich jedoch eingebürgert hat und sie überdies seit langem auch von den Hindus selbst zur Bezeichnung ihres Glaubens benutzt wird, soll sie auch hier mit ausdrücklichem Verweis auf ihre Vielschichtigkeit weiter verwendet werden.

In dem an dieser Stelle nur anzudeutenden breiten Spektrum hinduistischer Spiritualität haben somit auch Askese, extreme Körperzucht und Weltflucht ihren Platz gefunden. Die Rede ist dabei nicht nur von den verschiedenen Formen und Techniken der Meditation, bei denen das nicht zuletzt in Kreisen körperbewusster westlicher Wellness-Sucher populäre Yoga nur eine Variante darstellt, angesprochen ist gleichermaßen jenes spektakuläre Asketentum, das sich immer wieder in den Personen eindrucksvoller Saddhus manifestiert, die, häufig aschebeschmiert, kaum bekleidet und mit geheimnisvollen Zeichen auf der Stirn, das westliche Bild indischer Religiosität ebenso geprägt haben wie im anderen Extrem die prallen Darstellungen fernöstlicher Liebeskunst.

Saddhus, die als wandernde und von der Mildtätigkeit ihrer Umwelt abhängige Asketen bei hinduistischen Gläubigen oft ein hohes Ansehen genießen, sind auf der Suche nach *Moksha*, der nur mühsam zu erringenden Erlösung und Befreiung aus dem ewigen Kreislauf der Wiedergeburten.

Leicht haben sie es sich damit nicht gemacht. Das Vertrackte an dieser Suche ist nämlich, dass gerade die Suche nach Moksha seine Erlangung nachhaltig verhindert. Wahre Erlösung lässt sich nach hinduistischer Auffassung nur erreichen, wenn der Suchende allen Begierden, allen Wünschen und aller zielgerichteten Aktivität entsagt. Doch mag dieser Weg auch schwer sein, die Saddhus haben immerhin die Gewissheit, dass er ihnen immerhin von ganz oben gewiesen wurde: Der Gott Krishna selbst, eine der Inkarnationen des All-Erhalters Vishnu, beschrieb nach dem etwa zwischen 200 vor Christus und 400 nach Christus entstandenen Epos Bhagavadgita (»Gesang der Erhabenen«) den entsagungsvollen Weg zum Heil mit den Worten: »Wer seiner Sinne Lust bezwingt, auf aller Wesen Wohl bedacht, gelangt ob seines Gleichmuts wohl zum Sitze meiner Herrschermacht.«[13]

Entsprechend dieser Verheißung und nach dieser Weisung kann ein Hindu bereits in seinem irdischen Dasein erlöst werden und eine absolute Herrschaft über seinen Körper und seinen Geist erringen. Beispiele dafür, die etwa mit totaler Schmerzunempfindlichkeit einherzugehen scheinen, gehören beinahe schon zur indischen Folklore, über die jeder Pauschaltourist zu berichten weiß.

Der Preis für den so zu erringenden Gewinn an Freiheit und Unabhängigkeit kann indes ausgesprochen hoch sein. Bei einzelnen hinduistischen Sekten oder Asketenschulen wie etwa den *Naga* (»die Nackten«), einer im 16. Jahrhundert in der Auseinandersetzung mit muslimischen Fakiren entstandenen Gruppierung von martialisch-spektakulärem Auftreten, verlangt er beispielsweise, bei religiösen Festen oder Wallfahrten nackt und aschebeschmiert aufzutreten, in der Hand einen Speer und einen Schild.

Die *Aghori*, die durch die deutsche Übersetzung merkwürdigerweise als »die Nicht-Schrecklichen« charakterisiert werden, übertreffen selbst dieses Auftreten noch. Als eine Art hinduistische ›Gruftis‹ tragen sie zu ihren ungeschnittenen Haaren schwarze Gewänder oder laufen völlig nackt bevorzugt über die Verbrennungsplätze der Toten, geschmückt allenfalls mit einer Kette aus menschlichen Wirbelknochen. Ihre Abwendung von dieser Welt zeigen sie unter anderem darin, dass sie Kot essen, an Leichenteilen nagen oder Rauschmittel zu sich nehmen. Die Maßstäbe scheinen sich verschoben zu haben: Wenn die *Aghori* mit diesem nun wirklich wenig bürgerlichen Habitus nicht als schrecklich zu

---

13. Bhagavadgita, XII, 4

bezeichnen sind, möchte man die wirklich furchterregenden Exemplare unter den Asketen Indiens lieber erst gar nicht kennen lernen.

Besonders strengen Asketen ging – und geht – aber noch nicht einmal diese stark nach außen gekehrte Weltverachtung weit genug. In letzter Konsequenz versagen diese Extremisten der Selbstkasteiung sich dem hinduistischen Feueropfer, zu dem sie auch die Nahrungsaufnahme rechnen. Sie sehen den Menschen selbst im spirituellen Sinn als Feuer, das durch Speise und Trank erhalten wird, und verweigern deshalb jegliches Essen: Letztendlich ist das nichts weiter als ein religiös bemäntelter Selbstmord, der von der Mehrheit der Hindus jedoch abgelehnt wird.

Gerade dieser Weg war es allerdings offensichtlich, der einen reichen hinduistischen Playboy aus adeligem Haus besonders anzog. In den ebenso behüteten wie begüterten Verhältnissen eines fürstlichen Palastes im heutigen indisch-nepalesischen Grenzgebiet aufgewachsen, hielt es den um das Jahr 566 vor Christus geborenen Gautama Siddharta irgendwann nicht mehr in seinem goldenen Käfig. Neunundzwanzigjährig verließ der junge Mann – wie immerhin eingeräumt wird: nach langen inneren Kämpfen – seine Frau und seinen Sohn und machte sich auf die Suche nach dem Sinn des Lebens, der nach seiner Meinung anderswo liegen musste als in Reichtum und Luxus.

Gautama Siddharta, aus dem später der Religionsstifter Gautama Buddha werden sollte, begann ein ruheloses Leben zu führen, indem er nacheinander unterschiedlichen Lehrern und damit auch unterschiedlichen Wegen folgte, um zu religiöser Erkenntnis und letztendlich zur Erlösung von den Leiden des irdischen Daseins zu gelangen. Selbst nach Jahren spiritueller Schulung und spiritueller Erfahrung fühlte er sich trotz der dringenden Bitten seiner Lehrer dabei jedoch nicht in der Lage, nun seinerseits ein Leben als religiöser Lehrer zu führen, und floh vor der Verantwortung lieber in die Wildnis. Hier wollte er sich in Begleitung von fünf Jüngern als wandernder Asket nun strengen Atemübungen unterwerfen und so gründlich fasten, bis er, wie er selbst sagte, »sein Rückgrat durch seinen Magen spüren« konnte.

Doch so sehr er sich auch anstrengte, der Erfolg dieser extremen Praxis blieb aus. Bilder und Figuren, die dieses Stadium seines Lebens illustrieren, zeigen einen ausgemergelten Mann, den nicht mehr viel vom Verhungern trennt. Seinem Ziel, einen Weg aus dem Leid und Elend dieser Welt zu finden, hatte ihn seine bis zum Äußersten getriebene Askese und Körperverachtung offensichtlich weit weniger näher gebracht als einem ganz banalen Tod durch Unterernährung und Auszehrung.

Zu der von ihm erstrebten Erleuchtung gelangte der damit zum Buddha gewordene Siddharta Gautama erst, als er sein religiös motiviertes Selbstmordprogramm aufgegeben hatte und nachdem er wieder zu Kräften gekommen war – was ihn übrigens zunächst die Gefolgschaft seiner Jünger kostete. In der Meditation unter einem wilden Feigenbaum im nordindischen Bodh Gaya erkannte er schließlich den Weg zur Erlösung, den er in den folgenden vier Jahrzehnten lehrend und predigend den Menschen zu vermitteln versuchte, bevor er im Alter von achtzig Jahren vermutlich an einer Lebensmittelvergiftung starb. Nach buddhistischer Auffassung ging er damit ins *Parinirvana* ein, einen Zustand der völligen Auslöschung, aus dem keine Wiedergeburt mehr herausführt.

Nach der von Buddha unter dem heiligen *Bodhi*-Baum erkannten Lehre ist allein der mittlere Weg zwischen den beiden Extremen der vollkommenen Verleugnung der eigenen Körperlichkeit und dem Streben nach vollendeter Lust der Richtige. Die von ihm selbst über sechs lange Jahre verfolgte Praxis der strengen und im äußersten Fall bis zum Tod führenden Askese wird von ihm nun als falsch und nutzlos abgelehnt. Er betrachtet ihn nüchtern als ein Experiment, das fehlgeschlagen ist und nicht weiterverfolgt werden sollte: »Welche Asketen und Brahmanen je schmerzhafte, brennende, schneidende Gefühle empfunden haben – höher und weiter [als ich] können sie nicht gehen. Und doch gelangte ich mit dieser harten Askese nicht zum höchsten, von einem Menschen erreichbaren Ziel, zur wahrlich edlen Wissenserkenntnis. Müsste es nicht einen anderen Weg zur Erleuchtung geben?«[14]

Obwohl nach buddhistischer Lehre alles Leben nur Leiden ist, seine Existenz willentlich zu beenden oder auch nur zu verkürzen, indem dem

---

14. Majjhimanikaya 36, zitiert nach: Axel Michaels: Die Kunst des einfachen Lebens. Eine Kulturgeschichte der Askese. München 2004, S. 140

Körper noch nicht einmal minimale Rechte eingeräumt werden, ist demnach falsch. Wer sie verficht, kann sich nicht auf den Erleuchteten unter dem *Bodhi*-Baum berufen. Eine bis ins letzte getriebene Missachtung des eigenen Körpers bringt den Menschen der Erlösung nicht näher.

Vergleicht man abschließend das Verhältnis zum Körper und die Bewertung der Askese in Christentum, Hinduismus und Buddhismus, dann tritt zwar sofort eine Reihe von Gemeinsamkeiten vor Augen, ebenso wird aber auch eine ebensolche Reihe von Unterschieden sichtbar.

Zunächst einmal war Jesus selbst im Gegensatz zu Buddha und zu diversen hinduistischen Glaubensführern keinesfalls ein Asket. Zwar lebte er – jüdische Gebote missachtend – ehelos, eine grundsätzliche Abkehr von der Welt kann daraus jedoch nicht hergeleitet werden. Im Gegenteil: Seine jüdischen Zeitgenossen sahen in ihm alles andere als einen sämtlichen sinnlichen Genüssen abholden Weltverächter. Wenn man dem Evangelisten Matthäus folgt, wies ihr Urteil vielmehr in eine ganz andere Richtung, wie der nicht gerade diplomatisch zurückhaltende Ausruf belegt: »Seht den Schlemmer und Trinker, den Freund von Zöllnern und Sündern!«[15]

Wichtiger noch als dieser Rückbezug auf den Stifter könnte sich aber etwas anderes erweisen, das etwa der Indologe Axel Michaels darin erkennt, dass der hinduistische Asket sich als »Gefäß Gottes« begreift, sein christliches Pendant sich jedoch als »Werkzeug Gottes« wahrnimmt, das einen irdischen Auftrag zu erfüllen habe, der bei den fernöstlichen Religionen weitgehend fehlt. Oder, wie es der Soziologe Max Weber formulierte, christliche Askese sei ›innerweltlich‹, ihr indisches Gegenstück dagegen ›außerweltlich‹.

Nackte Tatsachen

Sollte der Blick des Herrn von seinem himmlischen Thron einmal etwas eingehender über die Auslagen eines Bahnhofskiosks oder auch nur

---

15. Matthäus 11,19

die Regalbretter einer beliebigen Zeitschriftenhandlung schweifen, dürfte ein göttliches Stirnrunzeln noch die mindeste Reaktion sein, die nach den Schriften des Alten Testaments zu erwarten ist. In ihm nämlich wird jene Nacktheit abgelehnt, die uns inzwischen selbst von den Titelseiten harmloser Programmillustrierten entgegenspringt; seine Begriffe für das Geschlechtsteil, für Entblößung, Scham und Schande lassen sich synonym benutzen.

Begonnen hat diese Befangenheit, die Nacktheit keinesfalls als etwas Natürliches begreifen kann, wie auch alles andere in unserer Geschichte mit Adam und Eva. Dem paradiesischen Paar, das bis dato keinerlei Bedürfnis nach Bekleidung empfunden hatte, wurde seine Blöße nach seinem durch die teuflische Schlange provozierten Sündenfall schlagartig bewusst: Es flocht sich eilends Schurze aus Feigenblättern und versteckte sich dann vor dem herannahenden göttlichen Herrn.

Nacktheit galt es in der Folge für Jüdinnen wie Juden bei Strafe gesellschaftlicher Ausgrenzung zu vermeiden. Sich ohne Kleidung zu zeigen, das war entehrend. Nacktheit wurde als abstoßend betrachtet, eine Kultur nahezu ungehemmter Zeigefreudigkeit wie diejenige vieler moderner Industriegesellschaften wäre einem Zeitgenossen Noahs, Abrahams oder Davids widernatürlich und abartig vorgekommen. Diese ungewöhnliche Keuschheit bedeutete andererseits nicht, dass wir es mit einer Gesellschaft moralisch weitab von jedem Stolpern dahinschreitender Heiliger zu tun hätten.

Noah selbst war in den Zeiten nach Archebau und überstandener Sintflut offensichtlich dem von ihm eigenhändig herangezogenen und gekelterten Wein so zugetan, dass er seinen Rausch manchmal nackt und bewusstlos in seinem Zelt auszuschlafen pflegte. Schließlich hatte er ja auch ein mehr als nur hartes Schicksal hinter sich!
Als ihn seine Söhne Sem, Ham und Japhet, die laut Altem Testament zu den Stammvätern der gesamten Menschheit werden sollten, einmal in solch einer entwürdigenden Lage erlebten, reagierten sie unterschiedlich. Ham, der jüngste von ihnen, musterte den unbekleideten Körper seines Vaters erst einmal ausgiebig, bevor er seine beiden älteren Brüder

alarmierte, die ihn mit mehr Sinn für die Peinlichkeit der Situation sofort mit einem Mantel bedeckten. Sie näherten sich Noah dabei bewusst rückwärts, um seine Nacktheit gar nicht erst zu Gesicht zu bekommen.[16]

Wieder ausgenüchtert, reagierte Noah auf die unterschiedliche Feinfühligkeit seiner Söhne etwas unerwartet. Statt sich bei ihnen – und als guter Ehemann vielleicht sogar bei seiner Frau – für seinen zeitweiligen Verlust an Selbstkontrolle zu entschuldigen und zukünftig Mäßigung zu geloben, ließ er lieber seinen Sohn Ham für seine alkoholbedingten Verfehlungen bezahlen: Ohne weitere Erklärungen verfluchte er allerdings nicht ihn selbst, sondern kurioserweise dessen Sohn Kanaan und seine Nachkommen. Er bestimmte sie zu den Knechten der Nachkommenschaft seiner älteren Söhne und setzte damit eine verhängnisvolle Entwicklung in Gang.

Skrupellose amerikanische Geschäftemacher legten Jahrtausende später die entsprechenden Genesisverse nämlich so aus, als gingen nicht nur die Bewohner des Landes Kanaan auf den in Ungnade gefallenen Ham zurück, sondern als sei er der Stammvater sämtlicher Afrikaner. Als die von Noah verfluchten Nachkommen Hams seien sie folglich von Gott dafür bestimmt, in Knechtschaft zu leben, was nach ihrer profitorientierten Bibelexegese nichts anderes bedeutete, als dass die Kaperfahrten der amerikanischen Sklavenschiffe gewissermaßen in göttlichem Auftrag geschahen.

Diese Rechtfertigung der Sklaverei aus der Bibel wurde lange allgemein akzeptiert. Erst zu Beginn des neunzehnten Jahrhunderts wurde eine Änderung sichtbar, nach der Sklaverei nun als schwere Sünde und als dem göttlichen Willen geradezu entgegengesetzt betrachtet wurde.

Doch wenig Heiligmäßiges und viel Heuchlerisches zeigt sich im Alten Testament und seinem Umgang mit der Nacktheit nicht nur beim Ausbruch des trockengelegten Noah. Seine Verfasser – Autor*innen* sind bei seinen Büchern eher selten zu finden – neigten augenscheinlich auch dazu, Verfehlungen des Volkes Israel mit weiblichem Fehlverhalten zu vergleichen und zur Illustration himmlischer Bestrafungen vornehmlich

---

16. Vgl. Genesis 9,20ff.

sexuell getönte Strafen an Frauen heranzuziehen, die in der Öffentlichkeit im Wortsinn bloßgestellt werden.

Der Prophet Ezechiel oder Hesekiel, der gegen 623 vor Christus geboren wurde, schlägt etwa bei der Beschreibung des Verhältnisses zwischen Jahwe und seinem Volk Israel unüberhörbar sexuelle Untertöne an, wenn er die Beziehung als das Verhältnis eines Liebhabers zu seiner ungetreuen Geliebten schildert. Nach romantischen Anfängen gerät diese Liebe in eine existenzbedrohende Krise, als der Mann sich von der Frau betrogen und hintergangen fühlt. Und da kehrt dann auch Ezechiel, sicher einer der fantasievollsten und sprachbegabtesten Propheten des Alten Testaments, den Macho in seinem Herrgott heraus, der so gar nichts gemein hat mit dem liebenden Gott des Christentums, der sogar seinen Sohn hingibt, um das Menschengeschlecht zu retten. Er lässt Jahwe drohen: »Siehe, darum will ich versammeln alle deine Liebhaber, denen du gefallen hast, und alle die, welche du liebtest, samt jenen, welche du nicht liebtest, ja, ich versammle sie wider dich von allen Seiten und decke deine Scham vor ihnen auf, dass sie deine ganze Blöße sehen.«[17] Und wie bei einem Strafgericht unter Zuhältern geht es weiter: »Sie werden dir deine Kleider ausziehen und deine Schmucksachen wegnehmen und dich nackt und bloß liegen lassen.«[18]

Ein ähnliches Lied stimmt auch Jesaja an, wenn er sich über den Untergang Babylons äußert, das er zur Einstimmung gleich als »jungfräuliche Tochter Babel« bezeichnet, mit der es, der alt-testamentarische Leser ahnt es sofort, nur abwärts gehen kann. Und richtig, auch diese Jungfrau muss die Voyeurslüste des Publikums befriedigen; sie wird kurzerhand aufgefordert: »Decke deine Schleier auf und nimm deine Schleppe hoch, entblöße deine Schenkel und durchwate die Ströme. Aufgedeckt wird deine Blöße, man soll deine Schande sehen.«[19]

Perfide an diesen Zeilen ist nicht nur, dass in ihnen eine verklemmte Sexualität mit einer ebenso verklemmten Bestrafung vermengt wird,

---

17. Ezechiel 16,37
18. Ezechiel 16,39
19. Jesaja 47,2f.

auffällig ist auch noch etwas anderes, das beim Autorenduo Herbert Haag und Katharina Elliger sogar Ähnlichkeiten mit den Hexenprozessen des Mittelalters in den Blick geraten lässt: »Der männliche Schriftsteller stellt allen Unglauben, alles Fehlverhalten – und es muss sich in der damaligen Gesellschaftsstruktur doch in erster Linie um männliches Fehlverhalten haben – im Bild der Frau dar und weidet sich dann noch, fast möchte man es sexistisch oder gar sadistisch nennen, an ihrer Bestrafung, die sie ausgerechnet in ihrem Intimbereich trifft.«[20]

Sich der körperlichen Wirkungen bewusst nackt zu zeigen, scheint zumindest zu Zeiten des Alten Testaments noch nicht einmal bei den Ehepaaren des Volkes Israel zum normalen erotischen Repertoire gehört zu haben. Wie anders wäre sonst jene biblische Episode zu erklären, die ungeachtet ihres ernsten Hintergrundes als Urbild aller Verwechslungskomödien in die Geschichte eingehen könnte?

Der wegen der Vorherrschaft im Familienclan mit seinem Zwillingsbruder Esau hoffnungslos zerstrittene Jakob muss sein Vaterhaus verlassen: Der von Jakob um sein Erbe betrogene Esau hätte ihn sonst umgebracht. Er flieht deshalb zu seinem Onkel Laban, in dessen jüngere Tochter Rachel er sich sofort verliebt. Laban, trotz hohlen Wortgeklingels (»Du bist mein Bein und mein Fleisch!«)[21] offensichtlich alles andere als ein guter Onkel mit einem großen Herzen für die eigene Verwandtschaft, verlangt von ihm allerdings erst einmal sieben Jahre Frondienst auf seinem Hof, bevor er eine Hochzeit ausrichten würde. Jakob, anscheinend wirklich hoffnungslos verliebt, willigt ein, und nach den verflixten sieben Jahren hätte es ein Happy End geben können, hätte der schurkische Laban nicht heimlich seine ältere und hässlichere Tochter Lea, von der das Buch Genesis einräumt, »ihre Augen waren ohne Glanz«[22], ins Hochzeitszelt geschickt.

Jakob bemerkt diesen Betrug erst am folgenden Morgen, und will man nicht – nach Noahs Art – übermäßigen, aber gerade für die erste Nacht unter Eheleuten ja fatalen Alkoholgenuss zur Erklärung heran-

---

20. Herbert Haag / Katharina Elliger, a. a. O., S. 45
21. Genesis 29,14
22. Genesis 29,17

ziehen, gibt es nur eine Begründung für das jakobinische Wahrnehmungsdefizit: Lea muss in dieser Nacht der Nächte noch weit mehr versteckt haben als nur ihre glanzlosen Augen!

In der Fortsetzung der Geschichte zeigt sich Jakob dann ebenso versöhnlich wie beharrlich: Er schläft weiter mit Lea, begehrt aber nach wie vor gleichzeitig Rachel. Laban, zeitbedingt nicht unbedingt ein Anhänger der Monogamie und überdies anscheinend froh, beide Töchter zugleich unter die Haube zu bekommen, willigt auch in die Verheiratung Rachels ein, besteht aber auch jetzt wieder auf seinem Sieben-Jahres-Dienst. Einziger Verwandtenbonus dieses Mal: Rachel darf sofort zu Jakob ins Bett, gearbeitet wird später.

Die schwülen Voyeursszenen des Alten Testaments wie die heute fast unverständliche Keuschheit auf dem ehelichen Lager bedeuten jedoch keineswegs, dass die Menschen der damaligen Zeit für die Schönheiten der Liebe und die Schönheit überhaupt etwa keinen Sinn besessen hätten. Im Gegenteil: So wie gerade die Verfechter einer gesellschaftlichen Doppelmoral oft die Darstellung perfekt geformter weiblicher Körper durchaus zu schätzen wissen – weite Bereiche der Unterhaltungsindustrie und eine nicht geringe Zahl von Printmedien lebten und leben schließlich verhältnismäßig gut von der Darstellung mehr oder minder spektakulärer Rundungen –, so sind auch die Verfasser der Bücher des Alten Testaments der menschlichen Schönheit durchaus aufgeschlossen. Anders als im Neuen Testament, wo keine Frau explizit als ›schön‹ bezeichnet wird und der Leser sogar im Dunkeln darüber gelassen wird, ob die Mutter Jesu – wie viele spätere Darstellungen nahe legen – eine attraktive Frau war oder ob Josef sie schlicht wegen ihrer unzweifelhaft vorhandenen inneren Werte heiratete, werden in den alttestamentarischen Texten nicht nur Frauen wie Abrahams Frau Sara, Isaaks Frau und Kusine Rebekka oder die so verhängnisvoll badende Bathseba ausdrücklich als schön bezeichnet. Sogar von Männern wie etwa dem König David wird gesagt, er sei ein schöner Mann gewesen.

Auf welche Art das gesagt wurde, und zwar unabhängig davon, ob gerade die Rede von einem Mann oder einer Frau war, das ist von heutigen

Beschreibungen makelloser Körper aber so verschieden, dass es fast schon einer zusätzlichen Übersetzungsanstrengung bedarf, um etwa die Schwärmereien des Alten Testaments richtig zu verstehen.

Wenn es beispielsweise im Hohenlied heißt:»Ja, du bist schön, meine Freundin! Deine Augen sind Tauben gleich!«[23] soll das weder bedeuten, dass hier etwa eine Frau zwei Augen in der Form von Vögeln besitzt oder gar, dass sie – was nun auch vermutlich jeglicher Schönheitsnorm widerspräche – Augen *wie* eine Taube hat, der Satz erklärt sich allein, wenn man von der Rolle der Tauben in biblischer Zeit ausgeht. Diese Vögel waren damals nämlich noch kein Symbol des Friedens, sondern sie galten als Botentiere der Liebe und waren als solche bei vielen Völkern den Liebesgöttinnen zugeordnet. Der zitierte Satz aus dem Alten Testament könnte nach heutiger Sprache also etwa bedeuten:»Die Blicke aus deinen Augen sind für mich Boten der Liebe!«

Ein zweites Beispiel aus dem Hohenlied klingt für heutige Ohren noch ungewöhnlicher: Der Vergleich der Haare der Geliebten mit einer den Berg herabstürmenden Ziegenherde[24] wirkt in Zeiten durchgestylter Gel-Frisuren mehr als befremdlich: Da zeitgenössische Ziegen auch geruchsbedingt unter einem animalischen Imageproblem zu leiden haben, dürfte der Vergleich von Haaren mit Ziegen eher eine Liebesbeziehung sprengen, statt sie zu festigen.

Nichts davon im alten Orient: Zu Zeiten Salomos hätte jede verliebte Frau sich gefreut, in Teilen ihres Körpers mit jenen Tieren gleichgesetzt zu werden, die damals noch nicht für schwer erträgliche Ausdünstungen und bornierten Eigenwillen standen, sondern denen ungebremste Vitalität, Dynamik und Wildheit zugeschrieben wurde.

»Für die biblische Anthropologie steht die Dynamis und nicht die Form im Vordergrund«, schreibt der Schweizer Thomas Staubli vom Departement für Biblische Studien an der Universität Fribourg. »So wurde die Nase mit Schnauben, Unwille und Zorn, das Haar mit Bewegung und Vitalität oder der Hals mit Stolz verbunden. Nicht die schöne

---

23. Das Hohelied 1,15
24. Vgl. Das Hohelied 4,1

Form, sondern der intensive Ausdruck des Körpers erotisiert und weckt Aufmerksamkeit und Sehnsucht des Verliebten.«[25]

Auch wenn die Blicke der Verliebten also mehr auf das Tun und nicht so sehr auf das Sein gerichtet waren, ging es im Miteinander der Geschlechter auch damals aber nicht ganz ohne kunstfertige Nachhilfe für die Schönheit ab: Zur Steigerung der Attraktivität, aber auch zur Hebung des eigenen Wohlbefindens wurde sowohl einiges in die äußerliche Schönheitspflege als auch in jenen Bereich investiert, der heute weithin unter ›Wellness‹ firmiert. Das Arsenal an wohlriechenden Ölen und pflegenden Salben jedes besseren jüdischen Haushalts etwa aus der salomonischen Zeit dürfte deshalb vermutlich keinen Vergleich mit den Töpfen und Tiegeln scheuen müssen, die von der modernen Kosmetikindustrie auf die Regale heutiger Badezimmer gedrückt werden.

Welche Bedeutung diese Mittel und Mittelchen gerade auch für die Vorbereitung intimer Begegnungen besaßen, wird nicht zuletzt aus dem Buch Ester deutlich. In diesem Buch, in dem die offensichtlich ebenso schöne wie tapfere Jüdin Ester durch klugen Kopf- und Körpereinsatz ihr Volk vor der Vernichtung durch die Perser bewahrt und damit die Begründung für das jüdische Purim-Fest liefert, sucht der persische König Ahasver oder Artaxerxes[26] eine neue Frau, nachdem ihm seine erste Hauptgattin wohl zu widerspenstig erschienen war: Sie hatte sich geweigert, »ihre Schönheit den Völkern und Fürsten zu zeigen«[27]. Was immer das zwischen vollzogenem Striptease und diplomatischem Auftritt auch bedeuten mag.

Die Direktiven für die Zweitbesetzung der Königinnenrolle waren dagegen weit weniger vage; sie ließen keinen Zweifel mehr daran, worauf es dem Herrscher in erster Linie ankam. In seinem gesamten Herrschaftsgebiet – und das reichte immerhin vom Mittelmeer bis nach In-

25. Thomas Staubli: Duschen statt beichten. Bibeltheologische Anmerkungen zum Body-Boom. In: zur debatte, Themen der Katholischen Akademie in Bayern, 34. Jahrgang, Nr. 7/2004, S. 9
26. Mit größter Wahrscheinlichkeit handelt es sich bei diesem Herrscher um den Perserkönig Xerxes I., der ungefähr von 519 bis 465 vor Christus lebte. Er begann einen für die Perser verhängnisvollen Feldzug gegen die Griechen.
27. Ester 1,11

dien – wurden seine Beamten angewiesen: »Man suche für den König jungfräuliche Mädchen, die von schöner Gestalt sind!«[28]

Ester, Nichte und Adoptivtochter des Juden Mordechai, erfüllte in diesem gewaltigen Schönheitswettbewerb augenscheinlich die königlichen Kriterien am besten, wobei, so darf vermutet werden, sie ihre später bewiesene ausgeprägte Intelligenz wohl eher im Hintergrund hielt. In jedem Fall fand sie Gefallen in den Augen des liebestollen Herrschers und sie »genoss seine Huld«, was sich unter anderem darin zeigte, dass er ihr »rasch ihre Schönheitsmittel und Verpflegung sowie sieben auserlesene Dienerinnen aus dem Königshause«[29] verschaffte.

Ins königliche Bett brachte das Ester aber noch lange nicht, denn ihr zukünftiger Mann war trotz seines Gebarens anscheinend alles andere als ein orientalisches Heißblut; vielleicht war er auch schlicht mit seinen Nebenfrauen schon ausgelastet. Vor dem Vollzug der ehelichen Vereinigung zwischen ihm und Ester hatte jedenfalls erst noch ein komplettes Jahr mit speziellen Behandlungen zu liegen: »sechs Monate mit Myrrhenöl und sechs Monate mit Balsam und weiblichen Schönheitsmitteln«.[30]

Als Vorbereitung für eine Liebesnacht – auch wenn sie mit einem König stattfindet – ist dieser Aufwand sicher ungewöhnlich. Letzten Endes dürfte er sich aber für sie ausgezahlt haben, denn »Ester fand Gefallen bei allen, die sie sahen«.[31]

Doch trotz dieser eindeutigen Ausrichtung auf einen ganz bestimmten Zweck: Salben und Öle haben in der Bibel bei weitem nicht nur Bedeutung für ein erfülltes Sexualleben; sie werden auch als Zeichen der Ehrerbietung oder ganz einfach zur Steigerung des Wohlbefindens eingesetzt. Ein Beispiel, in welchem Zusammenhang das geschehen konnte, findet sich im Neuen Testament. Diese in allen vier Evangelien vorkommende Geschichte von der Salbung Jesu belegt gleichzeitig, dass der Messias kein weltabgewandter Asket war, der sich nicht an irdischen Genüssen erfreuen konnte.

---

28. Ester 2,2
29. Ester 2,9
30. Ester 2,12
31. Ester 2,15

Die Akzente, die von Matthäus und Markus, von Lukas und Johannes gesetzt werden, sind dabei zwar unterschiedlich, gemeinsam sind ihnen jedoch die Betonung der schon fast übertriebenen Großzügigkeit der Salbung und die ablehnende Reaktion der Umstehenden.

So heißt es bei Matthäus[32], dass eine Frau »mit einem Alabastergefäß voll kostbaren Salböls« zu Jesus trat und es ihm über sein Haupt goss, während er zu Tische lag. Seine Jünger reagierten auf diesen Akt der Liebe und Hochachtung mit einer kleinkarierten Pfennigfuchserei: »Wozu diese Verschwendung? Das hätte man doch teuer verkaufen und den Armen geben können.«

Bei Johannes[33] wird die Darstellung noch extremer, zudem nennt er Namen. Bei ihm ist es eine Maria, die mit einem »Pfund kostbaren echten Nardenöles« seine Füße so salbte, dass das gesamte Haus den Geruch der Spezerei annahm. Anschließend trocknete sie die Feuchtigkeit mit ihren eigenen Haaren. Die Rolle des Bösewichtes teilt er dann dem Verräter Judas zu, dessen Einsatz für das Wohl der Armen zudem auch sofort entwertet wird: Das Geld den Armen zu geben, forderte er »nicht, weil ihm etwas an den Armen lag, sondern weil er ein Dieb war und als Verwalter der Kasse deren Einlagen unterschlug«.

Es ist allein Jesus, der in allen Erzählungen gleich souverän reagiert. Er ist sich seines Wertes und der Symbolik der Salbung wohl bewusst: »Warum kränkt ihr sie? Sie hat eine gute Tat an mir getan. Denn Arme habt ihr allezeit bei euch und könnt ihnen Gutes tun, sooft ihr wollt, mich aber habt ihr nicht allezeit.«[34] Ohne arrogant zu wirken, kann Jesus in dieser von seinen engsten Vertrauten offenbar nicht verstandenen und sie überfordernden Situation nur so sprechen, weil er sich als von Gott gesandter Bote versteht, der die Ehrung denn auch nur quasi stellvertretend entgegennimmt. Der Neu-Testamentler Klaus Berger erkennt dahinter die Spruchweisheit des damaligen Judentums: »Der Gesandte ist wie der, der ihn sendet.«

32. vgl. Matthäus 26,6ff.
33. vgl. Johannes 12,1ff.
34. Markus 14,6f.

Onan: Selbst ist der Mann

Rein quantitativ stellt seine Geschichte kaum mehr als eine Fußnote im gewaltigen Werk der Bibel dar, dennoch gehört er mit Sicherheit zu ihren bekannteren Gestalten: Die Rede ist vom alttestamentarischen Onan, den sein Gott Jahwe bereits nach einer einzigen kurzen Episode im Rampenlicht sterben ließ, da ihm das, was er tat und was ihn später einmal berühmt machen sollte, überhaupt nicht gefiel. Doch erzählen wir die etwas verwirrende Geschichte besser von Anfang an.[35]

Onan ist der im biblischen Text nicht weiter hervorgehobene Sohn des Juda, eines der zwölf Söhne Jakobs und damit eines der Stammväter Israels. An ihm selbst scheint nichts Außergewöhnliches gewesen zu sein: Heute würde er wahrscheinlich taubenblaue Anzüge tragen und irgendwann im mittleren Management eines mittleren Industriebetriebes enden. Zu seiner eigenen Zeit fällt er vermutlich noch nicht einmal seinem Herrn besonders auf, bis ausgerechnet sein älterer Bruder namens Er etwas tut, das gegen den Willen dieses himmlischen Herrn ist. Das Alte Testament sagt zwar nicht, was es ist, aber die Untat ist offensichtlich schwerwiegend genug, um Er umgehend aus dem Diesseits abzuberufen.

Nun ist Onan gefragt, er bekommt seinen großen Auftritt. Nach damaligem Brauch und mosaischem Gesetz fordert sein Vater ihn auf, anstelle seines Bruders, der diese Welt ohne Erben verließ, seine Schwägerin zu schwängern und so für mindestens einen männlichen Erben zu sorgen, der dann den Namen des Verstorbenen tragen und vor dem Verlöschen bewahren würde.

Onan ist von dieser Aufgabe wenig begeistert. Es sind allerdings weniger moralische Bedenken, die ihn plagen, er fühlt sich vermutlich eher in seinem männlichen Stolz verletzt: Wenn er denn schon Kinder zeugt, will er auch wenigstens selbst als deren Vater gelten! Nicht ganz konsequent beschließt er deshalb in dieser Situation, zwar durchaus mit der Frau seines Bruders ins Bett zu gehen und damit den Schein zu wahren, es anderseits aber keinesfalls zum

---

35. Genesis 38,4ff.

Äußersten kommen zu lassen. Oder, um es mit den Worten der Bibel zu sagen: Immer, wenn er mit der Frau seines Bruders schläft, lässt er »den Samen zur Erde fallen«.

Jahwe ist mit diesem Gang der Dinge alles andere als zufrieden, mehr noch: Er sieht sich hintergangen. Für Onan bedeutet das umgehend den Endpunkt seiner kurzen Laufbahn als biblischer Hauptdarsteller. Er folgt dem Schicksal seines Bruders Er und tritt von der Bühne ab. Jahwe lässt ihn ebenfalls sterben.[36]

Bemerkenswert ist diese knappe Geschichte, die kaum sieben Verse des Alten Testaments umfasst, nicht nur wegen der Tatsache, dass in ihr der Herr sehr direkt ins Geschehen eingreift und ohne viel Federlesens nach Art eines göttlichen Regisseurs gleich zwei Personen direkt aus dem Spiel nimmt. Bemerkenswert ist darüber hinaus auch ein gewissermaßen doppeltes Missverständnis: In der Geschichte um Onan geht es weder auf himmlischer noch auf irdischer Seite zunächst einmal um Moral!

Weder rebelliert Onan, weil es ihm unsittlich erscheint, mit seiner – vielleicht ja durchaus attraktiven – Schwägerin das nächtliche Lager zu teilen, noch macht sich Jahwe vordergründig zum Richter im Stellungskampf der Geschlechter, indem er etwa aus rein religiösen Gründen ein bestimmtes Sexualverhalten favorisiert und ein anderes verwirft. Ihm geht es vielmehr allein darum, für eine durch keinerlei Formen oder Vorformen der Geburtenregelung behinderte Vermehrung seines Volkes Israel zu sorgen und damit langfristig dessen Existenz und Ausbreitung sicherzustellen.

---

36. Nach dem Alten Testament wäre das durchaus nicht zwingend gewesen. Das 5. Buch Mose schreibt in seinem 25. Kapitel, Vers 7 ff., für einen Fall wie den Onans vielmehr eine Prozedur vor, die heute höchst kurios erscheinen muss: »Wenn aber der Mann keine Lust hat, seine Schwägerin zu heiraten, so soll seine Schwägerin hin zum Stadttor vor die Ältesten gehen und sagen: ›Mein Schwager weigert sich, den Namen seines Bruders in Israel aufrecht zu erhalten, er will mir die Schwagerpflicht nicht leisten.‹ Dann sollen die Ältesten seiner Stadt ihn vorladen und ihn zur Rede stellen. Stellt er sich und sagt: ›Ich habe keine Lust, sie zu heiraten‹, so soll seine Schwägerin in Gegenwart der Ältesten an ihn herantreten, ihm den Schuh vom Fuße ziehen, ihm ins Gesicht speien und folgendermaßen entgegnen: ›So soll es jedem ergehen, der das Haus seines Bruders nicht aufbauen will!‹ Sein Name aber soll in Israel ›Barfüßerfamilie‹ lauten.«

Sex ist für Onan und seine Zeitgenossinnen und -genossen keine reine Frage der Lust und Laune. Die Männer und Frauen des Alten Testaments haben sich nicht nur zu ihrem persönlichen Vergnügen zu paaren, wesentlichster Zweck der Ehe und der ehelichen Vereinigung ist nach jüdischen Vorstellungen immer die Fortpflanzung. Und diesem Primat widerspricht es dann ganz einfach, wenn Onan, statt im Rahmen einer so genannten Levirats- oder Schwagerehe die Witwe seines Bruders zu heiraten und für den Fortbestand der Sippe zu sorgen, seinen wertvollen Samen vergeudet, indem er seinen männlichen Zellen nicht die Gelegenheit gibt, sich in einem weiblichen Ei einzunisten.

Dass Onan das dadurch erreicht, dass er so ausgiebig Hand an sich legt, dass er zu einem womöglich folgenreichen Geschlechtsverkehr mit seiner Schwägerin gar nicht mehr fähig ist, dürfte bei einem Mann wie ihm, der seine ›besten Jahre‹ kaum erreicht hat, allerdings eher unwahrscheinlich sein. Weitaus mehr spricht dafür, dass der clevere Zeugungsunwillige den Coitus interruptus wenn schon nicht erfand, so doch zumindest praktizierte. Die sexuelle Praktik, mit der sein Name bis heute fast unlösbar verbunden ist, mag er zwar wie fast alle Männer und weit mehr als die Hälfte aller Frauen vielleicht manchmal ausgeübt haben, für seinen Tod ist sie letztendlich nicht verantwortlich.

Millionenfache schlechte Gewissen waren und sind somit überflüssig. Zumindest aus religiösen Gründen ...

Verführung, mit und ohne Schleier

Der Tag sollte verhängnisvoll enden für Aktaion. Dabei hatte für den Jäger, der von dem Kentauren Chiron in der Kunst des Jagens unterrichtet worden war und der von ihm auch seine Jagdleidenschaft geerbt hatte, zunächst alles so gut begonnen: Er war mit seiner gut abgerichteten Hundemeute durch die lichten griechischen Wälder gestreift und hatte mit wachen Augen nach Wild ausgespäht, das er zur Strecke bringen könnte. Für ihn eine der schönsten Beschäftigungen, die es in seinem Leben gab.

Gerade war er ein paar Spuren einen steilen Abhang hinab gefolgt, als ihn ein Geräusch im Unterholz am Rande einer stark sprudelnden Quelle plötzlich anhalten ließ. Vorsichtig versuchte er zu lokalisieren, woher die Töne kamen, und wandte angestrengt lauschend den Kopf von einer Seite zur anderen. Er beruhigte seine Hunde und bewegte sich fast lautlos, um nur ja keine Aufmerksamkeit zu erregen und das scheue Wild womöglich zu vertreiben.

Einen Moment lang war jetzt alles still, aber dann hörte er es wieder: merkwürdige Klänge, die vom Wasser her die Böschung zu ihm heraufdrangen. Er konnte sie nicht richtig deuten, denn beinahe klangen sie wie menschliche Stimmen und wie das ausgelassene Gelächter junger Frauen und Mädchen.

Aktaion verstand nichts mehr. Hier, mitten in der Einsamkeit eines entlegenen Tales, ein fröhliches Lachen, wie es manchmal aus den Dör-

Göttliche Strafe für irdischen Voyeurismus: Die beim Baden überraschte griechische Göttin Artemis (röm.: Diana) verwandelt den Jäger Aktaion in einen Hirsch, der von seinen eigenen Hunden zerfleischt wird (Giuseppe Cesari: Diana und Aktäon; 1603–1606; Öl auf Holz; Louvre, Paris).

fern am Waldrand zu ihm herüberdrang, wenn er auf die Pirsch ging: unmöglich! Er musste sich täuschen!

Neugierig schob er sich weiter an den Bach heran, ängstlich darauf bedacht, kein Geräusch zu machen. Jetzt stand er nur noch ein oder zwei Schritte von der brüchigen Kante des Abhangs entfernt und schob vorsichtig die Zweige einer alten Steineiche auseinander, um endlich sehen zu können, was sich Geheimnisvolles nur wenige Meter unter ihm abspielte. Die Szene, die sich zum Greifen nah vor ihm öffnete, ließ ihn ungläubig den Atem anhalten. Direkt vor seinen Augen vergnügten sich ein paar junge Frauen im klaren Wasser, die Schönheit ihrer schlanken Körper[37] noch nicht einmal durch einen zarten Schleier verhüllt.

Freudig überrascht ließ Aktaion seinen Blick schweifen, genoss das Schauspiel, das sich ihm bot: Schließlich war er auch nur ein Mann und die Jagd offensichtlich nicht seine einzige Leidenschaft! Im Zwiespalt, die in unbefangener Nacktheit Badenden nicht auf sich aufmerksam zu machen, andererseits aber auch von unverhohlener Leidenschaft und dem Wunsch getrieben, noch besser und noch mehr sehen zu können, schob er sich Schritt um Schritt weiter an die Abbruchkante heran. Nur ein paar Zentimeter noch, und er hätte ungehindertes Blickfeld!

Da geschah es: Der Rand des Abhanges war wohl doch weniger fest, als er angenommen hatte! Der sandige Boden gab nach, sein rechter Fuß verlor den Halt, und er kippte nach hinten. Verzweifelt versuchte er noch, sich an den zu dünnen Zweigen festzuhalten, aber vergeblich! Mit einem Getöse, das von den Felsen an den Wänden des engen Tales widerhallte, rutschte er den Abhang hinunter und landete kurz vor den erschreckt aufschreienden Frauen!

Die Situation war ausgesprochen peinlich, für beide Seiten. Für Aktaion war keine Entschuldigung für sein von Lust und Leidenschaft diktiertes Verhalten in Sicht, die Badenden sahen sich um ihre jungfräuli-

---

37. Die üppigen Körper, wie sie in der Renaissance etwa ein Tizian oder ein Cesari später darstellen sollten, hätten bei Aktaion selbst wie auch bei seinen Zeitgenossen sicher keinen Beifall gefunden: Ihr Schönheitsideal verlangte eher nach knabenhafter Schlankheit.

che Unschuld betrogen. Dennoch wäre die Geschichte für Aktaion wohl glimpflich ausgegangen, hätte es sich bei seinem Gegenüber um eine Gruppe sterblicher Frauen und Mädchen gehandelt. Dem war aber nicht so; zu seinem Unglück hatte er die Jagdgöttin Artemis und ihr Gefolge aus Nymphen und jungen Mädchen belauscht!

Dem oberflächlichen Anschein an der Quelle zum Trotz war Artemis alles andere als hilflos und sanftmütig, ganz im Gegenteil. Seit die aus einer Affäre des Zeus mit der Göttin Leto entstammende Artemis schon als selbst gerade erst geborenes Kleinstkind sofort bei der Geburt ihres Zwillingsbruders Apollon assistiert hatte, stand sie nicht gerade im Ruf zaudernder Zurückhaltung. Mit ihrem silbernen Bogen streifte sie zwar vornehmlich auf der Suche nach altem oder krankem Wild jagend durch die Wälder, sie richtete ihre Waffe aber auch strafend gegen vermeintlich oder tatsächlich frevelnde Menschen, die dann von Krankheiten befallen wurden. Die in ihr verkörperte Mischung aus bewusster Jungfräulichkeit und bedingungsloser Härte dürfte damit geradezu den Prototyp eines für jeden Psychologen interessanten Charakters darstellen.

Bevor sich jedoch ein Therapeut ihres offensichtlich unkontrollierten Ungestüms hätte annehmen können, kam es leider zu ihrer verhängnisvollen Begegnung mit dem sehlustigen Aktaion, dem von manchen Autoren durchaus noch weiter gehende Absichten zugeschrieben werden. Die Folgen waren verheerend: Die zornige Artemis, die in einer merkwürdigen Kombination auch gleichzeitig als Fruchtbarkeitsgöttin und als Göttin der Keuschheit figurierte, verwandelte den ihr vor die Füße gerutschten Jäger umgehend in einen Hirschen, der nun vor seiner eigenen Hundemeute fliehen musste. Unglücklicherweise hatte er sie anscheinend zu gut ausgebildet: Auch ohne Hilfe ihres Herrn stellten sie ihn und bissen ihn blutig zu Tode.

Eine tragische Geschichte, die – abgesehen von der zur Größe der Verfehlung nicht gerade in einem einsichtigen Verhältnis stehenden Strafe – dem modernen Leser vor allem deshalb Rätsel aufgibt, weil sie so auffallend seinem mitgebrachten Vorwissen zu widersprechen scheint. Waren die Griechen nicht diejenigen unter unseren Vorfahren, die einem Körperbau von klassischen Proportionen beinahe noch mehr huldigten als jeder erfolgssüchtige Filmproduzent in den Studios von Hollywood? Waren es nicht die Griechen, die gut gebauten Körpern auch in unzähligen Darstellungen künstlerisch ihre Achtung zollten und die in ihren sportlichen Wettbewerben ohne jede Scheu und ohne jedes noch so kleine Kleidungsstück durch Kampfbahnen und Stadien tollten?

Sicher, alles richtig. Nur ein kleiner Unterschied droht bei diesen Erinnerungen aus dem Blickfeld zu geraten. Wenn die Griechen den Körper feierten, ging es dabei fast ausnahmslos um den männlichen Körper. Frauen hatten verhüllt zu sein und verhüllt zu bleiben!

Auf dem Götterberg Olymp herrschte ebenso offensichtlich ebenso wie in den Staaten zu seinen Füßen eine doppelte Moral. Das tragische Schicksal des Aktaion ist ein von der Kunst vielfach aufgenommener Beleg dafür, dass kein Sterblicher die griechischen Göttinnen je nackt sehen durfte. Allein Aphrodite, die Göttin der Schönheit und der körperlichen Liebe, war von diesem strengen *Dresscode* ausgenommen: Sie wurde gemeinhin unbekleidet dargestellt, was, weil sie als schönste aller Göttinnen galt, nicht nur für die ausführenden Künstler von besonderem Reiz gewesen sein dürfte. Bei allen anderen Göttinnen ließen bestenfalls ihre Obergewänder durch ihren betont körpernahen Schnitt gewisse Vermutungen darüber zu, dass es über den Wolken für die himmlischen Herren durchaus nicht nur eine einzige Schönheit zu bewundern und zu begehren gab.

Vom Körperbau ihrer Götter konnten sich die Menschen hingegen ganz direkt überzeugen: Die maskulinen Unsterblichen zeigten sich in den Darstellungen der zeitgenössischen Maler und Bildhauer oft in majestätischer Nacktheit und mit stark idealisierten Proportionen. Der Meeresgott Poseidon kannte in dieser Beziehung ebenso wenig Hemmungen wie beispielsweise seine göttlichen Kollegen Apollon oder Hermes, der als Gott der Fruchtbarkeit darüber hinaus sogar bisweilen mit steil aufgerichtetem Phallus dargestellt wurde.

Die Unterschiede, die hier gemacht werden, sind auffällig. Der bemerkenswerte Gegensatz zwischen vollständiger Kleidung und vollständiger Nacktheit in der künstlerischen Darstellung der Geschlechter dürfte allerdings wenig damit zu tun haben, dass Frauen etwa generell als schutzbedürftiger begriffen wurden als Männer. Der Maßstab einer möglicherweise verwerflichen kommerziellen Ausbeutung weiblicher Schönheit lässt sich zu diesem frühen Zeitpunkt noch nicht anlegen.

Anzunehmen ist vielmehr, dass die Differenzen in der Darstellung auf eine gegenüber der heutigen Auffassung von Schönheit völlig andere Betrachtungsweise hindeuten. Für die Griechen galt augenscheinlich nicht der wohlgeformte Körper einer Frau als schön, sehens- und darstellenswert, sie betrachteten vielmehr den muskulösen und wohlproportionierten Männerkörper als Personifikation ihres Idealbildes vom Menschen. Dass sie dabei die an sich unterschiedenen Begriffe ›Mann‹ und ›Mensch‹ gleichsetzten und Frauen somit zumindest in einem Teilbereich ihrer Existenz als Menschen zweiter Klasse ansahen, scheint in der Antike niemanden ernsthaft gestört zu haben. Und vielleicht ist es vor diesem Hintergrund ja sogar nicht mehr als ausreichende Gerechtigkeit, wenn sich in unserer Gegenwart das Bild total gewandelt hat: Eine Zeitschrift, die auf ihrem Titelblatt nur mit den ganz oder teilweise unbekleideten Gestalten herkulischer Jünglinge um Leser werben wollte, wäre heute wohl nur als ausgesprochene Spezialpublikation denkbar!

Erotik in weiblicher Nacktheit ausgedrückt zu sehen, scheint allerdings trotz dieses einschränkenden Beispiels weitgehend eine kulturelle Konstante zu sein. Schon im Alten Ägypten wurde sie zwar als Ausdruck gesellschaftlicher Statuslosigkeit gesehen – Kinder ohne sozialen Status wurden nackt dargestellt, der gesellschaftliche Rang an sich über mehr oder weniger prachtvolle Kleidung ausgedrückt –, mehr noch vermittelte Blöße aber Erotik und galt als Sinnbild für Fruchtbarkeit und Zeugungskraft. Die entsprechenden Gottheiten wurden nackt dargestellt, der Gott Osiris, der auf wunderbare Weise noch nach seinem Tod den Horus zeugte, trug den Beinamen ›der Nackte‹.

Kleine Statuetten unbekleideter Frauen finden sich als Beigaben auch in vielen Gräbern rechts und links des Nils, in späteren Zeiten sogar als so genannte ›Beischläferinnen‹ mit einem leeren Bett neben sich, das für den augenscheinlich auch im Jenseits noch lüsternen Verstorbenen bereitstand.

Da die Ägypter das Jenseits als nahezu lineare Fortsetzung des Diesseits betrachteten, gingen sie davon aus, dass es auch im Totenreich durchaus Sexualität und ein Bedürfnis nach körperlicher Liebe geben müsse. Für diesen Fall Vorsorge getroffen zu haben, erweist sie als ein Volk von beträchtlicher Voraussicht.

Diverse Epochen später hat sich nicht nur für die Ägypter und den Nahen Osten die Lage grundlegend geändert. Seit der Islam sich hier ausbreitete, ist es unter seiner Herrschaft vorbei mit der unbefangenen Darstellung von Nacktheit. Zwar werden in den von Allah an seinen Propheten Muhammad ergangenen Offenbarungen den in das Paradies eingegangenen Männern liebliche Jungfrauen – arabisch ›Huris‹, d. h. die ›Weißen‹, genannt – versprochen. Sie müssen ihnen alle Wünsche erfüllen und haben ihnen auch sexuell zu Diensten zu sein, auf Erden jedoch ist zumindest in der Öffentlichkeit Prüderie eingekehrt. Um die Männer durch den Anblick unverschleierter Frauen nicht permanent in den Zustand sexueller Erregung zu versetzen[38] und die Frauen vor Belästigungen zu schützen, wurde von Allah eine im Koran niedergelegte, strenge Bekleidungsvorschrift verfügt. In der 33. Sure wies er seinen Propheten an: »O Prophet, sprich zu deinen Frauen, zu deinen Töchtern und den Frauen der Gläubigen: Sie sollen sich mit einem Überwurf verhüllen. Dies führt dazu, dass sie (als anständige Frauen) erkannt und nicht belästigt werden.«[39] An anderer Stelle sind die Anweisungen sogar noch detaillierter; nach Art einer Positivliste legen sie genau fest, wer trotz allem dennoch einen Blick auf die weibliche Anatomie werfen darf: In der in Medina entstandenen 24. Sure werden die Frauen aufgefordert, »ihre Schleier um ihren Busen (zu) schlagen und ihre Reize vor niemand (zu) entblößen als vor ihren Männern, ihren Vätern, den Vä-

---

38. Der Gedanke, dass – wie etwa der Rummel um manche Stars der Popmusik und des Filmgeschäfts zeigt – auch Frauen unverschleierte oder noch spärlicher bekleidete Männer durchaus als lustvolle Bereicherung ihres Lebens betrachten könnten, ist dem Propheten offensichtlich nicht gekommen.

39. Sure 33,59

tern ihrer Männer, ihren Söhnen, den Söhnen ihrer Männer, ihren Brüdern, den Söhnen ihrer Brüder, den Söhnen ihrer Schwestern, ihren Mägden, denen, über die sie Rechte besitzen (Sklavinnen), sowie ihrem Gefolge, soweit es Männer ohne Bedürfnis (Eunuchen) sind, oder Kindern, die die Blöße von Frauen nicht wahrnehmen.«[40]

Strenge Muslime können dieser Sure darüber hinaus sogar ein religiöses Verbot des Minirocks entnehmen: »Auch sollen Frauen nicht ihre Beine werfen, dass man merke, was verborgen ist von ihren Reizen.«[41]

Pragmatisch, aber nicht gerade charmant kennt der Koran nur eine Ausnahme von seinen strikten Bekleidungsvorschriften. Frauen, von denen wegen ihres fortgeschrittenen Alters keine Verführung unschuldiger Männer mehr zu erwarten ist, dürfen nach der heiligen Schrift der Muslime an- oder sogar ausziehen, was sie wollen: »Die Alten unter den Frauen, die auf eine Heirat nicht mehr rechnen, von ihnen ist es kein Vergehen, wenn sie ihre Kleider ablegen, ohne ihre Reize (Geschlechtsteile?) zu zeigen. Unterlassen sie es aber, umso besser für sie.«[42]

---

40. Sure 24,31
41. Sure 24,31
42. Sure 24,59

Verbotene Leidenschaften

Die Situation am Rand der Stadt Sodom sieht nicht nur bedrohlich aus. Sie ist es. Eine Stimmung von Gewalt liegt in der Luft, die immer noch zu flirren scheint, nachdem es den ganzen Tag über wieder glühend heiß gewesen ist. Mensch und Tier hoffen an diesem Abend auf Abkühlung, aber der hat bislang sein Versprechen noch nicht eingelöst. Nur die Schatten sind länger geworden.

Die Nerven der Menschen, die sich in den Gassen und auf den Plätzen zeigen, sind bis zum Zerreißen gespannt. Die Hitzewelle der vergangenen Wochen hat sie auch nachts nur selten Ruhe finden lassen, seit Tagen lässt ihre Übermüdung kaum noch einen klaren Gedanken zu. Mehr als nervös reagieren sie auf alle Einflüsterungen und Gerüchte, auf jedes Gerede, das aus den dunklen Gängen zwischen den Häusern dringt, auf jedes Wort, das ihnen der Wind zuträgt.

Gefühle regieren jetzt in der Stadt, eine gefährliche Herrschaft.

Fremde sind gekommen, hat es heute geheißen. Fremde, die irgendwie merkwürdig wirken. Nicht wie Leute von hier. Und aufgenommen hat sie ausgerechnet dieser Lot, selbst noch ein halber Fremder, ein Zugezogener, der nicht dazugehört. Man ist nicht gut zu sprechen auf diesen Ex-Nomaden, diesen neureichen Viehzüchter, an diesem heißen Abend, in dieser heißen Stadt.

Und so sind dann ein paar Dutzend verschwitzter Männer vor Lots Haus gezogen, um es diesen hergelaufenen Typen einmal so richtig zu zeigen. Ihnen zu demonstrieren, wer wirklich das Sagen hat in Sodom. Sie sollen am eigenen Leib spüren, was mit denen geschieht, die vielleicht ein bisschen anders sind als andere.

Die Dämmerung bricht herein, und draußen zündet man die ersten Fackeln an. Ihr blakendes Lodern gibt der Szene noch mehr Gefährlichkeit. Unzählige Fäuste trommeln gegen Lots Tür. Sie ist aus massivem Holz und mit dicken Querbalken verstärkt, aber lange wird sie den Schlägen nicht mehr standhalten können.

Als aus dem Stadtzentrum immer mehr Menschen zur Menge vor dem Haus stoßen, gerät die Situation zusehends außer Kontrolle. Waren anfangs vereinzelt noch Stimmen zu hören gewesen, die zu Ruhe und Besonnenheit mahnten, fliegen jetzt Steine gegen das Haus, poltern krachend gegen die Läden. »Schick die Kerle raus, dann passiert dir nichts! Die Typen gehören uns!«, grölt es im Chor, und es ist klar, was das bedeutet.

Im Innern des bestürmten Hauses hat man trotzdem die Hoffnung noch nicht aufgegeben. Lot ist ein besonnener Mann, und er setzt nach wie vor auf eine gütliche Lösung. Für sie nimmt er seinen Mut zusammen.

Obwohl seine Frau ihn laut kreischend für wahnsinnig erklärt und seine Töchter sich in seinen Umhang krallen, um ihn zurückzuhalten, öffnet er die Tür einen Spalt und schiebt sich durch den schmalen Durchlass hinaus ins Freie.

Offene Feindschaft schlägt ihm entgegen und nagelt ihn förmlich gegen die Wand. Vor einem auf ihn geschleuderten Stein kann er gerade noch rechtzeitig abtauchen, und einen Moment lang überlegt er, ob er wirklich zum Helden taugt, da hört er es wieder: »Her mit den Typen! Die Kerle gehören uns! Schick sie raus, dann passiert dir nichts. Wir wollen mit ihnen doch nur ein bisschen Spaß haben!«

Ausgerechnet so hätten sie ihm nun gerade nicht kommen dürfen, denn ein Mann wie Lot kneift nicht. Ein Mann wie Lot steht zu seinen Grundsätzen. »Leute«, versucht er ein letztes Mal die Situation zu beruhigen, »geht nach Hause! Meine Gäste haben euch doch nichts getan!«

Statt einer Antwort fliegt ein weiterer Stein, und Lot erkennt, dass er mit einem Appell an die Vernunft hier nicht weiterkommt. Um Leib und Leben seiner Besucher zu retten, greift er deshalb zu einem verzweifelten Angebot: »Hört her, Leute«, seine Stimme will ihm kaum gehorchen, »ihr wisst, dass ich zwei Töchter habe, die noch keinem Mann gehören. Ihr könnt mit ihnen machen, was ihr wollt, aber lasst meine Gäste in Frieden!«

Sein Vorschlag raubt ihm fast den Verstand, aber der Mob vor seinem Haus zeigt sich unbeeindruckt. Im Gegenteil, Lots Beschwichtigungsversuche haben die Männer nur noch mehr gereizt.

»Wir pfeifen auf deine Töchter!«, brüllt ihm ein Wortführer entgegen. »Und wenn du hier nicht bald verschwindest, wird es dir nicht besser ergehen als deinen sauberen Gästen!«

Lot bleibt jetzt nur noch der Rückzug. Ohne die Menge aus den Augen zu lassen, beginnt er, sich wieder durch den schmalen Türspalt zurück ins Haus zu drücken. Zurück zu seiner schluchzenden Frau und zurück zu seinen beiden Töchtern, die seine Worte gehört haben und jetzt nur noch starr vor Angst in einer Ecke kauern.

Bevor ihn die starke Hand eines seiner Gäste ins Innere zieht, sieht er gerade noch, wie draußen immer mehr Steine gesammelt werden und ein paar Halbwüchsige einen starken Ast herbeischleppen, um damit die Tür einzurammen.

Ratlos, doch ohne jeden Vorwurf, blickt er sie an. Sie haben Unglück über seine Familie gebracht, eine Welle der Gewalt, die nun alle zu verschlingen droht. Und dennoch: Das Gastrecht verlangt, dass er sie schützt, dass er alles für ihre Sicherheit einsetzt. Er darf sie nicht dem Mob von Sodom überlassen, darf sie nicht opfern, um sein Leben und das seiner Familie zu retten.

Soweit die Geschichte des biblischen Lot, Neffe des alttestamentarischen Stammvaters Abraham, dessen Popularitätskurve trotz seines gerade gezeigten heroischen Einsatzes zur Rettung von Menschenleben und Menschenehre allerdings weit hinter der seiner Ehefrau zurückbleibt, obwohl in der Bibel noch nicht einmal deren Name überliefert wird. Sie schaffte es, allein auf Grund ihrer gegen göttliche Gebote verstoßenden Neugier nahezu weltweit bekannt zu werden und sich in den Redensarten vieler Völker zu verankern: Als sie sich trotz eines klaren himmlischen Verbotes, das mehr als nur entfernt dem an den griechischen Sänger Orpheus in der Unterwelt ergangenen ähnelt, nach den in einem Regen aus Schwefel und Feuer untergehenden Sündenstädten Sodom und Gomorra umwandte, wurde sie vom Herrn in eine Salzsäule verwandelt. So ungerecht kann selbst biblische Geschichte sein!

Doch kehren wir zurück nach Sodom, in das Haus von Lot, das wir soeben verlassen haben, als sich gerade die Dinge zuspitzten und eine blutige Katastrophe unmittelbar bevorzustehen schien. Um die Sache kurz zu machen: Lot wird samt seiner Familie vor der entfesselten Menge gerettet, indem die beiden Engel, denn um solche handelt es sich bei seinen Gästen, den Mob vor der Tür im wahrsten Sinn des Wortes mit Blindheit schlagen, sodass die rasenden Männer die Tür zu Lots Haus nicht mehr finden können und sich letztendlich – vermutlich aufs Höchste frustriert – wieder zerstreuen, ohne größeren Schaden anzurichten.

Gott selbst lässt es bei dieser kleinen Lösung allerdings nicht bewenden. Wegen der unabhängig vom Angriff auf Lot und seine himmlischen Gäste fortgesetzten Unmoral und Unbotmäßigkeit in beiden Städten zerstört er die Ansiedlungen, allerdings nicht, bevor er nicht Lot, seiner Frau und seinen Töchtern die Chance zu einer rechtzeitigen Flucht gegeben hat.[1] Dass bei dieser Gelegenheit Lots Frau – wie eben erwähnt – nun leider zum bekanntesten Stalagmiten der Welt- und Religionsgeschichte mutiert, ist mehr als nur ein bedauernswerter Betriebsunfall: unterstreicht diese Verwandlung doch nach der Vertreibung aus dem Paradies und der globalen Katastrophe der Sintflut ein weiteres Mal mit Nachdruck, welche negativen Folgen es haben kann, den Willen des Herrn zu missachten.

Das mussten bekanntermaßen auch die sündigen Menschen von Sodom und Gomorra erfahren. Bei ihnen gilt es als weitgehend akzeptiert, dass ihr Fehlverhalten nachhaltig bestraft werden musste, worin es aber überhaupt bestanden haben könnte, darüber war man sich über lange Zeit hinweg nicht im Mindesten einig. Der Begriff der Sodomie, der – je nach Kulturkreis – vom Oralverkehr bis zum Verkehr mit Tieren diverse Formen des Sexualverhaltens bezeichnet, deutet allerdings bereits an, in welche Richtung die Überlegungen gehen könnten.

Namentlich christliche Traditionalisten glaubten und glauben, die göttliche Strafkeule wurde vor allem wegen der sexuellen Präferenzen ge-

---

1. Vgl. Genesis 19,1-29

schwungen, die der Bibeltext enthüllt. Bedeutet der Satz: »Bringe die Männer zu uns heraus, damit wir sie erkennen!«[2], doch nicht etwa den Wunsch nach einer unverfänglichen gesellschaftlichen Vorstellungsrunde. Der in der Bibel oft benutzte Ausdruck »jemanden erkennen« bezeichnet schlicht nichts anderes, als mit ihm Geschlechtsverkehr zu haben!

Wenn die Männer vor Lots Haus also seine beiden Gäste »erkennen« wollten, geben sie damit ziemlich unverblümt ihren Wunsch nach einer homosexuellen Massenvergewaltigung zur Kenntnis. Was in Verbindung mit der nachfolgenden Städtezerstörung in der Tat die Deutung nahe zu legen scheint, hier sollte ein Sexualverhalten abgestraft werden, das sich von der heterosexuellen Missionarsstellung mehr als nur in Nuancen unterscheidet.

Mit Sicherheit ist dies eine der Bibelauslegungen, die sich über Jahrhunderte hinweg am verheerendsten ausgewirkt hat und sich immer noch auswirkt. Ist sie doch eine der wesentlichsten Ursachen für blutige Verfolgungen von Homosexuellen, für Vorurteile und Vorverurteilungen, für unzählige psychische Verformungen und zum Teil tödliche Schuldgefühle. Der Herr hat es anscheinend so gewollt!

Wirklich? Hat der christliche Gott seinen Anhängern wirklich vorgeschrieben, mit wem und in welcher Form sie ihre Tage und – mehr noch – ihre Nächte zubringen sollen? Namhafte Theologen bestreiten diese Annahme.

Da ist beispielsweise Herbert Haag, als renommierter Alttestamentler ein theologisches Schwergewicht von mehr als nur regionalem Rang. Er vertritt mit Nachdruck und profunder wissenschaftlicher Untermauerung eine Meinung, die bei vielen kirchlichen Moralaposteln aus Klerus und Laienstand aller Konfessionen auf Unverständnis und Ablehnung stoßen dürfte: »Außer Ehebruch kann kein Sexualverhalten unter Berufung auf die Bibel als sündhaft erklärt werden.«[3]

Dass die Städte Sodom und Gomorra zerstört wurden, lag denn auch nicht etwa vordringlich daran, dass sie als Homosexuellenhochburgen

---

2. Genesis 19,5

3. Herbert Haag, Katharina Elliger: Zur Liebe befreit – Sexualität in der Bibel und heute. Zürich und Düsseldorf 1998, S. 295

eine Art alttestamentarisches San Francisco oder Sidney darstellten, ihr Untergang findet seine Begründung vielmehr in einer allgemeinen Verwilderung ihrer Sitten, die sich nicht zuletzt in einer schwerwiegenden Verletzung des von Lot hoch gehaltenen Gastrechtes ausdrückt. Besaß es doch für die damalige Gesellschaft eine derartige Bedeutung, dass Lot sogar eher in einem für einen modernen Vater kaum verständlichen und nachvollziehbaren Akt seine beiden unschuldigen Töchter opfern würde als sich gegen die Verpflichtung zu vergehen, diejenigen zu schützen, die er unter seinem Dach aufgenommen hat.

Welche zentrale Rolle das Gastrecht an diesem Punkt spielt, wird nicht zuletzt durch Szenen im Matthäus- oder Lukas-Evangelium gestützt, in denen Jesus eine klare Verbindungslinie zwischen der Verletzung des Gastrechts und dem Schicksal von Sodom und Gomorra zieht: »Wo ihr aber in eine Stadt kommt und man euch nicht aufnimmt, da geht hinaus auf ihre Straßen und sprecht: »Selbst den Staub, der von eurer Stadt an unseren Füßen haftet, schütteln wir auf euch ab; doch das sollt ihr wissen: Das Reich Gottes hat sich genaht!« Ich sage euch: Sodom wird es erträglicher gehen an jenem Tage als jener Stadt.«[4]

Es ist offensichtlich leicht, die Vorgänge um Lot, die Bedrohung seiner Gäste und die Zerstörung der beiden Städte Sodom und Gomorra misszuverstehen, wobei bei letzterer noch hinzukommt, dass die Bibel sich darüber ausschweigt, aus welchem genauen Grund diese Stadt denn der Vernichtung anheimfallen muss.

Der jüdisch-christliche Gott hat sich weit weniger und weit weniger detailversessen mit sexuellen Ge- und Verboten in das Leben der Menschen eingemischt, als das sowohl von kirchlichen Konservativen wie auch von Kirchenkritikern immer wieder behauptet wird. Zudem zeigen die menschlichen Vorstellungen darüber, was denn in der Sexualität erlaubt und was verboten ist, starke Unterschiede. In dieser Frage feststehende Normen ausmachen zu wollen, seien sie nun von Gott oder der Natur gegeben, ist ein Versuch, der zum Scheitern verurteilt ist. Nicht

---

4. Lukas 10,10ff.

nur die sexuellen Normen wandeln sich mit der Wirklichkeit, sie gehen durchaus mit der Zeit und unterscheiden sich häufig auch von Kultur zu Kultur: Was in der einen Gesellschaft und in der einen Epoche erlaubt ist, muss in der anderen und vor einem anderen geschichtlichen Hintergrund noch lange nicht toleriert werden.

Selbst in der Bibel werden gerade auch in Bezug auf die Sexualität Szenen dargestellt, die in der Gegenwart fremd erscheinen müssen und sogar auf Ablehnung oder Ekel stoßen. Dafür lässt sich direkt in der Fortsetzung der Geschichte vom just vor dem Untergang geretteten Lot ein Beispiel finden. Es betont ähnlich wie die Episode um Onan und die Leviratsehe die enge Verbindung von Sexualität und Fortpflanzung sowie die Notwendigkeit der Erhaltung und Absicherung der Familie oder des Stammes. Nur dass dieses Mal die Initiative bei den Frauen liegt.

Lots Töchter sind es, die sich nach der gelungenen Flucht aus Sodom Sorgen machen. Zwar körperlich wohlbehalten, aber auch ziemlich al-

Kein Vorbild: Der biblische Stammvater Lot wird von seinen beiden Töchtern verführt (J. Tintoretto: Lot und seine Töchter; um 1550; Öl auf Leinwand; Staatliche Kunstsammlungen, Kassel).

lein sitzen sie nun mit ihrem Vater in den Höhen des Gebirges, und weit und breit ist kein Bräutigam für sie in Sicht: Alle heiratsfähigen Männer des sündigen Sodom sind .mit ihrer Stadt untergegangen, und an die jungen Männer der Stadt Zoar, in der sie zuerst Zuflucht gesucht hatten, verschwenden sie offensichtlich keinen Gedanken!

In dieser düsteren Situation verfallen sie auf einen verwegenen Plan, um den Nachwuchs für ihre Familie zu sichern. Die Ältere überredet die Jüngere: »Komm, wir wollen unseren Vater diese Nacht mit Wein trunken machen und uns dann zu ihm legen, damit wir von unserem Vater Nachkommenschaft erhalten!«[5]

Der offensichtlich ebenso wie sein Vorvater Noah dem Alkohol zugetane Lot merkt nicht, welches Spiel seine beiden Töchter mit ihm treiben. Volltrunken, aber auf wunderbare Weise offensichtlich nach wie vor zeugungsfähig, schläft er an zwei aufeinander folgenden Nächten mit ihnen und sorgt so für den ersehnten Nachwuchs. Über seine im Inzest gezeugten Söhne Moab und Ammon wird er damit zum Stammvater der Moabiter und Ammoniter.

Bemerkenswert an dieser nach heutigen Maßstäben unmoralischen Geschichte ist vor allem, dass sich vor dem Erlass der Zehn Gebote vom Berg Sinai augenscheinlich niemand am Geschehen stört. Weder regt sich beim himmlischen Herrn sein berühmter alttestamentarischer Zorn, für den sich in der Bibel ansonsten ja genügend Beispiele finden, noch haben die Töchter Schuldgefühle oder ihr Vater wundert sich auch nur über das plötzliche Auftauchen zweier Nachkommen, für deren Erscheinen es neben der bis dato unbekannten Jungfrauengeburt ja nur eine einzige – und für ihn eher peinliche – Begründung geben kann. Auch der biblische Autor findet den praktizierten Inzest schließlich nicht so belangreich, dass er über ihn auch nur ein Wort des Missfallens verlöre.

Für Herbert Haag und Katharina Elliger gibt es neben den notwendigerweise zu konstatierenden kulturellen Unterschieden nur eine schlüssige Erklärung für diese Zurückhaltung der Bibel: Sie betont ge-

---

5. Genesis 19,32

rade auch in Fragen von Liebe, Lust und Leidenschaft die Eigenverantwortlichkeit der Menschen! »Für die Bibel ist das Leben das höchste aller Güter. Gut ist, was dem Leben dient, und böse oder sündhaft, was sich gegen das Leben richtet. Deshalb wird die Bibel nicht müde, an die Verantwortung gegenüber dem Leben zu appellieren.«[6]

Inwieweit eine derart offene und tolerante Position auch für andere Religionen akzeptabel oder zumindest nachvollziehbar ist, bleibt eine offene Frage, die immer wieder gestellt werden muss.

Familienangelegenheiten

Nicht nur Lot und seine Töchter blieben manchmal offensichtlich ganz gern unter sich, auch die Dynastien des alten Ägypten gestalteten sich oft reine Familienangelegenheiten. Um die Reinheit der Abstammung zu erhalten, waren der Pharao und seine Frau üblicherweise nicht nur Gatte und Gattin, sondern zugleich Bruder und Schwester, manchmal sogar Vater und Tochter. Ramses II., der von 1279 bis 1212 vor Christus lebte und zu dessen Regierungszeit nach Ansicht der meisten Wissenschaftler der Auszug der Israeliten aus Ägypten erfolgte, hatte beispielsweise gleich drei seiner Töchter geheiratet. Als erfolgreicher Stratege, der für Ägypten große, unter seinen Vorgängern verloren gegangene Gebiete zurückeroberte, war er offensichtlich überhaupt jemand, der gern das Angenehme mit dem Nützlichen verband: Nach seinem Feldzug gegen die Hethiter sicherte er den Frieden unter anderem dadurch, dass er sich mit einer hethitischen Prinzessin verband, von der es heißt, dass er sie »schön von Angesicht wie eine Göttin« fand und sie über alles liebte.

Auch die sattsam bekannte Kleopatra, die als letzte der Ptolemäer-Dynastie und damit als letzte einheimische Königin des ägyptischen Reiches etwa von 68 bis 30 vor Christus lebte, pflegte nicht gerade einen Lebens- und Liebeswandel, der ihr nach heutigen Maßstäben viel Beifall eintragen würde.

---

6. Herbert Haag/Katharina Elliger, a. a. O., S. 25

Kleopatra, übrigens die siebente Trägerin ihres in ihrem Haus nicht unbedingt seltenen Namens, war zunächst als Sechzehnjährige mit ihrem neunjährigen Bruder Ptolemäos XIII. verheiratet worden, mit dem sie bis zu dessen Tod vier Jahre lang das Königspaar bildete. Ohne lange Trauerzeit heiratete sie anschließend ihren anderen Bruder, der an ihrer Seite als Ptolemäos XIV. drei Jahre regierte. Ihm folgte als Herrscher ihr aus der Verbindung mit Julius Caesar stammender Sohn Ptolemäos IV. Caesarion nach, der es an ihrer Seite immerhin auf eine Regierungszeit von vierzehn Jahren brachte. Sie selbst tauschte irgendwann den einen Römer in ihrem Bett gegen den anderen aus und ging mit dem Machtpolitiker und Feldherrn Marcus Antonius eine Verbindung ein, aus der immerhin drei Kinder entstammten.

Trotz ihres bewegten Lebens würde es allerdings zu kurz greifen, Kleopatra einfach als eine ägyptische *femme fatale* abzutun. Mit ihren Geschwisterehen zeigte sie sich vielmehr im Einklang mit ihrer Religion, in ihren Allianzen mit den römischen Besatzern überdies als eine kluge Politikerin, die alles dafür einsetzte, um ihr Reich und dessen Kultur zu erhalten.

Dafür spricht mit der von ihr zu erwartenden Dramatik selbst ihr Freitod, den sie wählte, um nach der verlorenen Schlacht bei Actium nicht vom späteren Kaiser Augustus als Kriegsbeute im Triumphzug durch Rom geführt zu werden. Die Schlange, die sie sich von einem Sklaven in einem Korb bringen ließ und die ihr den tödlichen Biss versetzte, war nämlich eine majestätische Kobra und beileibe keine beliebige Wüstennatter. Sie gehörte genau zu jener Gattung, von der ein Abbild seit Beginn der dynastischen Zeit Ägyptens als Zeichen königlicher Macht auf den Kronen der Pharaonen geprangt hatte. Kleopatra wurde symbolisch damit von der Schlangengöttin Wadjet getötet, einer der ältesten Göttinnen des Landes. Diese Göttin stand auf solche Weise am Anfang wie am Ende eines Reiches, das sich als dauerhafteste aller antiken Kulturen erwiesen hatte und dessen Beständigkeit bis heute auch von keinem modernen Staat erreicht wurde.

Kein Skandal also im Alten Ägypten, eher das Gegenteil. Die Herrscher des Nilreiches, die immer zugleich als Gott und König in einer Person angesehen wurden, konnten sich in Bezug auf ihr inzestuöses Eheleben stets auf göttliches Vorbild berufen. Schon im ägyptischen Schöpfungsmythos hatte Geb, der Gott der Erde, ja seine Schwester Nut, die Göttin des Himmels, geheiratet. Ihre Kinder Osiris und Isis hatten sich in der Folge später ebenfalls das Ja-Wort gegeben, und Osiris hatte als Stammvater aller ägyptischen Dynastien den Königsthron des Nillandes bestiegen.

Unglücklicherweise hatte er damit jedoch den Neid seines Bruders Seth entfacht. Als Wüstengott tötete er in einem für die unablässig durch eine mögliche Ausbreitung der Wüste bedrohte Niloase symbolischen Akt den Fruchtbarkeitsgott und verstreute seinen von ihm zerstückelten Leib über das ganze Land. Seine Schwester und Gemahlin Isis konnte bis auf seine Genitalien, die in den Fluss gefallen und von den Fischen gefressen worden waren, jedoch nicht nur alle Körperteile wiederfinden und erneut zusammensetzen, mittels eines nachträglich geformten Kunstgliedes konnte sie sogar noch den Gott Horus empfangen. Der schwängerte später seine Mutter und trat damit in jeder Beziehung die Nachfolge seines verstorbenen Vaters Osiris an, der zum Gott der Totenwelt und der Auferstehung geworden war.

In verwickelten Überlegungen, die an Kompliziertheit der christlichen Dreifaltigkeitslehre um keinen Deut nachstehen, verstanden die Ägypter die Göttin nun gleichzeitig als Gottesgemahlin und Gottesmutter jenes Gottes, den sie wiederum gleichzeitig als ihren Gatten und ihren Sohn begriffen. Sinn und Ziel dieses schwer nachvollziehbaren Gedankenganges war es, im Sohn die permanente Wiedergeburt des Vaters zu sehen und somit eine ununterbrochene Kontinuität der Herrschaft herzustellen. Der lebende Pharao war entsprechend in den ersten Dynastien eine Verkörperung des Gottes Horus; später, nachdem sich die Religion des Sonnengottes Re (oder Ra) durchgesetzt hatte, übernahm er in gleicher Funktion dessen Rolle, um nach seinem Tod zu Osiris zu werden.

Vor diesem Hintergrund werden die fortgesetzten Ehen von Geschwistern oder Vätern und Töchtern als erfolgreiches Mittel zur Legitimierung der Herrschaft und zur Stabilisierung des Reiches verständlich. Inwieweit sie gleichzeitig auch moralisch akzeptabel werden, mag jeder selbst entscheiden.

Auch in der Götterwelt des klassischen Griechenland ließen Sitte und Moral durchaus zu wünschen übrig. Abgesehen von der Frage des Inzests, die hier näher beleuchtet werden soll, und einer nahezu gewohnheitsmäßigen Untreue des obersten Gottes Zeus war die Lage im Pantheon der alten Griechen auch durch eine Gewaltbereitschaft gekennzeichnet, die zumal in ihren Anfangszeiten von himmlischen Intrigen, Bürgerkriegen und Staatsstreichen geprägt war und sogar vor innerfamiliärem Kannibalismus keinen Halt machte: Aus Angst, wie sein eigener Vater Uranos, den er – was für eine himmlische Kolportage! – auf Betreiben seiner Mutter eigenhändig entmannt hatte, später auch selbst von seinen Nachkommen entmachtet zu werden, verschlang der Titan Kronos seine Kinder stets unmittelbar nach der Geburt. Sein Sohn Zeus entkam diesem Schicksal nur, weil seine Mutter Rhea ihn in einer Höhle auf der Insel Kreta versteckte und statt seiner seinem Vater einen in eine Windel gewickelten Stein zum Verschlingen reichte.

Nachdem er Kronos dann tatsächlich gestürzt hatte und selbst an die Macht gelangt war, handelte Zeus im Übrigen sehr ähnlich. Weil ihm nach einer Weissagung von seinen mit der Göttin Metis gezeugten Kindern Gefahr drohen sollte, verschlang er die als weiseste unter allen Göttern geltende Metis, nachdem sie von ihm schwanger geworden war. In Bestätigung eines alten kannibalischen Aberglaubens machte das nun auch ihn zwar klug und weise, die Geburt der Pallas Athene konnte es aber dennoch nicht verhindern: Als echte Kopfgeburt entsprang sie in voller Kriegsrüstung seinem Haupt und brachte es trotz der väterlich-vorgeburtlichen Ablehnung immerhin bis zur Lieblingstochter des Götterprimas.

Doch kehren wir nach diesem kurzen Blick in die dunkelsten Ecken der griechischen Götterwelt zurück zur Frage nach dem Inzest auf dem Olymp. Er war, wie etwa auch der Dichter Hesiod in seinem den Stammbaum der Götter nachzeichnenden Epos »Theogonie« berichtet, bei den Unsterblichen durchaus nicht unbekannt, seine Geschichte beginnt vielmehr schon mit der Entstehung der Welt.

Die aus dem Chaos entstandene Erdgöttin Gaia gebar damals aus sich selbst Uranos, den Himmel. Diese beiden waren unter anderem die Eltern der Titanen, von denen die Geschwister Kronos und Rhea wiederum Zeus und Hera auf die Welt brachten, die als Geschwister ebenfalls die Ehe eingingen.

Zeus zeigte sich bald nicht nur als der mächtigste aller Götter, er erwies sich auch als ihr bei weitem fruchtbarster. So hatte er nicht nur mit seiner Gattin Hera mehrere Kinder, sondern zeugte auch mit diversen göttlichen oder menschlichen Geliebten eine Unzahl von Söhnen und Töchtern und pflegte eine sexuelle Beziehung mit seiner Schwester Demeter ebenso wie mit seiner Tochter Persephone.

Wie nach der familiären Vorgeschichte nicht ganz unwahrscheinlich, fanden die Sprösslinge aus den Verbindungen des Göttervaters mitunter auch wiederum in Liebe zueinander. Bei seiner – ehelichen – Tochter Hebe, die auf dem Olymp die Götterrunde mit Wein zu versorgen hatte, stiftete er sogar selbst die Ehe mit seinem Sohn Herakles, einer halbgöttlichen Frucht seiner Verbindung mit der irdischen Königstochter Alkmene.

Das weltweit wahrscheinlich bekannteste Beispiel griechisch-mythologischen Inzests hat mit olympischen Göttern oder Halbgöttern jedoch eher am Rande zu tun. In seinem Zentrum stehen keine Rankünen auf himmlischer Walstatt, die Biografie des Königssohnes Ödipus liefert statt dessen eine Geschichte voller menschlicher Tragik. Ihre Thematik ist zudem heute noch ebenso aktuell wie vor zweieinhalbtausend Jahren.

Nach einer Weissagung des Orakels von Delphi sollte Laios, der König von Theben, von der Hand seines eigenen Sohnes Ödipus sterben, weil er in seiner Jugend durch ein Verbrechen den Zorn der Götter auf sich geladen hatte. Laios setzte alles daran, diesem Schicksal zu entrinnen, indem er zunächst versuchte, durch Enthaltsamkeit überhaupt kein Kind in die Welt zu setzen, und dann, als die Liebe zu seiner Frau doch übermächtig geworden war und die Dinge ihren absehbaren Lauf genommen hatten, er seinen Sohn unmittelbar nach dessen Geburt mit durchbohrten und zusammengebundenen Füßen[7] in der Wildnis aussetzen ließ.

Hirten empfanden jedoch Mitleid mit den hilflosen Kind, und Ödipus wurde gerettet. Er wuchs in Unkenntnis seiner wahren Identität am Kö-

---

7. Daher der Name »Ödipus«: Schwellfuß.

nigshof von Korinth als Sohn des dortigen Herrschers Polybos auf. Erst als er erwachsen war, wurde ihm durch Neid und Missgunst enthüllt, dass es sich bei diesem Polybos nicht um seinen leiblichen Vater handelte.

Ödipus verließ daraufhin den Hof und begab sich auf eine Wanderschaft, die die unheilvolle Prophezeiung der delphischen Pythia Realität werden ließ. In jugendlichem Jähzorn erschlug er nach einem Akt von antikem Verkehrsvandalismus – ein Wagen hatte ihn rücksichtslos vom Weg abgedrängt – sowohl seinen ihm ja unbekannten Vater als auch dessen Diener.

Nachdem er die Stadt Theben wenig später von der seine Bewohner bedrohenden Sphinx befreit hatte, ging auch noch der restliche Teil des göttlichen Fluches in Erfüllung: Ohne es zu wissen, heiratete er seine Mutter Iokaste und zeugte mit ihr vier Kinder.

Mit der Heirat Iokastes, die er ja unwissentlich selbst zur Witwe gemacht hatte, wurde er gleichzeitig zum Herrscher über Theben, und zunächst schien alles sich zum Guten gewendet zu haben. Er überwand seinen Jähzorn und entwickelte sich allem Anschein nach zu einem verhältnismäßig guten und gerechten König; das Herrscherhaus machte den Eindruck einer glücklichen Familie. Sein von den Göttern verhängtes Schicksal war damit jedoch noch nicht erfüllt: Die Olympier sandten die Pest nach Theben, da – so ein weiteres Mal das Orakel in Delphi – eine grauenhafte Blutschuld auf dem Lande laste. Ödipus, der sich zuvor für eine rückhaltlose Aufklärung der den himmlischen Strafen zu Grunde liegenden Missetaten ausgesprochen hatte, musste nun erfahren, dass er selbst der Verursacher des Unglücks war.

Die Folgen dieser schockierenden Erkenntnis waren fürchterlich: Seine Frau und Mutter Iokaste erhängte sich, er selbst blendete sich mit einer spitzen Nadel und verließ Theben als blinder Bettler. Nach einem Leben im Exil, bei dem ihm nicht einmal erspart blieb, dass sich seine beiden Söhne im Kampf um die Nachfolge auf seinem Thron gegenseitig umbrachten, starb er auf dem heiligen Hügel Kolonnos bei Athen.

Die Tragödie des Ödipus, die von den griechischen Dichtern Sophokles, Aischylos und Euripides bis zu modernen Schriftstellern vielen Autoren als Vorlage für Dramen diente, handelt von weit mehr als nur von jenem nachgerade klassischen Fall einer Beziehung zwischen Mutter und Sohn, der viel später einmal dem »Ödipuskomplex« seinen Namen verleihen sollte. Die Tragödie zeigt auch die Menschen als hilflose Akteure auf einer Bühne, deren Handlung durch ein von den Göttern verhängtes Schicksal unwiderruflich festgeschrieben zu sein scheint. Sie wirft dabei eindringlich die Frage nach einer dem Individuum persönlich zurechenbaren Schuld auf und thematisiert so gleichzeitig die Existenz oder Nichtexistenz eines freien Willens und einer verantwortlichen Entscheidung zwischen Gut und Böse. Stempeln sowohl der Mord an seinem Vater als auch das inzestuöse Verhältnis zu seiner Mutter Ödipus doch zu einem Verbrecher und Missetäter, obwohl er kaum mehr ist als nur der unfreiwillige Erfüllungsgehilfe eines übergeordneten Willens.

Auch im Alten Testament, dem die sexuelle Verbindung zwischen engsten Familienangehörigen trotz strenger Festlegung und Verurteilung in den von Jahwe erlassenen Geboten durchaus nicht fremd ist, entspringt der später »Blutschande« genannte Akt durchaus nicht immer dem freien Willen oder den Gelüsten der handelnden Personen. Mag dies bei der bereits erwähnten Verführung Lots durch seine Töchter noch zweifelhaft sein, so ist vor allem zu Beginn der Menschheitsgeschichte die Liebe zwischen Bruder und Schwester nahezu zwingend: Der gewissermaßen systembedingte Partnermangel ließ zum Zweck der Fortpflanzung ja gar keine andere Lösung möglich erscheinen als die Zuwendung zur eigenen Verwandtschaft.

Erst Generationen später stellte sich die Lage anders dar. Doch auch jetzt erscheint der Inzest keineswegs als einzigartige Ausnahme in den biblischen Geschichten. Selbst der geachtete Stammvater Abraham war nach heutigen Maßstäben inzestuös liiert, sein Enkel Esau nahm Machalat, als Tochter seines Onkels Ismael ebenfalls eine enge Verwandte, in seinen zeit- und landestypischen Harem auf. Seine sonstigen Frauen, sämtlich Kanaaniterinnen, hatten seinem Vater Isaak wegen ihrer Stammesfremdheit nicht zugesagt.

Abraham und Sara: Liebe, Lüge, Leidenschaften

Sara, die zunächst Sarai heißt, ist gleichzeitig nicht nur die Ehefrau, sondern auch die Halbschwester Abrahams. Das schafft in den Zeiten vor Mose und seinen Gesetzestafeln offensichtlich keine Probleme, sondern manchmal hilft es sogar dabei, sie zu lösen. So zum Beispiel, als Abraham, der vermutlich irgendwann zwischen 2000 und 1700 vor Christus gelebt haben dürfte und als erfolgreicher Viehzüchter nicht gerade zu den Ärmsten der Armen zählte, auf der Flucht vor einer Hungersnot nach Ägypten aufbricht. Sein Wohlstand ist akut gefährdet, denn sollte ihm infolge einer Trockenheit ein Großteil seines Viehbestandes eingehen, schmölze sein Reichtum schneller dahin als Eis unter der heißen Wüstensonne.

Doch Abraham ist nicht nur in wirtschaftlichen Dingen ein bedachtsamer Mann, auch in Liebesdingen erweist er sich als ausgesprochen weitsichtig und erfindungsreich. Weil er Angst hat, sexuell nicht ausgelastete Ägypter könnten ein Auge auf die schöne Fremde werfen und ihn selbst als lästigen Störenfried einer sich anbahnenden Affäre umbringen lassen, nimmt er seine Frau beiseite und gibt ihr einen Rat, der nicht unbedingt von übermenschlichem Mut zeugt und den ersten Erzvater Israels vielmehr als ziemlichen Feigling dastehen lässt. »Ich weiß wohl«, beginnt er männlich geschickt mit einer Schmeichelei, »dass du eine schöne Frau bist!«, um dann in ebenso pessimistischer wie vielleicht realistischer Einschätzung des Sexualtriebs fortzufahren: »Wenn nun die Ägypter dich sehen, werden sie denken: »Das ist seine Frau.« Sie werden mich töten, dich aber am Leben lassen. Sag doch, du seist meine Schwester, damit es mir um deinetwillen gut gehe und ich um deinetwillen am Leben bleibe.«[8] Im Klartext bedeutet dieser Vorschlag nichts anderes, als dass Abraham hier seine Frau zum Freiwild erklärt, um selbst nicht nur keinen Schaden zu erleiden, sondern im Gegenteil als eine Art alttestamentarischer Zuhälter sogar noch Vorteil aus den Liebesleistungen seiner Frau zu ziehen.

---

8. Genesis 12,11ff.

Sara, damals noch Sarai, muss ihren Halbbruder und Ehemann wohl sehr geliebt haben, denn sie schickt ihn ob dieser Zumutung nicht im wahrsten Sinn des Wortes in die Wüste, sondern sie beugt sich seinen für sie demütigenden Vorstellungen. Auch ihr Gott Jahwe reagiert unerwartet: Er straft nicht etwa Abraham für seine unmoralischen Ideen zur Rettung des eigenen Kopfes, sondern er belegt das Haus des Pharao, der zwischenzeitlich den Reizen der Sarai erlegen ist und sie ohne Kenntnis der wahren Verhältnisse zu seiner Frau gemacht hatte, mit schweren Plagen.

Der ägyptische Herrscher, der Abraham mit dem Geschenk von – man beachte die biblische Reihenfolge! – »Schafen und Rindern, Eseln, Knechten und Mägden, Eselinnen und Kamelen«[9] verwöhnt hat, erweist sich in dieser Situation, die ihn ja auch emotional stark belastet haben muss, als erstaunlich großzügig: Er weist das betrügerische Paar Abraham und Sarai zwar aus, belässt ihnen aber ihre gesamte Habe.

Dieser glückliche Ausgang des Abenteuers scheint beide zu einer Wiederholung angeregt zu haben. Als sie um einiges später in das so genannte »Südland« ziehen, behauptet Abraham wieder von seiner Frau, die inzwischen auf göttliches Geheiß ihren Namen von Sarai in Sara (d. h. Fürstin) verändert hat, sie sei seine Schwester. Dieses Mal ist es Abimelech, der König von Gerar, der sie zu sich holt, und auch er hat kein Glück. Bevor es zu körperlichem Verkehr kommt, greift wiederum Jahwe ein: Er warnt Abimelech in einem Traum, sich an Sara zu vergreifen.

Als Abimelech am nächsten Morgen Abraham zu sich rufen lässt, ist er zwar spürbar ungehalten, ebenso wie der Pharao will auch er es sich aber offensichtlich nicht mit einem Mann verscherzen, der über Protektion von ganz oben verfügt. Als Abraham ein weiteres Mal weinerlich und nicht gerade mit dem Ausdruck großen Gottvertrauens seine Furcht geäußert hat: »Ich dachte, an diesem Ort sei gar keine Gottesfurcht und man werde mich um meiner Frau willen töten!«[10], beschenkt ihn auch König Abimelech mit Schafen, Rindern, Knechten und Mäg-

---

9. Genesis 12,16
10. Genesis 20,11

den. Anders als der Pharao bietet er ihm darüber hinaus sogar an: »Wohlan, mein Land steht dir offen; wohne, wo es dir gefällt.«[11] Auch wenn es dieses Mal nicht zum Äußersten gekommen ist, Abraham und Sara haben zumindest zeitweise in ihren Handlungen einen Grundsatz beherzigt, der erst Jahrtausende später seine volle Macht entfalten sollte: Sex sells. Oder anders ausgedrückt: Manchmal zahlt sich Unmoral sogar in der Bibel aus!

Das Bestreben nach einer letzten Endes religiös begründeten Reinhaltung des Blutes, das sich beispielsweise auch gegenüber Esaus glücklicherem Bruder Jakob zeigt, dürfte das wesentliche Motiv für den im Alten Testament nicht gerade seltenen Inzest sein.

Bei Jakob ist es nicht nur seine Mutter Rebekka, die gegenüber ihrem Mann und Cousin Isaak regelrecht Lebensüberdruss bekundet, sollte ihr Lieblingssohn sich eine stammesfremde Frau nehmen. Auch Isaak selbst verlangt von ihm: »Du sollst dir keine Frau von den Töchtern Kanaans nehmen! Mach dich auf und begib dich (...) in das Haus (...) des Vaters deiner Mutter, und nimm dir von dort eine Frau!«[12]

Eine klare Weisung, hinter der aber mehr als nur eine unbegründete Überheblichkeit der erfolgreichen Neuankömmlinge steckt. Abraham und seine Nachkommen hatten die Vielgötterei überwunden – Abraham der Legende nach sogar ganz handgreiflich, indem er die Götzenfiguren im Haushalt seines Vaters zerschlug –, die Glaubenswelt der Kanaaniter musste ihnen so fremd vorkommen wie einem strenggläubigen Missionar des neunzehnten oder frühen zwanzigsten Jahrhunderts ein religiöses Fest auf einem staubigen afrikanischen Dorfplatz.

Die Kanaaniter beteten Baal an, als Gott des Regens und der Fruchtbarkeit für Menschen, die in direkter Nachbarschaft zu einer unwirtlichen Wüste von ihrer Landwirtschaft lebten, mit Sicherheit eine zentrale Gestalt. Nach kanaanitischem Glauben begann es zu regnen, wenn Baal

---

11. Genesis 20,15
12. Genesis 28,1f.

sexuell aktiv wurde; den Regen betrachteten sie als seinen zur Erde fallenden Samen. Um diesen Regen für ihr Land herbeizurufen, führten sie in ihren Tempeln anscheinend weit mehr als nur harmlose folkloristische Regentänze auf. In ihren religiösen Zeremonien folgten ihre Priester dem Beispiel Baals vielmehr weit direkter als nur mit angedeuteten tänzerischen Bewegungen; Geschlechtsverkehr mit unterschiedlichen Partnern gehörte zum religiösen Repertoire ihrer Mysterien. Für die Juden, denen jede Vermischung von Sexualität mit Gottesanbetung verboten war, mag das zwar auf der Ebene ihres menschlich-schwachen Fleisches durchaus verführerisch gewirkt haben, aus religiöser Sicht musste es für sie ein Gräuel sein. Viele der strengen Ge- und Verbote, die die jüdische Sexualität auf göttliches Geheiß zu regeln versuchen, sind vor allem als Reaktion auf den ausufernden Sex in den Tempeln Kanaans und anderswo in den frühgeschichtlichen Kulturen des Vorderen Orients zu erklären. Ausdrücklich und mit höchster Autorität heißt es im Alten Testament: »Ich bin Jahwe, euer Gott! Ihr dürft nicht tun, was man in Ägypten tut, wo ihr gewohnt habt, noch was man in Kanaan tut, wohin ich euch bringe. Ihr dürft nicht nach ihren Sitten leben.«[13]

Genaue Anweisungen zur sexuellen Praxis außer- wie innerhalb der Ehe finden sich in beträchtlicher Zahl und Exaktheit vor allem im so genannten »Heiligkeitsgesetz« des Buches Leviticus, des dritten Buches Mose.

Diesem Buch, das zwar wohl auf Mose selbst zurückgeht, das seine endgültige Form aber wohl erst im fünften vorchristlichen Jahrhundert erhalten haben dürfte, fehlt völlig die Dramatik und erzählerische Spannung der beiden vorangehenden Bücher Genesis und Exodus. Bei ihm handelt es sich vielmehr um eine Sammlung religiöser und zivilrechtlicher Gesetze und Vorschriften, dessen Vollständigkeitsanspruch hinter der Regelungswut moderner Parlamente nicht im Mindesten zurücksteht. Über weite Strecken liest es sich wie ein Ausbildungsleitfaden für die jüdische Priesterschaft, woraus sich auch sein Name erklärt: Das Priesteramt war im damaligen Judentum den Abkömmlingen des Jakobssohnes Levi anvertraut.

---

13. Leviticus 18,2f.

Die Vorschriften des Buches gehen bis ins kleinste Detail: »Will jemand Jahwe ein Speiseopfer als Opfergabe darbringen, so muss seine Opfergabe in Feinmehl bestehen. Dieses soll er mit Öl begießen und Weihrauch darauf tun.«[14] Unter ihnen finden sich Regeln von nach wie vor bestürzender Aktualität und bestechender politischer Korrektheit: »Einen Tauben darfst du nicht schmähen und einem Blinden kein Hindernis in den Weg legen.«[15] Manchmal sind die Verfügungen aber auch zumindest für heutige Leser schlicht unverständlich. Das Gebot »Ein Kleid, das aus zweierlei Fäden gewirkt ist, darf nicht auf deinen Leib kommen!«[16] scheint jedenfalls jeden Käufer einer Textilie aus modernen Mischgeweben direkt mit göttlichen Sanktionen zu bedrohen.

An dieser Stelle des Alten Testaments finden sich auch die Vorschriften für eine Jahwe wohlgefällige Sexualität. Der wohl bedeutendste jüdische Philosoph und Gesetzeslehrer des Mittelalters Mose ben Maimon, der von 1135 bis 1204 lebte und auch unter dem Namen Maimonides bekannt ist, zählte in einer genauen Aufstellung insgesamt 28 Gebote und immerhin 66 Verbote. Viele von ihnen bestehen in gleicher oder ähnlicher Form auch in anderen Religionen des antiken Orients. Parallelen zeigen sich beispielsweise zum im achtzehnten Jahrhundert vor Christus in Babylon entstandenen »Codex Hammurabi«, den der dortige König Hammurabi aus der Hand des Sonnengottes Shamash selbst entgegengenommen haben will. Das göttliche Copyright samt höchster Rechtfertigung für die strengen Ge- und Verbote ist damit ebenso gegeben wie bei den biblischen Gesetzestafeln, die der alttestamentarische Gott Jahwe dem Mose auf dem Berg Sinai in die Hände drückte.

Die sexualpolitischen Regeln des dritten Buches Mose beginnen mit einem generellen Verbot des Inzests: »Niemand darf seinem Blutsverwandten nahen, um mit ihm geschlechtlichen Verkehr zu haben.«[17] Dieser Generalvorschrift folgen dann die näheren Spezifizierungen: So sind der

---

14. Leviticus 2,1
15. Leviticus 19,14
16. Leviticus 19,19
17. Leviticus 18,6

Verkehr mit dem Vater und der Mutter, mit der Stiefmutter, mit Geschwistern, Enkeln, Onkeln und Tanten, mit der Schwiegertochter oder der Schwägerin verboten. Nicht erlaubt sind etwa auch der gleichzeitige Sex mit Mutter und Tochter oder – vermutlich seltener – Enkelin. In diesem Zusammenhang wird damit ebenso deutlich, dass es in den Zelten, Hütten und Palästen der damaligen Zeit durchaus nicht streng monogam zuging, sonst wäre nicht zuletzt eine strenge Ermahnung wie die folgende überflüssig gewesen: »Du darfst nicht eine Frau zu ihrer Schwester hinzunehmen und dadurch Streit erregen, wenn du ihr neben jener zu deren Lebzeiten beiwohnst.«[18] Abgesehen davon, dass eine solche Verbindung dem israelitischen Gott nach eigenem Bekunden ein Gräuel war, sprechen aus diesem Verbot auch eine profunde Kenntnis der menschlichen Natur und ein Pragmatismus, der manch modernem Paartherapeuten gut zu Gesicht stehen würde.

Dem Neuen Testament ist die Ausführlichkeit und Detailversessenheit fremd, mit dem sich das Buch Leviticus der Regelung von sexuellen Fragen widmet. Das bedeutet allerdings nicht, dass seine Verfasser in Fragen der Sexualmoral etwa einen Standpunkt des Laissez faire einnehmen würden.

Paulus, ohnehin in nahezu allen Fragen ein harter Lehrmeister ohne übermäßige Nachsicht gegenüber menschlichen Irrungen und Wirrungen, schlägt besonders raue Töne an. In seinem ersten Brief an die Gemeinde von Korinth geißelt er beispielsweise die sexuelle Beziehung eines Gemeindegliedes zu seiner Schwiegermutter mit einer Schonungslosigkeit, die selbst kleinste Ansätze diplomatischen Entgegenkommens vermissen lässt.

Der Apostel Paulus hatte auf seiner zweiten Missionsreise für etwa anderthalb Jahre im griechischen Korinth Station gemacht und bei diesem Aufenthalt eine Gemeinde gegründet, mit der er nach seiner Weiterreise in brieflichem Kontakt blieb.

Leider war die Hafen- und Handelsstadt damals aber nicht nur eines der wichtigsten ökonomischen Zentren des römischen Weltreichs, son-

---

18. Leviticus 18,18

dern der Ort war auch weithin bekannt für das mehr als nur lockere Verhältnis seiner Einwohner zu allen Fragen von Sitte, Moral und Anstand. Die vorherrschende Zügellosigkeit hatte nicht nur dazu geführt, dass die griechische Bezeichnung für das Treiben von Unzucht als *korinthiazomai* direkt aus dem Namen der Stadt abgeleitet war, sondern offensichtlich auch dazu, dass nach dem Weggang des Paulus viele seiner Lehren schnell in Vergessenheit gerieten. Der wegen dieser Entwicklung besorgte Paulus schickte als seinen Statthalter nicht nur seinen engen Freund und Mitarbeiter Timotheus, sondern machte aus seinem tiefen Missfallen über den Gang der Dinge darüber hinaus kein Hehl: »Als ob ich nicht mehr zu euch käme, so haben sich etliche aufgeblasen.«[19] Angesichts des Tones seines Briefes dürfte denn auch die Entscheidung, vor die er nur wenige Zeilen weiter die Gemeinde stellt, nicht viel mehr als eine in Frageform verpackte Drohung darstellen: »Was wollt ihr? Soll ich mit dem Stock zu euch kommen oder in Liebe und im Geist der Milde?«[20]

Wenn man davon ausgeht, dass ein Apostelbrief wie der an die Korinther durch persönliche Boten zugestellt und vorgelesen wurde, kann man sich leicht vorstellen, welche Stimmung in der Gemeinde aufkam, als die nächsten Sätze der paulinischen Strafpredigt zum allgemeinen Gehör gebracht wurden: »Bei alldem hört man von Unzucht unter euch, und zwar von einer Unzucht, wie sie nicht einmal unter den Heiden herrscht, dass nämlich einer die Frau seines Vaters hat.«[21]

Gnadenlos bricht Paulus nicht nur den Stab über die Gemeinde, der er eine Strafpredigt hält wie ein Anhänger wilhelminischer Rohrstockpädagogik seiner unbotmäßigen Schulklasse. Gleichzeitig fällt er auch ein ebenso schnelles wie unerbittliches Urteil über den Missetäter, das von den Korinthern verlangt, den Sünder ohne jegliche christliche Nachsicht aus ihrer Mitte auszuschließen. Zu dessen ewigem Besten natürlich.

Noch heute vermeint man dem Text anzumerken, wie der Kopf des Paulus beim Schreiben rot anlief und die Adern am darunter liegenden Hals dick anschwollen. Die Diagnose Bluthochdruck liegt nicht fern: »Und

---

19. 1 Korinther 4,18
20. 1 Korinther 4,21
21. 1 Korinther 5,1

da seid ihr aufgeblasen, anstatt dass ihr traurig geworden wäret, damit der aus eurer Mitte geschafft würde, der so etwas getan hat? Was mich betrifft, so habe ich, dem Leibe nach zwar abwesend, dem Geiste nach aber anwesend, das Urteil bereits gefällt über den, der dies getan, so als wäre ich persönlich anwesend. Im Namen unseres Herrn Jesus sollt ihr und mein Geist euch versammeln samt der Kraft unseres Herrn Jesus Christus und diesen Menschen dem Satan überantworten zum Verderben des Fleisches, damit sein Geist gerettet werde am Tage des Herrn.«[22] »Mit einem solchen sollt ihr nicht einmal zusammen essen!«[23], fordert der apostolische Schnellrichter offensichtlich ohne Anhörung des Beschuldigten, um das Kapitel mit derselben Gnadenlosigkeit zu schließen, mit der er es auch begonnen hat: »Schafft den Übeltäter fort aus eurem Kreise.«[24]

Obwohl die Kirche das Verbot der sexuellen Beziehungen zwischen engen Blutsverwandten nie aus den Augen verlor, geriet es ihr erst wieder einige hundert Jahre nach der Maßregelung der Korinther durch Paulus wieder ins engere Blickfeld. Während frühere Konzilien sich gegenüber dem Problem des Inzests noch verhältnismäßig tolerant gezeigt hatten, begann sich mit dem aufkommenden sechsten Jahrhundert das Klima plötzlich zu verändern. So wurde im nunmehr mehr und mehr christlich werdenden Europa etwa das Verbot der innerfamiliären Heirat bei den Westgoten bis in die sechste Linie der Verwandtschaft ausgedehnt und im achten Jahrhundert nochmals beträchtlich verschärft. Das Konzil von 721 betrachtete plötzlich sogar Paten als nicht heiratsfähige Verwandte, und im neunten Jahrhundert fanden sich selbst Vettern und Kusinen sechsten Grades auf der Liste der verbotenen Sexualpartner.

Was letzten Endes hinter dieser weit über die Verbote der Bibel hinausgehenden Strenge steckt, lässt sich nicht zweifelsfrei sagen. Das Spektrum der Begründungsversuche beginnt bei der zumindest leicht abstrusen Verschwörungstheorie des britischen Anthropologen und Histo-

---

22. 1 Korinther 5,2ff.
23. 1 Korinther 5,11
24. 1 Korinther 5,13

rikers Jack Goody, der davon ausgeht, die Kirche habe wie durch das Verbot der Polygamie und des unehelichen Verkehrs auch per Inzestverbot ganz einfach versucht, die Zahl der möglichen Erben zu minimieren und damit selbst möglichst viele Erbschaften überschrieben zu bekommen. Am anderen Ende der Erklärungsansätze stehen gewissermaßen die Pragmatiker, die in der Untersagung des Inzests vorrangig ein Mittel sehen, die durch inzestuöse Eheschließungen des Adels betriebene Konzentration von Macht und Besitz in den Händen weniger Familien zu verhindern und – als willkommenen Nebeneffekt gewissermaßen – andererseits auch die physische Weiterexistenz dieser Familien zu sichern, die durch die biologischen Effekte fortdauernde Inzucht ernsthaft gefährdet waren.

Vielleicht steht hinter der so lebhaften Motivation zum Kampf gegen die Blutschande aber auch eine Verbindung verschiedener Faktoren: Die Historikerin Leah Otis-Cour vermutet jedenfalls, »die obsessive Beschäftigung der Kirche mit der rituellen Reinheit und der Einschränkung tolerierter Sexualität« könnte sich mit dem Bedürfnis bestimmter Könige vereint haben, »den Widerstand gegen ihre Autorität zu schwächen, indem sie die Konzentration des Reichtums in den Händen einiger weniger aristokratischer Familien zu begrenzen versuchten.«[25]

Ähnlich wie heute stellte auch damals schon die ungleiche Besitzverteilung in einer Gesellschaft eine Bedrohung für die Stabilität dieser Gesellschaft dar, nur waren im Mittelalter eben noch nicht Aktien und Nummernkonten der entscheidende Maßstab, sondern maßgeblich waren noch ganz traditionell Landbesitz und greifbarer Reichtum. Und natürlich waren auch noch nicht Bürgertum und Proletariat die bestimmenden Akteure, die Machtfrage machte man an der Spitze weitestgehend unter sich aus: Bedroht sahen sich die adligen Herrscher vornehmlich durch ihresgleichen, wenn etwa andere aristokratische Familienclans einen plötzlichen Drang nach ganz oben zu entwickeln begannen.

---

25. Vgl. Leah Otis-Cour: Lust und Liebe. Geschichte der Paarbeziehungen im Mittelalter. Frankfurt/Main 2000, S. 59ff.

Der machtbewusste Papst Alexander VI. und die schöne Lucrezia Borgia: Waren sie nur Vater und Tochter oder verband sie mehr? Die Wissenschaft ist gespalten. (Alexander VI.; Kupferstich; 16. Jahrhundert und Bartolomeo Veneto: Weibliches Brustbild [als Portrait Lucrezia Borgias gedeutet]; auf Holz; Städelsches Kunstinstitut, Frankfurt/Main).

Doch kommen wir noch einmal zurück zu verbotenen Liebschaften und zur Religion. Das wohl berühmteste Beispiel, bei dem weltliche und kirchliche Machtpolitik vom skandalträchtigen Ruch des Inzests und der Blutschande durchweht wurde, ist ausgerechnet eines, bei dem bis heute wabernde Gerüchte eher das Bild bestimmen als harte Fakten: Die Rede ist von der dem Vernehmen nach ebenso bildschönen wie verruchten italienischen Adligen Lucrezia Borgia (1480–1519), die – so will es die Volksmeinung wissen – Tochter wie Geliebte des gleichfalls für seinen exzessiven Lebenswandel berüchtigten Papstes Alexander VI. gewesen sein soll. Er hatte es immerhin auf zehn – belegte – uneheliche Kinder gebracht und galt im Rom jener Zeit als ebenso skrupelloser wie habgieriger Herrscher.

Die Legende berichtet zwar nicht nur davon, dass Lucrezia außer mit ihrem Vater auch mit ihrem Bruder Juan ein Verhältnis hatte, dass sie bei der Wahl ihres Vaters zum Papst mit dem Liebreiz ihres Körpers für die nötigen Stimmen im Kardinalskollegium sorgte und dass sie bei einer grotesken Orgie im Vatikan mit fünfzig anderen nackten Römerinnen den Papst erotisch umtanzte, wissenschaftlich zweifelsfrei belegt ist das alles keineswegs.

Während ihr päpstlicher Vater als offensichtlich großer Verehrer sowohl irdischer wie himmlischer Schönheit zwar das Angelus-Läuten zu Ehren der Jungfrau Maria einführte, sich ansonsten aber politisch wie privat als ein Schurke höchsten Grades erwies, der sich nicht einmal entfernt Mühe gab, seine verbrecherischen Züge zu verbergen, gibt es über seine Tochter Lucrezia durchaus widersprüchliche Berichte. Die dreimal verheiratete Frau, die insgesamt sieben Kinder auf die Welt brachte, gilt zwar gemeinhin als das Urbild einer mittelalterlichen *femme fatale* ohne sittliche Grundsätze, andererseits wird ihre Frömmigkeit, Tugendhaftigkeit und Gerechtigkeit als Regentin gelobt. Sie war außerdem offensichtlich eine überaus gebildete Frau und Mäzenin, die es fertig brachte, am Hof ihres letzten Ehemannes, des Herzogs von Ferrara, Modena und Reggio, viele der bedeutendsten Künstler und Gelehrten ihrer Zeit um sich zu versammeln. So förderte sie unter anderem den Maler Tizian.

Eine zeitgenössische Chronik schreibt über sie: »Ihr ganzes Wesen atmet stets lachende Heiterkeit«, und die Wissenschaft sieht sie inzwischen mehrheitlich als ein Opfer der machthungrigen Politik ihres Vaters und ihres Bruders. Das über Jahrhunderte mit mehr als nur klammheimlicher Lust überlieferte Bild eines männermordenden Renaissance-Vamps beginnt damit langsam zu verblassen und eine kontrastreiche Darstellung einer vielschichtigen Persönlichkeit mit durchaus widersprüchlichen Charakterzügen hervortreten zu lassen. Dass die alte Darstellung allerdings je ganz verschwinden dürfte, ist mehr als nur zweifelhaft: Zu anregend – in jeder Beziehung – ist doch eine handfeste Skandalgeschichte mit inzestuösen Untertönen in der höchsten Gesellschaft.

Und dies gilt natürlich umso mehr, wenn ein veritabler Nachfolger des Apostels Petrus in dem prallen Drama eine der Hauptrollen spielt.

Gleich und gleich

Auch wenn es besonders strenge Anhänger des Christentums wie der anderen Weltreligionen immer wieder glauben machen wollen: Die Lage der Dinge in Bezug auf gleichgeschlechtliche Liebe ist in allen Glaubensrichtungen nicht so eindeutig, wie es manchmal den Anschein hat und wie es von interessierter Seite auch vielfach dargestellt wird: Nur bei etwa einem Drittel der Kulturen auf der Erde ist Homosexualität tabuisiert, verboten und wird bestraft, und auch in den Himmeln über dieser Welt trifft sie bei weitem nicht durchgängig auf Ablehnung und Verurteilung. In der Regel geht es dabei um die Liebe zwischen Männern; gleichgeschlechtliche Liebe zwischen Frauen wird in allen Religionen weitgehend vernachlässigt. Da es in diesen Verhältnissen nicht um »vergeudeten« Samen geht, scheint hier weder für Götter noch für Menschen ein besonderer Regelungsbedarf bestanden zu haben.

Mitunter sind es die Götter selbst, die sich in homosexuelle Abenteuer und Affären stürzen. Zeus beispielsweise. Dem griechischen Göttervater war sein überaus fruchtbares Eheleben mit seiner Gattin Hera offensichtlich ebenso wenig genug wie seine zugleich zahl- wie zügellosen heterosexuellen Affären mit sterblichen oder unsterblichen Partnerinnen. Der Sage nach verliebte er sich eines Tages zusätzlich in Ganymedes, einen Königssohn aus Troja.

Ganymedes war von entrückender Schönheit, und Zeus, der auf steter Partnersuche das menschliche Treiben unter ihm von seiner olympischen Warte offenbar ebenso rastlos zu beobachten pflegte wie ein moderner Mogul die Strandbars von Saint Tropez oder Monte Carlo, verfiel alsbald in lustvolles Begehren. Nach unterschiedlichen Darstellungen – es gibt unter anderem Versionen der Ganymed-Sage von Homer, Vergil und Ovid – ließ er den verführerischen Jüngling entweder von einem Sturm oder von seinem himmlischen Adler auf den Olymp tragen, in manchen Fassungen des Mythos übernahm er die Rolle des Entführers auch gleich selbst, indem er in die Gestalt eines gewaltigen Adlers schlüpfte. In den Rang eines Unsterblichen erhoben hatte Ganymedes ihm auf dem Olymp dann als homoerotischer Partner und Mundschenk zu dienen. In letzterer Funktion löste er dort die stets jugendliche Hebe ab, was von Wissenschaftlern heute als Schritt von einer früheren Mütterreligion zu einem patriarchalen Kult gedeutet wird.

Den wegen des unvermuteten Verlustes seines Sohnes anscheinend nur maßvoll untröstlichen Vater Tros[26] fand Zeus mit zwei göttlichen Rössern ab, während der ungefragt zu den Göttern beförderte Ganymedes selbst mit seinem neuen Schicksal offensichtlich ebenso zufrieden zu sein hatte wie weiland die Fürstenkinder dieser Welt, die zur Wahrung des Wohlstands und des politischen Einflusses ihrer Adelsfamilien auch gegen ihren eigenen Willen mit Abkömmlingen der Nachbarreiche vermählt wurden.

Vielleicht gab es aber auch überhaupt keinen Grund für Hader. Deutschlands Nationaldichter Johann Wolfgang von Goethe deutete jedenfalls mehr als zweieinhalbtausend Jahre nach Homer das Leben des Ganymedes als eine einzige Liebesaffäre mit dem olympischen Göttervater. In einer vermutlich 1774 entstandenen und heute mehr als nur leicht schwülstig wirkenden Hymne lässt er Ganymedes in metaphorischer Gestalt seinen himmlischen Herrn und Geliebten rühmen:

Wie im Morgenglanze
Du rings mich anglühst,
Frühling, Geliebter!
Mit tausendfacher Liebeswonne
Sich an mein Herz drängt
Deiner ewigen Wärme
Heilig Gefühl,
Unendliche Schöne!
...
Ich komm, ich komme!
Wohin? Ach, wohin?

Hinauf! Hinauf strebts.
Es schweben die Wolken
Abwärts, die Wolken
Neigen sich der sehnenden Liebe.
Mir! Mir!
In eurem Schoße
Aufwärts!
Umfangend umfangen!
Aufwärts an deinen Busen,
Allliebender Vater!

Auch wenn sein lyrischer Überschwang nüchternen Modernisten nicht gefällt, die Stimmung im antiken Athen oder Theben dürfte dieses Gedicht dennoch hervorragend wiedergeben. Für die griechische Gesellschaft mag allenfalls die Akquisition eines homosexuellen Partners durch einen Sturm oder auf Adlerschwingen ungewöhnlich gewesen sein, dass

---

26. Nach anderer Überlieferung hieß er Laomedon.

Männer dagegen zumindest zeitweise ein gleichgeschlechtliches Verhältnis eingingen, traf in der Regel nicht auf moralisch oder religiös begründetes Stirnrunzeln.

Anders als heute war es damals nicht in erster Linie der weibliche Körper, an dem Schönheit gemessen wurde. Zum Maßstab wurde vielmehr der sportlich durchtrainierte maskuline Leib genommen, wie er nicht zuletzt im Gymnasion, wo die Männer in ungehemmter Nacktheit ihre Körper ertüchtigten, und in diversen, ebenfalls nackt ausgetragenen Sportwettbewerben gebildet wurde. Frauen hatten hierbei keinen Zutritt.

Sie fehlten auch bei den so genannten »Symposien«, die von der Bedeutung ihres Namens her sowohl eher sittsame Gastmähler wie ausgelassene Trinkgelage sein konnten. Sie fanden – die sanften Männergruppen unserer Tage können davon nur träumen – in einem speziellen »andron«, einem »Männerraum« statt, der gemeinhin auch als besonders gut ausgestattetes Speisezimmer diente.

Mit Blumenkränzen im Haar lagerten die Gäste hier mit aufgestützten Armen bequem auf Liegen, vor denen auf niedrigen Tischen Speisen und Wein aufgefahren waren. Die Bedienung übernahmen männliche und weibliche Sklaven, bei denen überdurchschnittliches Aussehen gemeinhin die Hauptqualifikation für ihre Tätigkeit bildete.

Im Verlauf des Abends erfreute sich die Männerrunde, die mehr als nur eine entfernte Ähnlichkeit mit jenen Götterrunden auf dem Olymp besessen haben dürfte, in die Ganymedes entführt worden war, an Gesang und Tanz häufig eigens als Unterhalter herbeigeholter Sklaven. Die Männer spielten miteinander, stellten sich gegenseitig Rätsel, trugen Gedichte vor und unterhielten sich mehr oder minder geistvoll.

Homoerotische Verhältnisse, die oft aus einem älteren Mann und einem jüngeren Liebhaber derselben Gesellschaftsklasse gebildet wurden, verdanken der Institution solcher Symposien viel, denn in ihnen fand die allgemeine Wertschätzung männlicher Schönheit, männlichen Geistes und männlicher Intelligenz ein besonderes Forum. Aus ihrer Mitte wurde sie auch weitergegeben.

Reine Körperlichkeit, wie sie sich etwa in männlicher Prostitution ausdrückte, galt in diesen Beziehungen des klassischen Griechenland jedoch als ebenso verpönt wie gleichgeschlechtliche Verhältnisse von quasi lebenslanger Dauer. Die generationenübergreifende Liebe zwischen einem älteren und einem jüngeren Mann oder Jugendlichen, aus der sich im Idealfall eine anhaltende nicht-sexuelle Freundschaft entwickelte, konnte zwar durchaus körperlich sein, es wurde jedoch erwartet, dass dieses Verhältnis auch immer erzieherisch angelegt war und nicht in einer eheähnlichen Verbindung endete. Der ältere Liebhaber hatte seinen jugendlichen Freund durch seine Bildung und sein Vorbild auf eine neue Stufe der persönlichen Entwicklung zu heben.

Verhältnisse dieser Art waren denn auch bei den griechischen Philosophen durchaus üblich. Sokrates, in seiner Ehe mit der nicht gerade für ihren Liebreiz sprichwörtlich gewordenen Xanthippe in heterosexueller Beziehung vielleicht ohnehin nicht übermäßig vom Glück bedacht, waren solche Verbindungen beispielsweise nicht fremd, Plutarch spricht – heute absolut unverständlich – von »pädagogischer Päderastie«, und der Geschichtsschreiber Xenophon, selbst Schüler des Sokrates, lässt Hieron, den Tyrannen von Syrakus, sein Verhältnis zu einem jugendlichen Geliebten schließlich mit den simplen Worten rechtfertigen: »Es ist doch natürlich, dass mir gefällt, was schön ist.«

Bei den Römern konnte sich dieses allgemeine Wohlwollen gegenüber praktizierter Homosexualität nicht durchsetzen; hier klangen auch die pädagogischen Untertöne in den gleichgeschlechtlichen Verhältnissen zwischen Männern und Jünglingen nie so stark durch wie im antiken Griechenland. Zwischen römischen Bürgern war der homosexuelle Verkehr sogar verboten, akzeptiert war er hingegen zwischen einem Römer und seinem Sklaven oder einem Ausländer.

Mochte auch die Gesellschaft eher skeptisch reagieren, auf himmlischer Ebene fand die Liebe zwischen Männern freilich auch zu Zeiten des Römischen Reiches einen besonderen Beschützer: Ihr Schutzpatron war der bekannte Gott Amor, der allerdings gleichermaßen für das Glück der Hetero- wie der Homosexuellen zu sorgen hatte. Sein griechisches Pendant trug den ebenfalls bis heute geläufigen Namen Eros.

Selbst eine Art kosmische Urkraft ohne einen väterlichen Erzeuger, war er gleichsam für die Kür und nicht für die Pflicht zuständig. So beschützte er nicht etwa den eigentlichen Zeugungsakt, sondern seine Fürsorge galt der Liebe an sich. Die krude Sicherung der Fortpflanzung war nicht sein Metier, er kümmerte sich vielmehr und ausschließlich um die geschlechtliche Anziehungskraft zwischen den Menschen. Schutz gab es gegen seine mit Pfeil und Bogen ausgetragenen Angriffe keinen: Wer getroffen wurde, der verfiel den Reizen seines Gegenübers, gleichgültig, ob es sich dabei nun um einen Mann oder eine Frau handelte.

Amor und Psyche: Die Liebe besiegt alles

Sie muss eine Art erotischer Superstar der antiken Welt gewesen sein, und hätte es in den Zeiten des klassischen Griechenlands bereits eine Kür der schönsten Frau auf dem Erdkreis gegeben, hätte sie die Wahl sicher haushoch gewonnen. Psyche, eine von drei Töchtern eines nicht näher bezeichneten Königs, ist so wunderschön, dass gegen ihre Reize selbst die Anmut der eigentlich anzubetenden Göttin der Schönheit und Liebe verblasst und die Menschen deren Altären fernbleiben. Was das kommende Unglück bereits absehbar macht. Die plötzlich vernachlässigte Venus[27] zeigt sich nämlich weit davon entfernt, in einem Akt göttlicher Großzügigkeit oder auch nur weiblicher Solidarität der Entwicklung tatenlos zuzusehen. Wütend befiehlt sie dem geflügelten Amor[28], der als ewiger und mit Pfeil und Bogen bewaffneter Jüngling mit seinen Schüssen die Menschen in Liebe zueinander entbrennen lässt, in Psyche die Liebe zu einem hässlichen Mann zu entfachen. Dieser Plan ist raffiniert ausgedacht, doch er schlägt trotzdem fehl: Amor verliebt sich in sein Opfer. Er lässt die durch einen Orakelspruch auf eine einsame Bergspitze befohlene Prinzessin, die sich dort einem Ungeheuer hätte opfern sollen, durch einen sanften Westwind in einen märchenhaften Palast tragen, in dem er sie Nacht für Nacht unerkannt besucht und

27. Griechisch: Aphrodite
28. Griechisch: Eros

voller Liebe mit ihr verkehrt. Im Morgengrauen verschwindet er dann allerdings stets wieder, um statt seinen ehelichen nun seinen göttlichen Pflichten nachzugehen.

Psyche findet seine Aufmerksamkeit zwar zunächst überaus angenehm, doch schon bald genügt ihr ein Mann nicht mehr, der sich nur des Nachts zu ihr legt, den sie bei Tag aber noch nicht einmal erkennen würde, da sie nie sein Gesicht zu sehen bekommt. Sie fühlt sich einsam, und um diese Einsamkeit zu besiegen, bittet sie ihren geheimnisvollen Liebhaber, ihr den Besuch ihrer Schwestern zu gewähren. Die beiden kommen tatsächlich, doch schnell erweist sich nach der Missgunst der Venus der Neid zum zweiten Mal als ein verhängnisvolles Übel: Nachdem die Schwestern von den leidenschaftlichen Nächten im Schloss gehört haben, machen sie der offensichtlich etwas leichtgläubigen Psyche weis, der unerkannte Held ihrer Liebe sei ein Dämon oder ein Ungeheuer, das sie fressen werde. Die verunsicherte Königstochter geht daraufhin nur noch mit einer Öllampe und einem Messer zu Bett.

Als Amor in einer der nächsten Nächte schlafend bei ihr liegt, entzündet sie ihre Lampe und findet zu ihrer Überraschung statt eines Monsters einen Jüngling neben sich, dessen Schönheit ihrer eigenen in nichts nachsteht. In ihrem freudigen Schreck achtet sie jedoch nicht auf ihre Leuchte: Heißes Öl tropft auf den makellosen Körper neben ihr, Amor wacht auf, erschrickt selbst und entflieht.

Die zwischenzeitlich von der Liebe verwöhnte Psyche macht sich nun daran, ihren verschwundenen Liebhaber überall auf der Welt zu suchen. Als sie damit keinerlei Erfolg hat, wendet sie sich schließlich sogar mit der Bitte um Hilfe an die immer noch missgestimmte Liebesgöttin Venus. Diese verspricht auch, ihr zu helfen, und gibt ihr eine Reihe von Aufgaben, bei deren letzter Psyche der anscheinend mit ihrem Aussehen und dessen Wirkung auf die Menschen immer noch unzufriedenen Venus ein Töpfchen mit Schönheitssalbe bei Proserpina[29], der Herrin des Totenreiches, besorgen soll. Die Botin kann jedoch den Verlockungen des Kosmetikums selbst nicht wider-

---

29. Griechisch: Persephone

stehen: Sie öffnet den Topf, trägt die Salbe auf – und verfällt in einen todesähnlichen Schlaf.

Nun ist es wieder an Amor, aktiv zu werden. Auch er hat zwischenzeitlich nach seiner Geliebten gesucht, umso glücklicher ist er jetzt, als er sie findet. Mit dem Schlag seiner Flügel vertreibt er den betäubenden Geruch der Salbe, und mit einiger Mühe gelingt es ihm, Psyche zu wecken. Er holt sie unter die Lebenden zurück.

Und damit nicht genug: Die Geschichte der Liebe zwischen Amor und Psyche findet auf dem Olymp ein wirkliches *Happy End*. Jupiter[30] zeigt sich gerührt: Er gewährt Psyche die Unsterblichkeit und richtet für das nunmehr gleichrangige Paar eine himmlische Hochzeit aus, bei der sich sogar Venus mit den beiden frisch Vermählten versöhnt. Um das Maß der Freuden voll zu machen, tönt bald auch Kindergeschrei durchs hohe Haus. Amor und Psyche werden Eltern eines – natürlich! – wunderschönen Mädchens, dem sie den Namen »Voluptas« (Vergnügen) geben. Was man getrost als kleinen Fingerzeig auf den Zustand der göttlichen Beziehung nehmen darf ...

Eine Entsprechung zum göttlichen Mundschenk und Liebhaber Ganymedes gab es in der römischen Mythologie ebenfalls. Auch diesen Jüngling traf allerdings die tendenziell gesunkene Wertschätzung für gleichgeschlechtliche Beziehungen: Sein Name »Catamitus« wurde nach und nach gleich bedeutend mit der Bezeichnung für einen Lustknaben.

Anders als in der landläufigen, durch die Rezeption tausendundeiner erotischer Nächte geschulten europäischen Meinung, die im Orient die Wiege so ziemlich aller Lüste und Laster vermutet, gestaltet sich die orientalische Realität namentlich in Bezug auf homoerotische Beziehungen weit nüchterner. Auch wenn es einigen Anlass für die Vermutung gibt, dass Homosexualität in Mesopotamien zumindest stillschweigend geduldet wurde, wird etwa in assyrischen Gesetzen dennoch verfügt, dass gleichgeschlechtlicher Akte überführte Männer zu Eunuchen zu machen,

---

30. Griechisch: Zeus

d. h. zu kastrieren seien. Auch im alten Ägypten war man wenigstens nach den Buchstaben des Gesetzes anscheinend nicht toleranter. So wird in den ägyptischen Totenbüchern, deren Seiten als zwischen die Mumienbinden gewickelter Wegweiser für die Reise ins Jenseits dienten, ein Bekenntnis der Sündenfreiheit formuliert, mit dem sich Verstorbene den problemlosen Eintritt ins Totenreich sichern konnten. Darin wurde von den gerade Verschiedenen verlangt, vor einem Tribunal aus 42 Richtergottheiten und vor Thot, dem oft als Pavian oder mit einem Ibiskopf dargestellten Gerichtsschreiber und Gott der Weisheit, zu Protokoll zu geben: »Ich habe nicht gleichgeschlechtlich verkehrt.«

Im Judentum jener Zeit sah es nicht wesentlich anders aus. Im bereits zitierten 3. Buch Mose, dem Buch »Leviticus«, wird ohne jeden Anflug von Gnade festgelegt: »Wenn ein Mann sich mit einem anderen Mann wie mit einer Frau vergeht, haben beide Schändliches begangen. Sie sollen mit dem Tod bestraft werden; es lastet Blutschuld auf ihnen.«[31] Eine harte Strafandrohung, die in der Praxis aber wohl weitgehend folgenlos blieb: Im gesamten und in seiner Schilderung von Strafaktionen ja ansonsten alles andere als zurückhaltenden Alten Testament ist kein einziger Fall zu finden, bei dem die Todesstrafe wegen ausgeübter Homosexualität auch wirklich vollstreckt worden ist.

Der Grund für die zumindest verbale Strenge gegenüber Homosexuellen ist zum einen darin zu suchen, dass homosexuelle Praxis als widernatürlich betrachtet wurde, da schon das Buch Genesis ganz zu Beginn der biblischen Schöpfungsgeschichte regelt: »Der Mann wird seinen Vater und seine Mutter verlassen, und sie werden ein Fleisch sein.«[32] Bei der körperlichen Liebe zwischen Homosexuellen geraten dagegen Körperteile in intimen Kontakt, die zu diesem Zweck nicht geschaffen wurden und für ihn auch nicht gedacht waren.

Sexualität darf für das traditionelle Judentum zwar durchaus lustbetont sein, sie ist aber – und hier sind Parallelen zur derzeitigen päpstlichen Sexualethik deutlich erkennbar – andererseits nicht vorstellbar ohne

---

31. Leviticus 20,13
32. Genesis 2,24

den Gedanken an die Fortpflanzung und dessen wenigstens potenzielle Realisierung. Da gleichgeschlechtlichen Akten jedoch keine Nachkommen entspringen können, haben sie in der Sicht konservativer oder orthodoxer Juden als verwerflich zu gelten, weil sie klar der alttestamentarischen Aufforderung an Adam und Eva widersprechen: »Seid fruchtbar und mehret euch, erfüllet die Erde und macht sie euch untertan!«[33]

Die Vergrößerung von Familie und Stamm galt im alten Israel als das eigentliche Ziel der Verbindung von Mann und Frau. Eine Beziehung, die nicht darauf angelegt war oder wie bei Homosexuellen gar nicht darauf angelegt sein konnte, musste folglich als dem göttlichen Willen nicht entsprechend betrachtet werden.

Genau diese Einengung der Perspektive auf den einzelnen Sexualakt und eine allein reproduktiv aufgefasste Sexualität ist es aber auch, die aus der Sicht heutiger Erkenntnisse die biblische Verurteilung gleichgeschlechtlicher Beziehungen überholt erscheinen lässt. »Homosexualität im Sinne einer den Menschen prägenden Disposition war der Bibel unbekannt. In ihr handelt es sich jedes Mal um konkrete, rein sexuelle Kontakte, nicht um dauerhafte Liebesbeziehungen oder um seelisch-geistige Werte, die für uns heute zur Homosexualität gehören«, machen beispielsweise die Theologen Katharina Elliger und Herbert Haag deutlich. Ihr Fazit fällt entsprechend aus: »Insofern ist die alttestamentliche Ablehnung als theologischer Beweis gegen die Homosexualität unbrauchbar.«[34]

Auch aus dem Neuen Testament lässt sich nicht unbedingt eine Waffe gegen die Homosexualität schmieden. In keinem der vier Evangelien taucht sie auf, wofür zwei Ursachen maßgeblich sein könnten: Entweder gab es zur Zeit Jesu keine Homosexuellen in Israel – eine eher unwahrscheinliche Annahme – oder für Jesus war das Thema »Homosexualität« einfach nicht wichtig genug, um sich darüber auszulassen. Dass er zu Homosexuellen etwa bewusst keinen Kontakt gehabt haben könnte und sie aus seinem persönlichen Umfeld sogar ausgrenzte, um bei den etablierten Vertretern des Judentums keinen Anstoß zu erregen, ist als dritte Möglichkeit hingegen zu vernachlässigen. Zu viele biblische Tex-

---

33. Genesis 1,28
34. Herbert Haag / Katharina Elliger, a. a. O., S. 186

te belegen, dass er besonders mit gesellschaftlichen Außenseitern verkehrte und den Umgang mit ihnen geradezu suchte. Der Neutestamentler Klaus Berger bezeichnet ihn deshalb als einen »*streetworker*, der um seinen eigenen Ruf völlig unbekümmert ist, vor allem aber um seine Reinheit, die bei solchem Umgang nach pharisäischer Auffassung nur Schaden nehmen kann. Doch Jesu Reinheit ist »offensiv«, er hat keinerlei Berührungsängste.«[35]

Der Apostel Paulus war da von ganz anderem Kaliber. Während Jesus die sexuelle Ausrichtung seiner Anhänger nicht zu interessieren schien, geriet sie nach seinem Tod und seiner Auferstehung bei Paulus plötzlich umso stärker ins Blickfeld. In seelsorgerischer Anstrengung und dem Versuch, die jungen christlichen Gemeinden in Erwartung der baldigen Wiederkunft ihres Herrn stark gegen die Versuchungen ihrer Umwelt zu machen, ließ er mitunter jede Zurückhaltung fahren und pflegte den scharfen Ton.

So findet sich im 1. Korintherbrief, in dem er ja schon mit einem Fall von Inzest abrechnet, die nachgerade klassische Stelle, mit der er immer wieder und nur zu gern zum Kronzeugen für die biblische Ablehnung gleichgeschlechtlicher Verhältnisse gemacht wird. In der Tat wettert er in dem etwa im Jahr 54 geschriebenen Brief gegen Homosexuelle, die er mit Verbrechern und Missetätern jeder Art gleichsetzt und denen er jegliche Chance auf Aufnahme ins Himmelreich abspricht: »Gebt euch keiner Täuschung hin! Weder Unzüchtige noch Götzendiener, noch Ehebrecher noch Weichlinge, noch Knabenschänder, noch Diebe noch Habsüchtige, noch Trunkenbolde, noch Lästerer, noch Räuber werden Anteil haben am Reiche Gottes.«[36]

Gegenüber dieser paulinischen Prophezeiung ist keine relativierende Haltung möglich. Ein beschönigendes »Er wird es nicht so gemeint haben!« verbietet sich angesichts der Wucht der Verdammung von selbst. Entweder man übernimmt sie und versteht damit die Bibel mit allen – auch unerwünschten – Konsequenzen fundamentalistisch und ahisto-

---

35. Klaus Berger: Wer war Jesus wirklich? Stuttgart 1995, S. 44
36. 1 Korinther 6,9f.

risch, oder man begreift die Position des Apostels Paulus aus seiner Zeit und Kultur heraus.

Für diese zwei Möglichkeiten spricht, dass Paulus die Homosexualität entsprechend der Betrachtungsweise des damaligen Judentums als eine gottlose und widernatürliche, aber eben auch willkürliche Verirrung betrachtete und sie auf eine Stufe mit moralischen Verfehlungen und Verbrechen stellte. Sie wird dadurch zwar herabgemindert, aber auch nicht besonders betont. Paulus sieht in dem vielfältigen Komplex der Verstöße gegen die von Gott gesetzte Ordnung ein Werk alten, vorchristlichen Geistes, er befürchtet für die begreiflicherweise noch nicht sonderlich gefestigten Gemeinden den Rückfall auf überwundene heidnische Standards, zu denen für ihn gleichermaßen Götzendienst, Verbrechen wie Sittenlosigkeit gehören.

Für die Gegenwart können aus dieser Standortbestimmung nicht ohne weiteres nach wie vor gültige Richtungsentscheidungen abgeleitet werden; was Paulus schrieb und sagte, besitzt – bei allem gebotenen Respekt – nicht den Rang einer absoluten Wahrheit. Kritisch anzumerken ist in diesem Zusammenhang nicht nur, dass den biblischen Texten Homosexualität als personale Liebesbeziehung verschlossen bleibt, sie müssen auch in den Kontext ihrer Entstehung gesetzt werden. »Wenn Paulus die Homosexualität widernatürlich nennt, dann erhebt er den Naturbegriff seiner Zeit zur Norm. Bei allen Bibelauslegern aber besteht Einigkeit darüber, dass wir bei den moralischen Auffassungen der ersten zwei Jahrhunderte deren kulturelle Bedingtheit zu berücksichtigen haben.«[37]

Historisch zu erklären und keinesfalls absolut zu setzen ist auch die Position, die herausragende Kirchenväter und Kirchenlehrer wie Augustinus (354–430) oder Thomas von Aquin (ca. 1225–1274) gegenüber der Sexualität im Allgemeinen und gegenüber der Homosexualität im Besonderen bezogen.

Beide definieren den Menschen als ein auf Gott ausgerichtetes Geschöpf; die moderne Vorstellung, die menschliche Weltsicht sei gewissermaßen frei wählbar und vom Glauben unabhängig, ist für sie

---

37. Herbert Haag/Katharina Elliger, a. a. O., S. 188

absolut undenkbar. Wenn es aber nach ihrer Philosophie darauf ankommt, das irdische Leben auf Gott hin zu orientieren und das Verhältnis zu ihm von Störungen und Beeinträchtigungen jeglicher Art frei zu halten, muss jede Sexualität negativ ins Blickfeld geraten, die den Menschen über Hingabe und Lust zumindest zeitweise von der kontinuierlichen Verbesserung seiner Gottesbeziehung ablenkt und die zudem noch eine nicht vorrangig religiös zu nennende Befriedigung schenkt.

In der Vorstellung des Augustinus ist alle sexuelle Lust Sünde. Folgt man seiner Theologie, wird durch diese Lust die auf Adam und Eva zurückgehende Erbsünde immer wieder neu übertragen. Während er durchaus zugesteht, dass die Stammeltern des Menschengeschlechtes im Paradies geschlechtlichen Umgang miteinander gehabt haben, geschah dies doch, wie er vermutet, als nüchterner Willensakt und auf wunderbare Weise ohne jede körperliche Erregung. Erst nach dem Sündenfall kam die fleischliche Begierde (*concupiscentia carnis*) hinzu, die seiner Meinung nach anzeigt, dass der Mensch aus sich heraus nur zum Bösen fähig ist. Augustinus, nach dem Urteil des Theologen Herbert Haag »der eigentliche Begründer des Sexualpessimismus«, sieht die sexuelle Lust allein in der Erhaltung des Menschengeschlechtes und damit des von Gott schließlich persönlich gewollten menschlichen Lebens gerechtfertigt. Sie bleibt nur dann schuldfrei, wenn mit ihrer Hilfe im ehelichen Verkehr Kinder gezeugt werden.

Homosexuelle Beziehungen, bei denen Zeugung und Fortpflanzung biologisch ja gar nicht möglich sind, stoßen folglich auf seine entschiedene Ablehnung.

Thomas von Aquin untermauert diese negative Haltung noch dadurch, dass er die Homosexualität quasi naturwissenschaftlich für widernatürlich erklärt. Er begründet diese Position unter anderem damit, dass homosexuelles Verhalten dem Tierreich fremd sei und dort nirgends vorkomme.

Moderne Biologen widerlegen diese Behauptung inzwischen; sie weisen darauf hin, dass vor allem unter bestimmten einschränkenden Bedingungen, bei denen wie etwa in der Tierhaltung in zoologischen Gehegen oder Käfigen den Männchen keine oder zahlenmäßig nicht ausreichende Partnerinnen zur Verfügung stehen, gleichgeschlechtlicher

Verkehr unter Tieren durchaus vorkomme und noch nicht einmal selten sei.

Überträgt man diese tierischen Existenzbedingungen auf den menschlichen Bereich, zeigen sich plötzlich auch Indizien für ein weiteres Phänomen, das die Kirche spätestens im Mittelalter nicht mehr gleichgültig lassen konnte, wenn es um ihre Stellung zur Homosexualität ging. Das abgeschlossene Zusammenleben großer Zahlen zeugungsfähiger Männer und empfängnisbereiter Frauen, denen alle erotischen Kontakte zum jeweils anderen Geschlecht untersagt waren, ließ es aus kirchlicher Sicht angeraten erscheinen, jede Form homosexueller Kontakte zu untersagen und zu verurteilen.

Die Rede ist von Mönchs- und Nonnenklostern, deren moralisch häufig höchst zweifelhaftes Innenleben Johannes Chrysostomos, der asketische Patriarch von Konstantinopel, schon im vierten Jahrhundert wortreich getadelt hatte.

Im zeitgenössischen Christentum ist keine einheitliche Haltung gegenüber der Homosexualität erkennbar; sowohl für ihre wohlwollende Tolerierung wie für ihre schroffe Ablehnung finden sich Stimmen. Namentlich in der katholischen Kirche kann auch in den neuesten Stellungnahmen aus Rom von einer Gleichsetzung homosexueller mit heterosexuellen Lebensverhältnissen noch keine Rede sein, andererseits scheint die Kirchenbasis durchaus nicht mehr immer und überall den Vorgaben der Spitze zu folgen. In der holländischen Kirche etwa, die schon zu Konzilszeiten durch eine gewisse Unbotmäßigkeit gegenüber vatikanischen Weisungen aufgefallen war, gab nach einer Erhebung der Universität Utrecht mehr als die Hälfte der befragten Priester an, zur kirchlichen Segnung einer gleichgeschlechtlichen Partnerschaft bereit zu sein.

Bei den protestantischen oder evangelischen Kirchen ist die Situation nicht eindeutiger. Hier reicht das Spektrum von einer weit über alle katholischen Positionen hinausgehenden scharfen Verurteilung der Homosexualität vor allem bei einigen Freikirchen bis zu einer praktizierten Akzeptanz, wie sie sich bei der US-amerikanischen Protestant Episcopal Church sogar in der Weihe eines sich offen zu seiner Homosexualität bekennenden Bischofs äußerte. In Deutschland ist man derzeit noch nicht so weit. Hier kann bei den Gliedkirchen der Evangelischen Kirche Deutschlands (EKD) noch nicht einmal von einer durchgängigen Bereitschaft zur Segnung homosexueller Partnerschaften ausgegangen werden. Eher betont konservativ agiert erwartungsgemäß die Orthodoxie. Praktizierte Homosexualität wird in ihr als Sünde angesehen, die es zu bekämpfen gilt. Einen besonderen, wenn auch eher exotischen Auswuchs markieren in dieser Beziehung die vor allem auf der karibischen Insel Jamaika beheimateten Rastafaris, die sich zum großen Teil der orthodoxen Kirche Äthiopiens angeschlossen haben. Sie predigen eine ausgesprochene Ablehnung der Homosexualität, die sich selbst in ihrer gemeinhin eher für Toleranz und Lebensfreude stehenden Reggae-Musik Bahn bricht. Von manchen ihrer Interpreten und in einzelnen ihrer Texte wird bis hin zu Morddrohungen offen zur Gewalt gegen Homosexuelle aufgerufen, was bereits zu weltweiten Protesten und Boykottaufrufen führte.

Nicht gerade für verständnisvollen Umgang mit Homosexuellen scheint in jüngster Zeit auch der Islam zu stehen. In Afghanistan wurden unter der Taliban-Herrschaft verschiedentlich Männer wegen ihrer gleichgeschlechtlichen Kontakte öffentlich hingerichtet, muslimische Fundamentalisten bedrohen unter dem Strafrecht der Scharia auch anderswo Homosexuelle mit der Todesstrafe. Von den weltweit über fünfzig Ländern, in denen die praktizierte Homosexualität von Männern oder Frauen immer noch unter Strafe steht, gehört über die Hälfte ganz oder zum großen Teil dem muslimischen Kulturraum an. Aus dem Koran selbst lässt sich diese Strenge freilich nicht ohne weiteres begründen.

In ihm findet sich zunächst einmal die auch aus der Bibel bekannte Geschichte von Lot und den ruchlosen Bewohnern der Stadt Sodom. Ohne direkte Erwähnung der Homosexualität wird von ihr in der 21. Sure als der Stadt gesprochen, »die Schlechtigkeiten beging« und deren Einwohner »üble Leute und Missetäter« waren.[38] Ein wenig konkreter wird es erst, als Lot seinen Nachbarn zwei rhetorische Fragen stellt und aus ihnen anschließend sein negatives Fazit zieht: »Ihr wollt zu männ-

---

38. Sure 21,74

lichen Geschöpfen gehen? Und lasset eure Weiber, die euer Herr für euch geschaffen? Ja, ihr seid ein ausschreitendes Volk.«[39]

Brutale Strafen schreibt der Koran aber auch gegen dieses ausschreitende Volk und seine Epigonen nicht vor. In der vierten Sure, in der er sich explizit dem Thema der Unzucht widmet, wird nach einem durch mehrere Zeugen abgesicherten Verfahren – zumindest was die Verfehlungen von Männern angeht – statt ohne Aussicht auf Gnade mit Strafe zu drohen sogar Hoffnung auf die Barmherzigkeit Allahs geweckt: »Wenn welche von euren Weibern Unzucht begehen, so lasset vier von euch Zeugen gegen sie sein, und wenn diese es bezeugen, so haltet sie in den Häusern zurück, bis der Tod sie hinrafft oder Gott ihnen einen Ausweg zukommen lässt. Wenn Männer unter euch solches begehen, so bestrafet sie beide, und wenn sie Buße tun und sich bessern, so lasset ab von ihnen, denn wahrlich Gott ist allverzeihend und allbarmherzig.«[40]

In verschlüsselter und lyrischer Form wird nach Ansicht mancher Exegeten Homoerotik sogar für das muslimische Paradies angedeutet, wo den heimgegangenen Helden anscheinend nicht nur Paradiesjung*frauen* zu Diensten sind, sondern wo sie auch junge Männer finden, die ihnen ähnlich dem griechischen Ganymedes zur Verfügung stehen, und in der Tat steht in der späteren islamischen Dichtung die Person des Mundschenks nicht selten für den Geliebten. »Es umgeben sie Jünglinge wie Perlen in der Muschel«[41], beschreibt der Koran etwa die Situation der ins Paradies gelangten Rechtgläubigen, die nur wenig später noch mit zusätzlichen Details weiter ausgemalt wird: »Es umkreisen sie Jünglinge, unsterbliche. Mit Pokalen und Krügen voller Wein und Bechern voll von Quellwasser. Davon sie nicht Kopfschmerz haben noch trunken sind.«[42]

Gut gewachsene Jünglinge und junge Männer galten im Vorderen Orient ähnlich wie im antiken Griechenland als Inbegriff menschlicher Schönheit sowie als Sinnbilder von Liebe und Sexualität. Diese Sichtweise war anscheinend selbst dem Propheten Muhammad nicht fremd:

39. Sure 26,165f.
40. Sure 4,19f.
41. Sure 52,24
42. Sure 56,17ff.

Der Überlieferung zufolge soll er einmal in einer Versammlung einen offenbar besonders ansehnlichen jungen Mann in seinem Rücken platziert haben, um nicht durch seinen Anblick über Gebühr von seinem Vortrag abgelenkt zu werden.

Die weitgehende Ablehnung jeglicher Homosexualität zumindest in den fundamentalistisch ausgerichteten Flügeln des heutigen Islam erweist sich damit als ein noch nicht allzu altes Phänomen. Männerfreundschaften unterschiedlichster Ausprägung und Tiefe waren im Islam früherer Jahrhunderte noch akzeptiert oder mindestens geduldet. So blühte im maurischen Spanien des frühen Mittelalters eine Liebespoesie, die mit emotionalem Überschwang auch die gleichgeschlechtlichen Verhältnisse pries, und der im Jahr 1200 verstorbene muslimische Rechtsgelehrte Ibn al-Gauzi formuliert mit einer Emphase einen Satz, wie er direkt in einem griechischen Symposion gefallen sein könnte: »Derjenige, der behauptet, dass er keine Begierde empfindet [,wenn er schöne Knaben erblickt], ist ein Lügner, und wenn wir ihm glauben könnten, wäre er ein Tier, nicht ein menschliches Wesen.«[43]

Kritische islamische Schriftgelehrte, die allerdings weltweit noch eine Minderheit darstellen, meinen im Übrigen, sogar aus dem Koran selbst ein Indiz für die göttliche Duldung der Homosexualität herauslesen zu können. Heißt es doch in der dreißigsten Sure: » Er schuf euch Partner, dass ihr ihnen beiwohnet, und setzte zwischen euch Liebe und Vertrautheit.«[44] Sie verweisen darauf, dass das arabische Wort »zaudsch« geschlechtsneutral mit »Partner« übersetzt werden müsse. Ältere Übersetzungen hatten hier noch die Begriffe »Weiber« oder »Ehegattinnen« verwendet.

In Hinduismus und Buddhismus ist die Beurteilung der Homosexualität ebenfalls nicht eindeutig. Diese Feststellung mag verwundern, gilt doch in der an freizügigen Tempelreliefs ausgerichteten westlichen Betrachtungsweise gerade der Hinduismus als die prototypische Religion

---

43. zitiert nach: Georg Klauda: it's not religion, stupid! / Freundschaft, »Homosexualität« und Islam. In: trend onlinezeitung 05/04
44. Sure 30,21

mit einem entspannten und positiven Verhältnis zu jeder Form von Sexualität. Die unzähligen Geschichten und Legenden aus der Götterwelt der Hindus, zu denen immerhin mehr als 80 % aller Inder gerechnet werden, sind nicht gerade arm an erotischen Schilderungen. Die hinduistischen Götter sind überdies häufig Wesen von wechselnder Gestalt und manchmal sogar wechselnder Geschlechtszugehörigkeit. Der Gott Vishnu nahm beispielsweise als Mohini auch die Gestalt einer Frau an, Shiva wird als »Ardhanarishvara«, d. h. als der »Herr, der zur Hälfte weiblich ist«, auch in zweigeschlechtlicher Gestalt dargestellt.

Aus diesen Fakten, zu denen auch eine zumindest homoerotisch auslegbare Darstellung des Verhältnisses zwischen Krishna, einer Inkarnation Vishnus, und dem adligen Krieger Arjuna im Epos der Bhagavadgita gehört, lässt sich jedoch keine durchgehend wohlwollende Tolerierung der Homosexualität im Hinduismus ableiten. Die hinduistische Gesellschaft ist vielmehr betont heterosexuell geprägt – auch das berühmte Kamasutra ist ausschließlich auf das Liebesspiel zwischen Mann und Frau konzentriert –, sozial allgemein akzeptierte gleichgeschlechtliche Verhältnisse erscheinen aus dieser Sicht mehr oder weniger als eine kaum nachzuvollziehende Entwicklung der weltlich-westlichen Moderne. Homosexualität wird mehrheitlich als eine Gefahr betrachtet, die dazu geeignet ist, die traditionelle gesellschaftliche Ordnung mit ihrer starren vertikalen Aufgliederung in Kasten zu unterhöhlen und damit letzten Endes zu deren Zerstörung beizutragen.

Der aus dem Hinduismus vor rund 2.500 Jahren entstandene Buddhismus ist bezogen auf die Homosexualität nicht wesentlich klarer. Statt die heterosexuelle Liebe hervorzuheben, neigen buddhistische Theologen jedoch eher dazu, ein möglichst asexuelles Leben zu favorisieren, um damit den so genannten »Vier edlen Wahrheiten« gerecht zu werden, deren erste drei lauten:
1. Alles Dasein ist leidvoll.
2. Leiden entsteht aus Begehren.
3. Wer das Begehren aufhebt, beendet das Leiden und kann ins Nirvana eingehen.

Der Verzicht auf sexuelle Lust und Geschlechtsverkehr verspricht für Buddhisten also mit der Hoffnung auf endgültige Erlösung von ihrem leidvollen irdischen Dasein mit seinen fortdauernden Wiedergeburten unschätzbaren Lohn. Soll es trotz dieser Verheißung dennoch nicht zu einem Verlöschen des Menschengeschlechtes kommen, kann auf die körperliche Liebe allerdings nicht völlig verzichtet werden. Sie ist jedoch unter eine Forderung zu stellen, die in gleicher Form auch in anderen Religionen auftaucht. In auffälliger Ähnlichkeit etwa zu den christlichen Kirchenvätern formuliert der Dalai Lama, und damit sicher der prominenteste buddhistische Religionsführer unserer Zeit: »Ich denke, dass der Hauptsinn der sexuellen Beziehungen Kinder sind, frische, schöne Babys! Man sollte nicht einfach nur die sexuelle Lust suchen, sondern auch einen Sinn für Verantwortung, einen Sinn für Verpflichtung haben.«[45]

Aus dieser Sicht der Dinge kann einer homoerotisch ausgerichteten Sexualität im menschlichen Leben praktisch kein Platz eingeräumt werden. Dies gilt umso mehr, weil der Buddhismus als eine ursprünglich reine Mönchsreligion ebenfalls dringlich Vorsorge für die Wahrung der Moral in den Klostern treffen musste. Auch hier ist es allerdings wieder eine per Zölibatsgebot ausgesprochene generelle Absage an die Sexualität und keine spezielle Verdammung ihrer gleichgeschlechtlichen Form.

Von ihr kann auch deshalb keine Rede sein, weil im Zentrum des Buddhismus das Mitgefühl für alle lebenden Wesen steht. Er erhebt keinen Absolutheitsanspruch und sieht davon ab, menschliches Handeln vorschnell und endgültig als gut oder böse zu qualifizieren. Auch wenn gleichgeschlechtliche Liebe von buddhistischen Würdenträgern also mehrheitlich abgelehnt wird, beansprucht dieses Urteil dennoch keine blinde Gefolgschaft. Buddha selbst forderte seine Anhänger immer wieder dazu auf, die Richtigkeit seiner Lehre an der Praxis zu überprüfen. Eine letztendliche und unbedingte Verurteilung der Homosexualität und der Homosexuellen wäre dem Buddhismus also wesensfremd.

---

45. Dalai Lama: Sexualität braucht einen Sinn für Verantwortung. In: Dalai Lama: Das kleine Buch vom rechten Leben. Freiburg/Breisgau 1998, S. 105

Liebe zu verkaufen

Gute Mädchen, so weiß es der Volksmund, kommen in den Himmel, schlechte dagegen überall hin. Manchmal sogar ebenfalls bis ins Paradies, und – wenn sie besonderes Glück haben – landen sie dazu noch in der Bibel. Rahab ist eines von diesen schlechten Mädchen mit guter Perspektive.

Ihr Geld verdient sie als *ischah sonah*, im Hebräischen die Bezeichnung für eine Hure, etwas feiner formuliert: für eine Prostituierte. Offenbar ist sie gut in ihrem Beruf, denn sie erfreut sich in Jericho eines soliden Auskommens und hat es sogar zu einem eigenen Haus direkt an der Stadtmauer gebracht. Neben ihrer rein fachlichen Qualifikation, die für den weiteren Gang der Geschichte ohne Belang ist und über die das Alte Testament daher kein Wort verliert, besitzt sie anscheinend außerdem ein feines Gespür für politische Entwicklungen. Es soll ihr das Leben retten.

Die Lage ist gespannt in Jericho. Immer wieder sind in den letzten Tagen Berichte in die Stadt gelangt, dass sich auf der anderen Seite des Jordan die Israeliten versammelt haben, um mit Hilfe ihrer Verbündeten und unter Führung ihres Feldherrn Josua das Land Kanaan zu besetzen und als Erstes die Stadt Jericho einzunehmen.

Josua, Nachfolger Moses› und augenscheinlich ein erfahrener Militär, setzt dabei nicht blind auf sein Glück, und er verlässt sich auch nicht allein darauf, sein Herr Jahwe werde es schon ohne seine eigene Mitwirkung richten. Er schickt vielmehr zwei Späher in die durch massive Befestigungsanlagen geschützte Stadt, um sich ein besseres Bild von der dortigen Lage machen zu können.

Auch die beiden Spione sind offensichtlich nicht ganz unerfahren. Sie gehen als Erstes dorthin, wo sie für die Männer Jerichos eine Nachrichten- und Gerüchtebörse vermuten, im Etablissement der Frau Rahab nämlich, wo augenscheinlich auch die Honoratioren der Stadt zu verkehren pflegen. Zwar treffen sie den König nicht persönlich dort an, dem wird von seinen Zuträgern aber bereits im Verlauf des späteren Abends gemeldet, dass sich zwei verdächtige Ausländer im wohl bekannten Haus an der Stadtmauer eingefunden hätten. Hochgradig nervös verlangt er nun von Rahab die Auslieferung der beiden.

Rahab kommt diesem Wunsch nicht nach. Anscheinend nicht nur mit körperlichen Reizen hervorragend ausgestattet, sondern darüber hinaus eine ausgesprochen intelligente und weitsichtige Frau, verlässt sie sich auf ihre eigenen Nachrichtenquellen und nicht auf die offizielle Propaganda aus dem Königspalast. Sie wägt die Kampfkraft des israelitischen Heeres gegen das Potenzial der Verteidiger Jerichos ab und kommt zu einem eindeutigen Ergebnis: Jericho und seine Männer haben keine Chance gegen die Soldaten auf der anderen Seite des Flusses und den mit ihnen verbündeten starken und mächtigen Gott.

Sie versteckt die beiden Kundschafter unter Flachsstängeln auf ihrem Dach und schickt die Agenten ihres eigenen Königs klug auf eine falsche Fährte: »Ja, diese Männer sind zu mir gekommen, aber ich wusste nicht, woher sie waren. Als bei einbrechender Dunkelheit das Stadttor geschlossen werden sollte, sind sie hinausgegangen; ich weiß nicht, wohin. Jagt schnell hinter ihnen her, dann könnt ihr sie noch einholen!«[46]

Ganz uneigennützig handelt Rahab jedoch nicht, das wäre ihrem Gewerbe wohl auch nicht angemessen. Sie verlangt von Josuas Männern, ihr und ihrer Familie beim Sturm auf die Stadt Schutz zu gewähren und ihr Haus von Plünderungen und Zerstörungen zu verschonen. Zur Sicherheit lässt sie die beiden dieses auch gleich bei Jahwe schwören, dem sie offenbar inzwischen mehr vertraut als den Göttern ihrer eigenen Stadt. Anschließend lässt sie die Spione an einem Strick von ihrem Haus aus an der Stadtmauer hinunter und gibt ihnen noch einen Rat mit auf den Weg: »Ins Gebirge müsst ihr gehen, um denen zu entkommen, die euch verfolgen. Verberget euch dort oben drei Tage lang bis zur Rückkehr der Verfolger, dann möget ihr eures Weges gehen.«[47]

Der Rest der Geschichte ist selbst oberflächlichen Bibelkennern in der Regel bekannt. Das israelitische Heer rückt gegen Jericho vor, aber statt

---

46. Josua 2,4f.
47. Josua 2,16

mit seinen Soldaten zum direkten Sturm anzusetzen, vertraut Josua auf eine Zusage Jahwes. Der hat ihn nämlich aufgefordert, mit seinem Heer und den Priestern des Volkes die Stadt mehrmals zu umrunden und anschließend ein lautes Hornsignal auszustoßen: »Wenn das Widderhorn ertönt, soll das ganze Volk einen gewaltigen Kriegsschrei ausstoßen, und die Mauer der Stadt wird auf der Stelle zusammenstürzen; dann soll das Volk losstürmen, wo ein jeder gerade ist.«[48]

Zimperlich geht es bei diesem Sturm nicht zu; der alttestamentarische Gott denkt und handelt schonungslos als eine Art militärischer Oberbefehlshaber im rein nationalen Interesse seines Volkes. Die noch im Buch Leviticus gepredigte unbedingte Achtung vor dem Leben und die Gleichheit auch der Fremden vor dem Gesetz scheinen vergessen. Kurz und knapp heißt es stattdessen in der Bibel über einen Akt des frühgeschichtlichen Völkermordes: »Sie [die Israeliten] vollzogen den Bann an allem, was in der Stadt war, an Mann und Weib, jung und alt, bis zu Ochs und Schaf und Esel, mit der Schärfe des Schwertes.«[49]

Für Rahab allerdings geht inmitten dieses Blutvergießens ihre Rechnung auf, sie wird samt ihrer Familie gerettet. Ihr mit einem roten Band gekennzeichnetes Haus bleibt ebenso unversehrt wie ihre Familie unverletzt, wenngleich man durchaus von einem Trauma ausgehen kann, das sie und ihre Angehörigen erlitten haben dürften, als sie mitansehen müssen, wie eine siegestrunkene Soldateska ihre Nachbarn niedermetzelt und ihre gesamte Heimatstadt in Schutt und Asche legt. Wie ein Märchen schließt der biblische Bericht allerdings versöhnlich: »Sie blieb mitten in Israel wohnen bis auf den heutigen Tag, weil sie die Boten versteckt hatte, die Josua sandte, um Jericho zu erkunden.«[50]

Und damit nicht genug. In den Apokryphen, d. h. den nicht offiziell in den Kontext der Bibel aufgenommenen jüdischen Schriften, geht Rahabs Geschichte noch weiter. In dieser Version verlieben sich Josua und Rahab später ineinander und heiraten. Und im Matthäusevangelium des Neuen Testaments, das in seinem ersten Kapitel die Abstam-

---

48. Josua 6,5
49. Josua 6,21
50. Josua 6,25

mung Jesu penibel nachzeichnet, taucht sie als die Mutter des Boas auf, der wiederum zu den Stammvätern des Königs David gehört, aus dessen Haus – nach biblischer Rechnung – achtundzwanzig Generationen später Jesus hervorgehen wird. Für eine gewöhnliche Prostituierte aus Jericho ist das nun wirklich eine außergewöhnliche Karriere!

Aus heutiger Sicht belegt die Geschichte der Rahab einmal mehr, dass den alttestamentarischen Juden nichts Menschliches fremd war. Sie kannten selbstverständlich die Prostitution, und sie waren, wie das Beispiel Rahabs zeigt, darüber hinaus willens und in der Lage, Huren ihren Lebenswandel zu verzeihen und ihnen sogar gegebenenfalls einen Ehrenplatz zuzuweisen. Rahab wird trotz ihres Gewerbes geehrt, weil sie für das Volk Israel Großes geleistet hat. Nicht zuletzt aber wohl auch, weil sie nach ihrer politischen Heldentat offenbar einen Berufswechsel vornahm.

Käufliche Liebe und Frauen, die ihre Liebe verkaufen, tauchen im Alten Testament mehrfach auf; dieses Thema wird keinesfalls verschämt verschwiegen. Eher erscheint es als ein nicht unbedingt erwünschter, ansonsten aber ganz normaler Bestandteil des gesellschaftlichen Alltags.

Die Kanaaniterin Tamar, Schwiegertochter Judas und nicht zuletzt aus ihrer für ihn letztlich tödlichen Verbindung mit dem unglücklichen Onan bekannt, bedient sich beispielsweise der Verkleidung als käufliches Mädchen, um Juda zu verführen und damit schließlich doch noch zu ihrem ersehnten Nachwuchs zu kommen. Juda, der immerhin am Anfang der königlichen Abstammungslinie des Hauses David steht und zum Zeitpunkt der Erzählung gerade zum Witwer geworden war, scheint trotz seines Alters schnellem Sex nicht abgeneigt gewesen zu sein, denn für ihn genügte es offenbar, beim Weg zur Schafschur auf einer Art israelitischem Straßenstrich eine Frau zu treffen, die ihr Gesicht wie eine Prostituierte verhüllt hatte, um ein sexuelles Abenteuer einzugehen. Kurz und bündig kommt er zur Sache: »Komm, ich will dir beiwohnen!«[51]

---

51. Genesis 38,16

Verhängnisvolles Versteckspiel: Tamar verführt unerkannt ihren Schwiegervater Juda, um sich von ihm schwängern zu lassen. (Rembrandtschule, Gerbrandt van den Eeckhout?: Juda und Thamar; um 1650/60; Öl auf Leinwand; Residenzgalerie, Salzburg).

Merkwürdigerweise ohne dass er seine Schwiegertochter erkennt, wird Tamar von ihm geschwängert. Als ihre Schwangerschaft drei Monate später sichtbar wird, wirft man ihr in einem Akt von gespaltener Moral Unzucht vor, und sie soll mit Billigung Judas verbrannt werden. Vor diesem grausamen Schicksal rettet sie allein, dass sie sich bei ihrer Affäre am Straßenrand von ihrem Liebhaber ein Pfand hatte geben lassen, das sie nun präsentiert. Juda, dem wegen seiner Affäre keinesfalls die Todesstrafe droht, erkennt seinen Siegelring, seinen Stab und seine Schnur und gesteht zerknirscht seine Schuld. Tamar bleibt am Leben, denn sie hatte wider allem Anschein ja nun doch keinen Sex außerhalb der Familie, sodass Juda und sie nach Ablauf von neun Monaten Eltern von Zwillingen werden. Eine Fortsetzung findet ihr seltsames Verhältnis jedoch nicht mehr: Fortan, so stellt das Buch Genesis knapp fest, hatten sie »keinen Umgang mehr miteinander«.

Selbst König Salomo, dem unbestrittenen Frauenheld des Alten Testaments, war der Umgang mit Prostituierten nicht fremd. Sein berühmtes »Salomonisches Urteil«, bei dem er zum Schein droht, ein Kind mit dem Schwert zu zerteilen, für das zwei Frauen gleichzeitig die Mutterschaft für sich beanspruchen, spricht er beispielsweise gegenüber zwei Prostituierten oder »Dirnen«, wie es in der Bibel schonungslos heißt.

Die Nachkommen solcher Prostituiertenkinder konnten in Israel durchaus bis in höchste Ränge aufsteigen, wie das Beispiel Jiftachs zeigt, der als Kind einer Prostituierten mit den legitimen Söhnen seines Vaters in Erbstreitigkeiten lag, der aber wegen seiner Kriegskünste dennoch von den Israeliten geholt wurde, um sie siegreich gegen die Ammoniter zu führen.[52] Eine allgemeine gesellschaftliche oder religiöse Billigung der Prostitution lässt sich aus solchen Beispielen allerdings nicht ohne weiteres ableiten.

Eher war es so, dass die Prostitution als ein gesellschaftliches Phänomen betrachtet wurde, mit dem man realistischerweise zu leben hatte – und auch zu leben wusste. Der Umgang mit ihr war im Allgemeinen relativ entspannt, allein die Propheten geißelten sie als strenge Zuchtmeister ihres Volkes immer wieder. Sie vermeinten in ihr ein Symbol der Verworfenheit Israels und seiner Abwendung von seinem Herrn zu erkennen. So lässt der Prophet Jeremia, der im siebten Jahrhundert vor Christus zur Zeit des Niedergangs des Königreichs Juda lebte und der die Zerstörung Jerusalems voraussagte, den zürnenden Jahwe überaus drastisch zu seinem Volk sprechen: »Deine Söhne haben mich verlassen und schwören bei solchen, die keine Götter sind. Ich mache sie satt. Dafür brechen sie die Ehe und treiben sich im Hurenhause herum. Feiste, wohlgebaute Hengste sind sie, jeder wiehert nach dem Weibe seines Nächsten.«[53] Auch sein Kollege Amos, mehr noch als Jeremia ein missmutiger Prophet der Zerstörungen und Niederlagen, legt seinem Gott ähnliche Worte in den Mund: »Sie zertreten das Haupt der Geringen, und die Gebeugten führen sie ab vom Wege. Vater und Sohn gehen zur selben Dirne, um meinen heiligen Namen zu entweihen.«[54]

Das Volk Israel wäre allerdings nicht für seinen Realitätssinn berühmt, wenn es abseits von hoch moralischen und hoch theologischen Gedan-

---

52. Vgl. Richter 11,1ff.
53. Jeremia 5,7f.
54. Amos 2,7

ken nicht auch mehr praktische Überlegungen zum Umgang mit Prostitution und Prostituierten ins Alte Testament eingeführt hätte. Sie finden sich vor allem in den Weisheiten des Buches Jesus Sirach, wo von dem klassischen Dreiklang Wein, Weib und Gesang allenfalls noch letzterer als ein bedenkenloser Genuss gelten gelassen wird: »Wein und Weiber verderben den Einsichtsvollen, und wer sich an Dirnen hängt, wird frech.«[55] Im selben Zusammenhang wird auch vor Ehebruch und Seitensprüngen gewarnt: »Verhülle das Auge vor einer schönen Frau, und schaue auf keine Schönheit, die nicht dein eigen ist.«[56] Andernfalls könnte sich die Affäre nicht zuletzt für Portemonnaie und Brieftasche verheerend auswirken: »Gib dich nicht einer Dirne hin, damit sie dich nicht um dein Erbe bringe.«[57] In der zweiten salomonischen Spruchsammlung – ihr Verfasser wusste anscheinend gut, wovon er sprach – wird in dieselbe Kerbe geschlagen: »Ein Mann, der Weisheit liebt, erfreut seinen Vater; wer aber mit Dirnen verkehrt, bringt das Vermögen durch.«[58] Und nicht nur das: Sollte ein Mann zu sehr seinen Trieben und zu wenig seinem Kopf gehorchen, so sieht das biblische Buch der Sprüche ganz generell Übles voraus: »Wie eine geschleifte Stadt, nun ohne Mauern, so ist ein Mann ohne Selbstbeherrschung.«[59]

Doch die käufliche Liebe, wie sie auch heute noch nahezu weltweit als ein rein kommerzielles Gewerbe betrieben wird, war nicht der einzige Typ der Prostitution im alten Orient. In Form der so genannten »Tempelprostitution« besaß sie eine gewissermaßen sakrale Abart, gegenüber der die Israeliten durchaus nicht durchgängig die von ihrer Religion eigentlich vorgegebene strenge Ablehnung zeigten. Sogar einzelne ihrer Könige erwiesen sich bezüglich der kanaanäischen Fruchtbarkeitskulte als nicht sehr standhaft in ihrem Glauben. So berichtet das 1. Buch der Könige, dass der ohnehin nicht immer sehr prinzipientreue Salomo der Göttin Astarte ein Heiligtum auf dem Ölberg errich-

55. Jesus Sirach 19,2
56. Jesus Sirach 9,8
57. Jesus Sirach 9,6
58. Buch der Sprüche 29,3
59. Buch der Sprüche 25,28

ten ließ[60], und das 2. Buch der Könige erzählt davon, dass der unter die »gottlosen Könige« gerechnete Manasse ein Bildnis der Göttin Aschera sogar mitten im Tempel von Jerusalem aufstellte.[61] Die Tatsache, dass bei archäologischen Grabungen in den Städten Israels in großer Zahl Figuren dieser und ähnlicher Göttinnen zu Tage kamen, belegt überdies, dass die Hinwendung zu polytheistischen Fruchtbarkeitskulten eine weit verbreitete Erscheinung und nicht auf die Staatsspitze beschränkt war.

Auch kultische Prostitution war in diesem Zusammenhang nicht unbekannt. Die jüdischen Propheten zogen leidenschaftlich gegen sie zu Felde. Hosea beispielsweise, der selbst auf das nicht ganz verständliche Geheiß seines Gottes Jahwe die Prostituierte Gomer heiraten musste, berichtet von »Tempeldirnen« und allgemeiner Unzucht, bevor er sein pessimistisches Fazit zieht: »So kommt das unverständige Volk zu Fall.«[62]

Die Juden waren es allerdings nicht in der Hauptsache, die mit der Tempelprostitution eine theologisch fundierte Form des außerehelichen Geschlechtsverkehrs praktizierten; bei ihnen blieb sie eher ein Randphänomen. Stärker im Mittelpunkt des Glaubenslebens stand sie bei ihren Nachbarn und weiter entfernt siedelnden Völkern. So war kultische Prostitution in unterschiedlichen Formen anscheinend in Babylon, in Ägypten, auf Zypern und sogar in Griechenland ebenso anzutreffen wie in Indien oder China. Sie fand bei diesen Völkern und in diesen Kulturen ihre Rechtfertigung vor allem darin, dass sie die Körperlichkeit der Sexualität mit dem darüber hinaus weisenden Element der Spiritualität zu verbinden versprach.

Vor diesem Hintergrund mussten babylonische Frauen vor ihrer Eheschließung dem örtlichen Tempel für eine gewisse Zeit als Dienerin zur Verfügung stehen; der griechische Geschichtsschreiber Herodot schränkt diese Phase allerdings auf ein einziges Mal der Hingabe ein. Sie hatten im Tempel oder seinem Vorhof auf einen beliebigen Freier zu warten,

---

60. Vgl. 1. Buch der Könige 11,1ff.
61. Vgl. 2. Buch der Könige 21,1ff.
62. Vgl. Hosea 4,11ff.

der ihnen als Zeichen, dass seine Wahl auf sie gefallen war, eine Münze in den Schoß warf. Anschließend hatten sie mit ihm eine Nacht zu verbringen und seinen Wünschen zu gehorchen.

Das Geld, das bei der Aktion floss, ging in den Tempelschatz der Priester ein. Als gewissermaßen göttlich gerechtfertigte Zuhälter hatten diese durch den tempeleigenen Liebesmarkt leicht nachvollziehbar einen doppelten Nutzen: Zum einen mehrten sie mit den Einnahmen ohne größeren eigenen Einsatz ihren Reichtum, zum anderen sicherten sie ihre gesellschaftliche Position dadurch ab, dass sie der allein maßgeblichen männlichen Bevölkerung ein für sie vermutlich überaus angenehmes Ventil für den Druck aus politischen oder wirtschaftlichen Frustrationen boten.

Es spricht vieles dafür, dass kultischer Geschlechtsverkehr, dessen Bedeutung im Übrigen namentlich von feministischer Seite in jüngerer Zeit stark relativiert wird, eine sehr alte Erscheinung ist. Die Tempelprostitution dürfte sogar bereits vor ihrem weltlichen Gegenstück existiert haben. Letztere hat sich vermutlich erst aus ihren religiösen Vorformen entwickelt und dabei auch ihren eigenen Begründungszusammenhang geschaffen, der die körperliche Befriedigung zu Lasten der spirituellen Symbolik eindeutig in den Vordergrund stellte. Insofern ist beides trotz ähnlicher Begrifflichkeit und häufig ähnlicher Erscheinungsformen klar voneinander zu trennen.

Für die Tempelprostitution finden sich schon sehr früh literarische Belege. Bereits auf den Tontafeln des mesopotamischen Gilgamesch-Epos, dessen älteste Teile mehr als 1.200 Jahre vor den Epen Homers verfasst wurden, kommt sie beispielsweise zur Sprache.

Gilgamesch, legendärer Herrscher von Uruk mit einer Regierungszeit von geradezu biblischen 126 Jahren, steigt in diesem aus Bergen mit Keilschrift überzogener Tontäfelchen bis heute noch nicht vollständig rekonstruierten Gedicht aus mehreren tausend Versen in die Unterwelt hinab, um die Unsterblichkeit zu suchen. Zunächst als sein Feind, aber bald schon als sein Freund tritt dabei ein gewisser Enkidu an seine Seite, ein Wesen von großer Kraft, aber auch von tierischer Wildheit.

Genau diese Wildheit ist es, die ihm eine Tempelhure in einem sechs Tage und sieben Nächte andauernden Liebesspiel von offensichtlich großer Intensität austreibt. Der Preis, den er für dieses orgiastische Treiben zu zahlen hat, ist allerdings hoch: Er verliert gleichzeitig mit seinen tierischen Eigenschaften auch seine Fähigkeit zum direkten Kontakt mit den Tieren in seinem Umfeld. Das Wild, mit dem er vorher auf gleicher Ebene existierte und kommunizierte, weicht nun vor ihm zurück. Der berühmte »Augenblick danach« muss für Enkidu bestürzend gewesen sein: »Als er von ihrem (d. h. der Tempelhure) Genuss satt war, richtete er sein Antlitz auf sein Wild. Als das ihn aber sah, sprangen die Gazellen auf und davon, und das Wild der Steppe wich von ihm.«

Die Sexualität hat ihn gezähmt. Er hat jetzt das Liebesspiel kultiviert, aber gleichzeitig kultivierte das Liebesspiel auch ihn. Auf Anraten seiner Gespielin verließ er in der Folge die Wildnis und begab sich in die Stadt Uruk.

Gilgamesch selbst profitiert auf andere Weise von einer Frau. Ihm raubt eine Schlange die Unsterblichkeit verleihende Zauberpflanze, die er nach vielen Abenteuern endlich gefunden hat. Als er darüber in Tränen ausbricht, wird er von einer gewissen Siduri sehr bodenständig getröstet. Sie ist nach zurückhaltenden Übersetzungen Schankwirtin von Beruf, wahrscheinlich dürfte sie sich aber nicht nur auf den Verkauf von Getränken beschränkt haben. In jedem Fall rät sie ihm: »Fülle deinen Bauch, sei fröhlich bei Tag und Nacht, und lass jeden Tag ein Fest der Freude sein.«, um dann allerdings in für ihr eigenes Gewerbe schon fast geschäftsschädigender Weise das Loblied der Familie anzustimmen: »Blicke das Kind an deiner Hand an und lass deine Frau sich an deiner Umarmung erfreuen! Dies allein ist die Aufgabe des Menschen.«

Auch wenn der genaue Status der Siduri ungeklärt bleibt, dürfte es unstrittig sein, dass zumindest die Gespielin des Enkidu als so genannte »Tempeldirne« tätig war. Nicht zuletzt die wiedergegebene Szene aus dem Gilgamesch-Epos belegt damit das Alter der Institution Tempelprostitution und liefert so ein weiteres Indiz dafür, dass nicht die weltliche Prostitution den fragwürdigen Ehrentitel des ältesten Gewerbes der

Welt für sich beanspruchen kann. Es ist vielmehr die Tempelprostitution, die ihr vorausging und die erst nach und nach profanisiert wurde.

Vollständig abgeschlossen ist die Geschichte der Tempelprostitution übrigens immer noch nicht, sie existiert nach wie vor. Verschiedene Frauenrechtsorganisationen weisen beispielsweise darauf hin, dass sogar heute noch in Indien jungfräuliche Mädchen der Göttin Mathamma geweiht würden, indem ein Priester – auch gegen ihren Willen – geschlechtlich mit ihnen verkehrt. Überdies müssten sie sich nicht nur im Tempeltanz üben, sondern auch den Männern des Ortes im Tempel sexuell zu Willen sein. Ihr Status als einer Göttin geweihte Huren schützt sie nach den Angaben der anklagenden Organisationen dabei allerdings keineswegs vor sozialer Ächtung: Mit dem Ende ihrer Adoleszenz sei zwar ihr Missbrauch im Tempel beendet, der Weg in eine bürgerliche Existenz bliebe ihnen dennoch versperrt. So dürften sie nicht heiraten und keine Kinder zur Welt bringen.

In mancher Beziehung mit der kultischen Prostitution vergleichbar ist ein Brauch, bei dem unter dem griechischen Begriff »Hieros Gamos«, d.h. »Heilige Hochzeit«, die Verbindung zwischen der himmlischen und der irdischen Sphäre nicht nur symbolisch dargestellt, sondern auch im kultischen Geschlechtsverkehr zwischen dem Herrscher und einer Priesterin teilweise sogar ganz real vollzogen wurde. »Hieros Gamos« meinte dabei zunächst einmal allein die Verbindung zwischen Göttinnen und Göttern, erst später wurde dieser Begriff auch auf bestimmte irdische Kulte und die dazugehörigen Handlungen übertragen.

In den Kulturen der Sumerer und Akkader bestand die Heilige Hochzeit in einem tatsächlichen Geschlechtsakt zwischen dem Herrscher und der Hohepriesterin, die Gott und Göttin repräsentierten. In der Stadt Uruk beispielsweise – Gilgameschs Gefährte suchte sie nach dem Verlassen der Wildnis auf – wurde kultischer Beischlaf stellvertretend durch den König und eine Priesterin als symbolischer Nachvollzug der Verbindung zwischen dem Gott der Vegetation und der Stadtgöttin praktiziert. Auf diese Weise wurde feierlich die Thronbesteigung eines jeden neuen Königs begangen. Später wurden solche Rituale zum festen Bestandteil der jährlichen Neujahrsfestlichkeiten, mit denen das Wiedererwachen der Natur gefeiert wurde, mit denen aber auch für das anhaltende Wohl und den bleibenden Bestand des Staates und seiner gottgewollten Ordnung gesorgt werden sollte.

Nachdem im Fortgang der sumerischen Geschichte diese Zeremonie dann an Bedeutung verloren hatte und der Beischlaf zudem nicht mehr faktisch vollzogen wurde, erlebte sie in Babylon um die Wende vom sechzehnten zum siebzehnten Jahrhundert vor Christus eine Wiederbelebung. Sie erfolgte nun passenderweise auf der höchsten Plattform eines »Zikkurats«, d. h. einer Stufenpyramide, auf der eine besonders ausgestattete Kammer eingerichtet worden war.

Da die höchste Priesterin, die in diesem Gemach die rituelle Vereinigung mit dem weltlichen Herrscher vollzog, auch meist dessen Tochter war oder sie zumindest einer ihm nahe stehenden Feudalfamilie entstammte, barg diese »Heilige Hochzeit« oft einen Verstoß gegen das in den meisten Religionen geltende Inzestverbot in sich.

Insgesamt gesehen stellt sie sich damit gemeinsam mit der Tempelprostitution als eine der religiösen Riten dar, die zwar von Priestern erdacht und gerechtfertigt wurden, die aber doch eher unter die Absonderlichkeiten der Religionsgeschichte gerechnet werden.

Allein das Menschenopfer dürfte heute auf noch größere Ablehnung stoßen als rein religiös begründeter Geschlechtsverkehr mit wechselnden Partnern. So, vermuten wir, kann kein Gott unser menschliches Liebes- und Zusammenleben gemeint haben.

Nicht nur zu zweit

Es ist ein Skandal. Das unbestrittene Stadtgespräch. Die Berichte darüber, was vorgefallen ist, gehen von Mund zu Mund. Nun gut, das muss nicht unbedingt allzu viel heißen, denn die Stadt, die gerade ihr Thema gefunden hat, zählt kaum mehr als dreitausend Einwohner. Ein Provinznest eben, in dem der König sich mit seinem Hofstaat allein deswegen regelmäßig sehen lässt, weil er die Wälder der unmittelbaren Umgebung als wildreiches Jagdrevier schätzt. Und dennoch, die Stadt – es ist das Paris des zwölften Jahrhunderts – hat noch eine zweite Attraktion. Abseits der nicht gerade für ihren intellektuellen Übermut bekannten Jagdgesellschaften macht sie vor allem deshalb von sich reden, weil hier an den Schulen rund um die damals noch eher dörfliche Kirche von Notre Dame Wissenschaft auf eine neue und spannende Weise getrieben wird. Und ein junger Magister aus der Bretagne ist gewissermaßen ihr Superstar. Sein Name ist Peter oder Pierre Abaelard, wenn er nicht gleich auf Latein als »Petrus Abaelardus« firmiert.

Es blieb nicht nur bei Gesprächen: Abaelard und Heloïse, aus dem Lehrer und seiner Schülerin wurde bald eines der berühmtesten Liebespaare des Mittelalters (Gedicht über die Liebeskunst, London, British Library).

Als Leiter der weit über Paris bekannten Domschule ist er auf einem ersten Höhepunkt seiner Karriere angelangt. Mit 35 Jahren hat er nicht nur in geschliffenen Disputen seine eigenen Lehrer bloßgestellt und sie zu bestenfalls akademischem Mittelmaß degradiert, er unterrichtet Philosophie und Theologie jetzt auch selbst mit größerem Erfolg, als sie ihn je hatten. Dazu hat er den renommierten Lehrstuhl für Logik eingenommen und gehört als *cocanonicus* nun sogar zum Domkapitel von Notre Dame, was seinem Ruf ebenfalls nicht unbedingt schadet. Der wird überdies auch weiter dadurch gefördert, dass er Vorlesungen über aristotelische Logik hält und darin mit solchem Erfolg nach Parallelen zwischen den Werken des griechischen Philosophen und der Heiligen Schrift sucht, dass er in zeitgenössischen Chroniken gerühmt wird als »Meister der berühmten Schulen, zu denen Studenten aus nahezu der gesamten lateinischen Welt strömen«.

Doch der Eros der Wissenschaft ist das eine, der Eros eines wohlgeformten weiblichen Körpers – zumal, wenn in ihm noch ein wacher und unternehmungslustiger Geist steckt – ist das andere. Bald gilt es unter Eingeweihten an der Seine als ein offenes Geheimnis: Peter Abaelard ist nicht nur ein außergewöhnlicher Philosoph und Theologe, Peter Abaelard ist auch ein außergewöhnlicher Frauenheld und Liebhaber. Zurückhaltung ist seine Sache nicht, Enthaltsamkeit betrachtet er eher als ein Objekt wissenschaftlicher Neugier und weniger als ein Postulat für einen herausragenden Intellektuellen in kirchlichen Diensten.

Und so kommt es, wie es kommen muss. Nicht zuletzt um die Kosten für seinen anscheinend nicht ganz unaufwändigen Lebenswandel besser decken zu können, nimmt er zusätzlich zu seinen sonstigen Verpflichtungen eine Stelle als Hauslehrer der kaum zwanzigjährigen und elternlos bei ihrem Onkel und Vormund Fulbert aufwachsenden Heloïse an. Fulbert, ein vom Bischof Wilhelm von Montfort, dem Bruder der Königin, heftig protegierter Kanonikus am Dom zu Paris, legt viel Wert auf die Erziehung seines Mündels: Heloïse spricht Hebräisch, Griechisch und Lateinisch, und um ihr einige Klassiker dieser Sprache – Ovid, Seneca, Lucanus – noch intensiver nahe zu bringen, wird Magister Abaelard engagiert. Dieser zieht umgehend in Fulberts Haus und nimmt dort ohne Verzug den Unterricht der ebenso schönen wie intelligenten Heloïse auf.

Die Privatstunden des allseits bewunderten Lehrers werden dabei allerdings schnell viel privater als ursprünglich geplant. Es dauert nicht lange, und zwischen Abaelard und Heloïse entbrennt eine heftige Liebesbeziehung. In seinen Memoiren, die den überaus passenden Namen »Historia calamitatum« (Geschichte der Katastrophen) tragen, beschreibt Peter Abaelard seinen Unterricht mehr als ein erotisches denn als ein intellektuelles Abenteuer: »Gehörte sie schon von ihrem Äußeren nicht zu den Letzten, so war sie durch den Reichtum ihrer Bildung weitaus die Erste. ... Sie, die ich mit allem geschmückt sah, was Liebhaber anzulocken pflegt, wollte ich nun, da sie willfährig war, zur Liebe an mich fesseln. ... Unter dem Deckmantel der Unterweisung gaben wir uns ganz der Liebe hin ... Über dem offenen Buch wurden mehr Worte der Liebe als der Lektüre gewechselt, und es gab mehr Küsse als Lehrsätze. Nur allzu oft zog es meine Hand statt zu ihren Büchern zu ihrem Busen, und öfter fanden unsere Augen in Liebe zueinander, als dass die Lektüre sie auf die Schrift lenkte.«

Auch Heloïse ist nicht unbedingt eine Freundin von Traurigkeit. Sie weiß sehr wohl, wie ihr geschieht und auf was sie sich einlässt. Ihre Briefe, deren Echtheit zwar nicht unumstritten ist, deren Authentizität der Mehrheit der heutigen Wissenschaftler aber doch als erwiesen gilt, zeigen sie als eine selbstbewusste junge Frau, die sehr wohl einschätzen kann und es auch sehr wohl zu schätzen weiß, mit wem sie es zu tun hat. So sind ohne jeden Zweifel sogar Wesenszüge eines intellektuellen Groupies an ihr auszumachen, wenn sie etwa voller Besitzerstolz über ihren Liebhaber schreibt: »Du hattest zwei besondere Gaben, um damit sofort das Herz jeder Frau zu gewinnen: Deine Fähigkeiten, Verse zu schmieden und Lieder zu komponieren. ... Mehr als alles andere ließ dies die Frauen nach deiner Liebe seufzen. Und wenn diese Lieder von deiner Liebe sangen, so machten sie auch mich weit bekannt.« Was sie ganz offen zu der unverhohlenen Frage führt: »Welche Königin, welche große und mächtige Dame beneidete mich nicht um meine Freuden und mein Bett?«

Wie offensichtlich für alle bis auf die direkt Beteiligten absehbar, dauert es nicht lange, und die Liebe zwischen dem Lehrer und seiner Schülerin zeigt Wirkung: Heloïse wird schwanger, und diese Schwangerschaft beschwört Schwierigkeiten herauf, die nur unwesentlich von denen abweichen, die es auch heute noch schwer machen, Familie und Beruf unter einen Hut zu bringen.

Für die weitere Karriere Abaelards ist Ehelosigkeit zwar nicht zwingend vorgeschrieben, eine Heirat samt Vaterschaft wäre seinem weiteren Fortkommen aber alles andere als förderlich. Heloïse sieht das ebenso deutlich wie Abaelard. Sie, die selbst stets mehr an intellektueller und erotischer Lust interessiert war als an trautem Familienglück, fragt nun ratlos: »Wie lässt sich ein Skriptorium mit einer Kinderstube in Einklang bringen?« Und mit Formulierungen, die trotz ihres Alters wie geschaffen scheinen für eine moderne Gesellschaft erfolgsorientierter Singles und Kein-Kind-Familien, gibt sie das Dilemma wieder, vor dem sie und Abaelard stehen: »Wer kann sich auf Gedanken über die Heilige Schrift oder Philosophie konzentrieren und gleichzeitig ertragen, wie Säuglinge schreien, Kindermädchen sie mit Schlafliedern beruhigen und im ganzen Haus das laute Kommen und Gehen von Männern und Frauen widerhallt? Wird er das dauernde Durcheinander und den Schmutz aushalten, den kleine Kinder ins Haus bringen? Die Reichen können das, denn ... da sie reich sind, müssen sie nicht auf die Kosten achten oder sich mit Alltagssorgen quälen. Doch Philosophen führen ein gänzlich anderes Leben als reiche Leute.«

Die einzige Lösung für diese Probleme scheint in einem raschem Handeln bei gleichzeitig absoluter Geheimhaltung zu liegen. Und so hat Heloïse schnellstmöglich zu Abaelards Familie in die Bretagne zu reisen, wo sie den gemeinsamen Sohn Astrolabius zu Welt bringt und wo dieser auch bei Abaelards Schwester heranwachsen soll. Um den wütenden Fulbert zu besänftigen, der die Familienehre schmählich zu Boden gedrückt sieht, kommt es außerdem gegen Heloïses erklärten Willen zu einer geheimen Eheschließung, die allerdings nicht lange geheim bleibt: Fulbert hält sich an keinerlei Absprachen und lässt die Hochzeit bekannt werden.

Jetzt ist die Katastrophe da. Mit dieser Biografie muss Abaelard jetzt ernsthaft um seinen aussichtsreichen Posten an der Domschule fürchten. Da reicht es nicht mehr aus, wenn Heloïse nun vehement bestreitet, dass überhaupt je eine Hochzeit stattgefunden habe. Als weit wirkungsvoller dürfte sich in dieser Situation schon eher erweisen, dass Abaelard umgehend Fakten schafft und seine Geliebte resolut im Kloster von Argenteuil abliefert: Eine Nonne kann schließlich schwerlich mit dem himmlischen Herrn und einem irdischen Bräutigam gleichzeitig einen Bund eingehen!

Diese nicht gerade zurückhaltende und wenig diplomatische Problemlösung Abaelards erbost Fulbert erneut. Er sieht sich jetzt seinerseits hintergangen und sinnt auf Rache. Wütend macht er mit seinem neuen Verwandten kurzen Prozess, und zwar – nach Abaelards Vorbild – ebenfalls äußerst handgreiflich.

Als sich also an einem Morgen des Jahres 1118 Schüler, Freunde und Kollegen des Magisters Peter Abaelard vor dessen Haus versammeln, ist schon nichts mehr zu ändern. Für die Menge auf der Straße gibt es nur noch die von Fulbert geschaffenen Tatsachen zu beklagen und darüber zu spekulieren, wie es mit ihrem großen Meister und Vorbild denn nun weitergehen könne. Abaelard ist nämlich in der Nacht von entschlossenen Gehilfen Fulberts in einer Blitzaktion entmannt worden, und zwar – wie er schreibt – so »kurz und plötzlich, dass ich fast keinen Schmerz empfand«.

Die hoch symbolische Gewalttat war offensichtlich nach den späteren Recherchen Abaelards gut vorbereitet: »Sie bestachen einen meiner Diener, um eingelassen zu werden. Dann nahmen sie in solch abstoßender Barbarei Rache an mir, als ob sie die ganze Welt erschrecken wollten. Sie schnitten die Teile meines Körpers ab, mit denen ich das Unrecht begangen hatte, über das sie sich beklagten. Dann flohen sie ...«

Der Rest der Geschichte ist schnell erzählt. Die Täter, die Abaelard verstümmelten, werden – soweit man ihrer habhaft werden kann – ebenfalls durch Entmannung und zusätzlich durch Blendung bestraft. Fulbert kommt als Anstifter der Tat verhältnismäßig glimpflich davon: Zwar werden seine Güter eingezogen, er behält aber seinen Platz im Domkapitel.

Für Abaelard und Heloïse sind die Folgen zwiespältig. Abaelard sieht sich tief gedemütigt und empfindet seine Kastration als gerechte Strafe Gottes für seinen lockeren Lebenswandel. Er wendet sich neu der Religion zu, lässt sich zum Priester weihen und tritt in das Kloster Saint-Denis im Norden von Paris ein. Damit hat er zwar die Erfüllung in der Liebe zu Heloïse verloren, sein Ruf als Gelehrter und Schriftsteller strahlt nun jedoch noch heller als zuvor.

Auch Heloïse muss im Kloster ihrer Liebe entsagen, auch sie gewinnt aber an geistlichem und intellektuellem Profil: Sie macht eine geistliche Karriere und entwickelt sich schnell zu einer der bedeutendsten Äbtissinnen ihrer Zeit. Damit bezieht sie eine Position, die ihr als sorgende Ehefrau und Mutter mit größter Wahrscheinlichkeit versagt geblieben wäre.

Ihren Frieden mit den ihr aufgezwungenen Versagungen hat sie dennoch nie gemacht. »Mag dir der Name *Gattin* heiliger und ehrbarer erscheinen«, schreibt sie an den von ihr lebenslang geliebten Abaelard, »mir war allzeit reizender die Bezeichnung Geliebte, oder gar – verarg es mir nicht – deine Konkubine, deine Dirne. Je tiefer ich mich um deinetwillen erniedrigte, desto mehr wollte ich Gnade bei dir finden und umso weniger gerade auf diese Weise dem Ruhm deiner Vorzüglichkeit schaden.«

Peter Abaelard, der ebenso gelitten haben dürfte wie seine Geliebte, versucht immerhin, dem Gang der Dinge noch etwas Positives abzugewinnen und ihre Liebe auf eine höhere Ebene zu heben. In seiner Autobiografie schreibt er: »Allein die körperliche Trennung war das stärkste Band unserer Seelen. Unsere Liebe wurde umso glühender, je mehr ihr die Erfüllung versagt war.«

Nicht erst in der Gegenwart, das belegt die dramatische Geschichte der letztlich unerfüllten Liebe zwischen Abaelard und Heloïse, erweist es sich als überaus schwierig, Ideal und Wirklichkeit interpersonaler Beziehungen auf einen Nenner zu bringen. Schon allein die Ableitung und Definition der hinter ihnen stehenden Ideale zeigt sich in der Regel als keine leichte Aufgabe, will man sie aus der Ebene persönlicher – und damit womöglich äußerst zufälliger – Befindlichkeiten und Vorlieben herausheben. Wer auch immer sich bemüht, seine Ideen von der Ausgestaltung des menschlichen Zusammenlebens in das warme Licht göttlichen Wohlgefallens zu rücken und Alternativen zu ihnen aus diesem Lichtkreis zu verbannen, stößt bei diesem Vorhaben auf ernsthafte Schwierigkeiten. Ist es doch beispielsweise alles andere als ausgemacht, dass das derzeit in unseren Breiten favorisierte Modell einer Gemeinschaft aus Vater und Mutter samt ein bis zwei Kindern auch wirklich der ebenfalls von der Bibel favorisierte Entwurf ist.

Maria, Josef und die anderen

Die bekannteste Beziehungsgeschichte zumindest des Neuen Testaments ist mit Sicherheit die des Verhältnisses zwischen Maria und Josef. Obwohl die beiden als irdisches Elternpaar des christlichen Erlösers zu den absoluten Berühmtheiten der Bibel zählen dürften, ist über sie und ihre eigene Familie dennoch relativ wenig bekannt. Nach einem apokryphen, d. h. einem nicht von den Kirchen als Teil der Bibel anerkannten Text hießen Marias Eltern Joachim und Anna, vom Zimmermann Josef ist noch nicht einmal der Name seines Vaters genau bekannt: Nach Matthäus[1] war es entweder ein gewisser Jakob oder nach Lukas[2] ein auch nicht bekannterer Eli. Maria dürfte nach damaligen Gebräuchen ein Teenager gerade jenseits der Pubertät gewesen sein, Josef dagegen war nach einer wiederum apokryphen Überlieferung bereits ein betagter Witwer.

Die Ehe der beiden hatte nicht nur wegen dieses übergroßen Altersunterschiedes nach rein menschlichem Ermessen zunächst keinen sonderlich einfachen Start: Denn welcher Mann, ob nun biblisch oder nicht, würde sich nicht mindestens stark irritiert zeigen, wenn ihm seine Verlobte ohne jede Vorwarnung eröffnete, in ihr reife ein Kind, er aber sei leider nicht der Vater.

Schon hier zeigt sich, dass die Beziehung der irdischen Eltern Jesu keine ganz normale war. Dem zeitgenössischen gesellschaftlichen Standard

---

1. Matthäus 1,16
2. Lukas 3,23

entsprach sie nur in dem Sinn, dass sie monogam war, d. h. Josef war –
wenn man einmal von einer möglichen früheren Ehe absieht – Zeit seines Lebens einzig seiner Maria zugetan und treu. Seine Vorfahren, zu
denen in vorderster Reihe immerhin der König David und der Stammvater Abraham gehören, hatten das bei weitem nicht immer so gehalten. Und sie mussten deswegen noch nicht einmal ein schlechtes Gewissen haben oder wegen ihres Lebenswandels einen Tadel ihres Gottes
Jahwe befürchten.

Im Alten Testament findet sich kein Beleg dafür, dass allein die eheliche
Beziehung zwischen einem einzigen Mann und einer einzigen Frau dem
Willen Gottes entsprechen könnte. Im Gegenteil, wenigstens die frühen Texte der Bibel deuten eher darauf hin, dass in den von ihnen beschriebenen Zeiten und der von ihm beschriebenen Kultur die Vielehe
die Regel war. Zwar finden sich auf ihren Seiten auch Beispiele für mo-
nogame Beziehungen – so nahmen offensichtlich Noah und seine drei
Söhne nur je eine Ehefrau mit auf die Arche[3] –, doch scheint diese Art
der Beschränkung eher die Ausnahme als die Regel gewesen zu sein.
Die biblischen Stammväter waren alles andere als Freunde strenger Reg-
lementierungen ihres Sexuallebens; dem Alten Testament scheint Aus-
schließlichkeit bei der Gemeinschaft von Tisch und Bett sogar so fremd
zu sein, dass es nicht einmal ein Wort für die Institution »Ehe« kennt.

Durchschnittliche biblische Patriarchen geboten durchaus über »Harems« von mehreren Frauen, auch wenn sie es in der Regel nicht ganz
so wild trieben wie König Salomo, von dem das Alte Testament freimü-
tig sagt: »Er besaß siebenhundert fürstliche Frauen und dreihundert
Nebenfrauen.«[4]
    Auf bedingungslose göttliche Gegenliebe dürfte dieser königliche
Hang zu mehr Abwechslung im Schlafzimmer aber vermutlich nicht
gestoßen sein, denn in den mosaischen Gesetzen findet sich ein eindeutiges Verbot, das der offensichtlich in jeder Beziehung verbreiteten

---

3. Vgl. Genesis 7,13
4. 1 Könige 11,3

Prunksucht vieler jüdischer Könige eigentlich hätte straffe Zügel anlegen müssen: »Auch soll er (der König) sich nicht viele Frauen halten, damit sein Herz nicht abtrünnig werde. Silber und Gold soll er sich nicht allzu viel anhäufen.«[5]

Josefs königlicher Vorfahre David (ca. 1004–965 v. Chr.), der in der Bibel als außergewöhnlich gut aussehend beschrieben wird[6] und den wir ja schon in seiner heißblütigen Affäre mit der so unbefangen badenden Bathseba erlebt haben, vermied zwar weitgehend die promisken salomonischen Übertreibungen, auch er kam jedoch mit einer einzigen Frau bei weitem nicht aus. Neben seiner ersten Frau Michal, mit der ihn ein ihn jeder Hinsicht wechselvolles Verhältnis verband, die sein manchmal mehr als nur etwas exaltiertes Wesen verachtete und deren Ehe denn auch kinderlos blieb, heiratete er später in Hebron sechs weitere Frauen, mit denen er je einen Sohn zeugte. Aber selbst das genügte ihm nicht lange. Parallel mit seinem Aufstieg zum von Jahwe eingesetzten König über ganz Israel vergrößerte er auch seine Familie: »In Jerusalem nahm David sich noch weitere Nebenfrauen und Frauen, nachdem er von Hebron dorthin gekommen war. So wurden dem David noch mehr Söhne und Töchter geboren.«[7]

David, dem es gelang, sich nicht nur einen bleibenden Namen als Herrscher und Einiger Israels zu verschaffen, sondern der zusätzlich ebenso als Künstler, Sänger, Tänzer und Dichter zu anhaltendem Ruhm gelangte, war eben nicht zuletzt auch »der große Frauenheld, den die Frauen Israels umjubelten«, wie die jüdische Theologin Ruth Lapide mit einem gewissen Augenzwinkern feststellt. Und gerade auch in dieser Funktion hatte er ganz offiziell und in höchstem Auftrag wie jeder andere Jude eine eindeutig definierte Aufgabe zu erfüllen: Er hatte ganz archaisch als Mann dafür zu sorgen, dass die Sippe, der Stamm und das Volk erhalten blieben und an Zahl nach Möglichkeit noch zunahmen.

---

5. Deuteronomium 17,17
6. Das 1. Buch Samuel (16,12) sagt von ihm: »Er hatte eine rötlich-braune Haut, schöne Augen und eine prächtige Gestalt.«
7. 2 Samuel 5,13

Diesem Ziel diente auch eine andere Regelung jener Zeit. Sie verschaffte den Männern Israels neben der Vielehe noch eine weitere Möglichkeit, ihre Sexualität auszuleben und ihr Erbgut weiterzugeben. Sie sah ganz ohne negative Bewertungen sexuelle Beziehungen zwischen dem Herrn und seinem weiblichen Gesinde vor.

Beschrieben wird diese Praxis unter anderem in der Darstellung des Lebens Abrahams und damit eines weiteren renommierten Ahnen Josefs. Als es den Anschein hatte, als würde seine Ehe mit seiner Frau Sara kinderlos bleiben, war sogar sie selbst es, die ihn zu ihrer ägyptischen Dienerin Hagar schickte, damit sie in stellvertretendem Verkehr mit ihrem Mann schwanger würde.

Ähnlich erging es Jakob, der mit den beiden Schwestern Rachel und Lea gleichzeitig verheiratet war und der in diesem emotional offenbar höchst explosiven Dreieck anscheinend permanent mit Eifersuchtsproblemen zu kämpfen hatte. Als Lea gleich mehrfach von ihrem Mann zur Mutter gemacht wurde, Rachel aber kinderlos blieb, forderte sie von ihm resolut: »Gib mir Kinder! Wenn nicht, so sterbe ich!«[8]

In nüchterner Einschätzung der Dinge sah Jakob sich dazu nicht in der Lage, da von ihm hellsichtig erkannt worden war, dass Gott selbst Rachel den Nachwuchs versagt hatte. Für Rachel ist das jedoch kein Grund, vorzeitig aufzugeben. Sie reagiert auf die Ohnmachtserklärung ihres Mannes wie vor ihr bereits Abrahams Frau Sara, indem sie ihrem Mann einen für heutige Ohren überaus barsch klingenden Marschbefehl gibt: »»Da hast du meine Magd Bilha. Gehe zu ihr, damit sie auf meinen Knien gebäre und auch ich durch sie zu Kindern komme.‹ So gab sie ihm ihre Magd Bilha zur Frau, und Jakob wohnte ihr bei. Es empfing Bilha und gebar Jakob einen Sohn. Da sprach Rachel: ›Gott hat mir Recht verschafft, indem er auf meine Stimme gehört und mir einen Sohn geschenkt hat.‹«[9]

Doch damit nicht genug. Nachdem Bilha nochmals schwanger geworden war, nun aber bei Lea anscheinend kein Kindersegen mehr ins

---

8. Genesis 30,1
9. Genesis 30,3ff.

Haus zu stehen schien, reagierte die wie zuvor ihre Schwester. »Sie nahm ihre Magd Silpa und gab sie Jakob zur Frau. Silpa, die Magd Leas, gebar einen Sohn. Da sprach Lea: ›Glück auf!‹«[10]

Bei diesem verbalen Triumph sollte es nicht bleiben. Offensichtlich wiederum unter tätiger Kuppelei Leas bekam Silpa wie vor ihr schon Bilha ebenfalls noch einen zweiten Sohn, was zwischen Rachel und Lea einen gewissen Gleichstand herstellte.

Merkwürdig wirkt bei dieser himmlisch-irdischen Geburtenplanung aus heutiger männlicher Perspektive vor allem eines: Jakob selbst scheint verblüffenderweise bei dieser von seinen Frauen aktiv betriebenen Verkehrsregelung nicht viel mehr fungiert zu haben als ein weithin willenloser Samenspender. Diese Rolle behält er auch in einer weiteren Geschichte dieses Genesiskapitels bei.

In ihr streiten sich Rachel und Lea um ein paar Liebesäpfel, die in anderen Bibelübersetzungen auch als geheimnisvolle »Liebeszauberfrüchte« auftauchen. Sie schließen einen merkwürdigen Handel ab: Rachel bekommt die Liebesäpfel, dafür erhält Lea das Recht, in der folgenden Nacht mit Jakob zu schlafen. Er selbst wird wiederum gar nicht erst gefragt, ihm wird die Abmachung seiner beiden ehelichen Dominas nur mitgeteilt.

Nicht nur mit diesen wenigen Beispielen belegt die Bibel, dass es im Israel des Alten Testaments über lange Zeitperioden durchaus üblich war, von den Mägden in einem Haushalt weit mehr als nur dienstliche Hingabe zu verlangen. Besondere Rechte durften die Dienerinnen daraus allerdings nicht im Mindesten ableiten, noch nicht einmal ihr eigener Nachwuchs wurde ihnen zugesprochen. Die vom Hausherrn gezeugten Kinder einer Magd wurden als die ehelichen Kinder der Ehefrau betrachtet, was aus heutiger Sicht wie eine archaische Vorform moderner Miet- oder Leihmutterschaft wirkt.

Die Begründung für diese unserem heutigen Begriff von Menschenwürde und Frauenrechten klar widersprechende Verfahrensweise ist indes ein-

---

10. Genesis 30,9ff.

fach. Die bereits erwähnte Lustfreundlichkeit biblischer Autoren durchaus eingeräumt, standen die Beziehungen dieser Zeit dennoch vor allem unter dem Primat der Fortpflanzung, das direkt aus dem göttlichen Gebot abgeleitet wurde, fruchtbar zu sein, sich zu vermehren und sich die Erde untertan zu machen. Mit anderen Worten, eine Ehe ohne Nachwuchs hatte ihren eigentlichen Zweck verfehlt. Um ihn zu erfüllen, kannte man auch die so genannte Levirats- oder Schwagerehe, die den sie verweigernden Onan auf göttlichen Beschluss letztendlich das Leben kostete. Bei ihr war ein Mann verpflichtet, die Frau seines verstorbenen Bruders zu heiraten, wenn der ohne Erben dahingeschieden war. Der erstgeborene Sohn aus einer solchen Verbindung wurde dann mittels einer Art postmortalen Zeugungswunders dem Toten und seiner Ehe zugerechnet.

Trotz ihrer tatsächlichen oder scheinbaren Vorteile für den zahlenmäßigen Bestandserhalt eines von seinen Nachbarn separierten Volkes waren die Nachteile der Polygamie und des Konkubinats langfristig aber dennoch kaum zu übersehen. Das alltägliche Problem der Eifersucht dürfte beispielsweise auch dem auserwählten Volk ebenso wenig fremd geblieben sein wie die immer wieder auftauchenden Schwierigkeiten in der Erbfolge. Die Kosten-/Nutzenrechnung der Vielfachbeziehungen war alles andere als eindeutig. Und so waren es denn auch kaum nachhaltige ethische Bedenken, die zu einer schrittweisen Veränderung führten. Bis zur Zeit Jesu hatte sich die Monogamie weitgehend aus praktischen Gründen durchgesetzt, was im Endeffekt glücklicherweise sicherstellte, dass auch der Messias-Pflegevater Josef keinerlei Parallelbeziehungen einging und zumindest während seiner Ehe keiner anderen Partnerin als seiner Maria ergeben, zugetan und treu war.

Ein biblisches Plädoyer für die eine oder andere Eheform, etwa als eindeutiges Votum für die Einehe bei gleichzeitiger Ablehnung der Polygamie, lässt sich daraus jedoch keineswegs herauslesen. Eher scheinen ganz einfach der Pragmatismus und eine simple Güterabwägung gesiegt zu haben. Das Autorenpaar Haag/Elliger konstatiert denn auch nüchtern, dass sich die Monogamie nicht auf ein göttliches Gebot berufen kann: »Sie ist genauso wie die Polygamie das Ergebnis einer zeitbedingten

Entwicklung und lässt sich auch nicht aus dem Wesen des Menschen begründen. Mit der menschlichen Natur sind sowohl die Monogamie als auch die Polygamie und die Polyandrie vereinbar.«[11]

Dieser Meinung war man wohl auch im Mittelalter. Während die frühen Christen sich in den Kerngebieten des Römischen Reiches sehr zur Freude der Kirche stets mit nur einem Partner begnügt hatten, sah man in den namentlich von keltischen oder germanischen Traditionen geprägten Außenbezirken des Imperiums die Dinge noch lange weit weniger eng. Die Germanen kannten beispielsweise unterschiedlich abgestufte Ehemodelle, von denen das unterste, die meist zwischen einem gesellschaftlich hoch stehenden Mann und einer ihm sozial weit unterlegenen Partnerin geschlossene »Friedelehe« nicht viel mehr als ein mit einem freundlichen Etikett versehenes Konkubinat war.

In den Herrscherhäusern, in denen man dazu neigte, bei etwaigen Zweifeln an der Gottgefälligkeit der Vielzahl der Verhältnisse auf die lockeren Sitten der alttestamentarischen Könige zu verweisen, folgte man nur eher selten dem offiziellen Wunsch der Kirche, sich doch mit einer auf Dauer angelegten Zweierbeziehung zu begnügen. Dies fiel umso leichter, als auch viele Geistliche einschließlich einer großen Zahl von Bischöfen und Äbten »in dieser oder jener Form sexuell aktiv« waren, wie die Historikerin Leah Otis-Cour schreibt. Ihr fällt es augenscheinlich nicht sonderlich schwer, Beispiele für die Missachtung des kirchlichen Werbens für die Monogamie zu finden. »Vor allem die Wikinger waren bekannt für ihre Sitte, mehr als eine Frau zu haben – die berühmte Ehe ›more Danico‹; noch im 11. Jahrhundert hatte Harald der Strenge, König von Norwegen, zwei Frauen. Auch in den osteuropäischen Gebieten wie zum Beispiel in Pommern erfreute sich die Vielweiberei unter den Mächtigen bis ins 12. Jahrhundert hinein großer Beliebtheit. Ladislaus IV. (genannt: der Kumane), der 1272 ungarischer König wurde, brachte seine drei Frauen ›in Kunscher Manier‹ mit, sehr zum Verdruss seiner westlichen Frau Isabella von Anjou.«[12]

---

11. Herbert Haag/Katharina Elliger, a. a. O., S. 232f.
12. Leah Otis-Cour, a. a. O., S. 56f.

Weiter südlich und weiter westlich gebärdete man sich in Palästen und Pfalzen eher nach dem Muster moderner Stars aus Popmusik und Filmgeschäft: Man lebte und liebte nicht gerade polygam, wusste sich aber dennoch die offensichtlich ebenso aus politischen wie aus privaten Gründen dringend benötigte Abwechslung zu verschaffen. Leah Otis-Cour listet nüchtern auf: »Der karolingische König Pippin der Kleine, dessen Vater und Großvater jeweils zwei Frauen und mindestens eine Geliebte gehabt hatten, zog es vor, eine Art sequentieller Monogamie zu praktizieren, das heißt, er beschied sich mit einer offiziellen Ehefrau – vermutlich um die Kirche, auf deren politische Rückendeckung er angewiesen war, zufrieden zu stellen. Auch Karl der Große beschränkte sich auf nur eine Frau (war allerdings insgesamt mindestens viermal verheiratet); er zögerte nicht, eine Ehe aufzulösen, wenn es ihm behagte, unterhielt zwischen seinen Ehen und nach der letzten mindestens sechs Konkubinen und zeugte eine große Zahl unehelicher Kinder.«[13]

Die katholische Kirche, der dieser nicht unbedingt enthaltsam zu nennende Lebenswandel wohl kaum verborgen bleiben konnte, verehrt ihn in realpolitischer Güterabwägung dennoch als einen ihrer Heiligen. Zwar hatte Papst Alexander III., der mit dem deutschen Kaiser im Streit lag, die von Friedrich Barbarossa gewünschte Heiligsprechung zunächst abgelehnt, durch den von diesem Kaiser unterstützten Gegenpapst Paschalis III. war sie dann aber doch erfolgt, zudem wurde Karl der Große später auch höchst offiziell als ›beatus‹ eingestuft. Ausschlaggebend waren dabei allerdings wohl weniger sein Eheleben als vielmehr seine teilweise auch höchst blutigen Leistungen bei der Verbreitung des Christentums und seine Stellung als einer der faktischen Lenker der Kirche: Am Weihnachtsfest des Jahres 800 war, so wird zumindest überliefert, selbst seine eigene Kaiserkrönung ja nur durch den Papst erfolgt, weil Papst Leo III. ganz einfach den schnelleren Zugriff auf die Krone gehabt hatte. Ursprünglich war es Karls Absicht gewesen, sie sich eigenhändig aufs Haupt zu setzen.

Eine strenge Gegenposition zu diesen eher sinnenfrohen mittelalterlichen Bräuchen nahmen die Katharer ein, eine vor allem im Süden Frankreichs,

---

13. Leah Otis-Cour, a. a. O., S. 57

aber auch in Italien, im Rheinland und in manchen Gegenden Skandinaviens verbreitete religiöse Bewegung des 11. bis 14. Jahrhunderts, deren Name sich vom griechischen Wort ›katharos‹ (rein) ableitet, dem wir in einer weiteren Ableitung aber auch den Begriff ›Ketzer‹ verdanken. Sie sahen sich selbst trotz ihrer Ablehnung der Sakramente und des Kreuzes, das sie als »Mordwaffe« bezeichneten, als die ›wahren Christen‹, die katholische Kirche nahmen sie nur als eine von Verbrechern geleitete Vereinigung von Verrätern wahr: eine Betrachtungsweise der Wirklichkeit, die besonders in den damaligen und alles andere als ruhigen Zeiten nicht gerade ein langes und friedvolles Leben auf Erden garantierte.

Die Katharer wurden denn auch aus politischen und religiösen Gründen gleichermaßen vom französischen König wie vom römischen Papst grausam verfolgt und in insgesamt drei Kreuzzügen physisch nahezu ausgerottet. Die Ruinen ihrer als letzte Fluchtburgen auf steilen Felsen angelegten Festungen sind für das Landschaftsbild weiter Teile des französischen Pyrenäenvorlandes bis heute bestimmend.

Wesentlich für den Glauben der Katharer ist, dass sie ähnlich wie die Manichäer und die Gnostiker vor ihnen eine starre Trennungslinie zwischen dem Guten und dem Bösen zogen. Auf der hellen Seite stand für sie der göttliche Vater des Geistes und des Lichtes, dem als Gegner ein Fürst der Finsternis gegenüberstand, der alles Irdische geschaffen hatte. Die Seele gehörte nach diesem Modell dem guten Gott und der Sphäre des Geistes, der Leib war entsprechend Teil des Bösen.

Das Alte Testament, in dem die Erschaffung dieser bösen Welt beschrieben wird, lehnten die Katharer ab, das Neue Testament hingegen bildete für sie den Kern ihrer Theologie und ihrer Liturgie, wenn ihre höchsten Mitglieder, die »Perfecti«, es auch häufig in einer Art und Weise auslegten, die mit den von Rom und der offiziellen Kirche verkündeten Glaubenssätzen nicht mehr viel gemein hatte.

Da die Katharer die Welt in ihrer irdischen Gestalt als sündhaft und böse ablehnten, war es für sie nur logisch, in diese Ablehnung auch alles einzuschließen, was ihren Fortbestand sichern oder verlängern könnte. Dies gilt besonders natürlich auch für Sexualität, die wie überhaupt der

Körper von ihnen als Teufelswerk verdammt wurde, und die Ehe, in der die Weitergabe menschlichen Lebens ja manifest zu werden pflegt.

Nach katharischer Lehre galt es, jeden sexuellen Verkehr zu vermeiden, da er in seinen Auswirkungen dazu beitrage, die Existenz der schlechten irdischen Schöpfung nur zu verlängern und damit das Leiden zu vergrößern. Konkret wurde jeglicher Geschlechtsakt von den Katharern als Hurerei betrachtet. Noch negativer werteten sie ihn allerdings kurioserweise, wenn er innerhalb einer Ehe vollzogen wurde: Da sie durch den Beischlaf erst vollzogen wurde, war für sie das eheliche, auf Fortpflanzung zielende Sexualleben eine Art öffentlich gemachte Prostitution.

War durch diese Art von Ethik und etwa durch strenge Fasten- und Ernährungsregeln das Leben in katharischen Gemeinschaften ohnehin nicht besonders lustbetont, so verschärfte sich die Situation für Frauen nochmals. Die Leib- und Sexualfeindlichkeit der Katharer bündelte sich bei ihnen in besonderem Maß, – und das auch noch mit biblischer Begründung. Da sie in Gestalt Evas den offensichtlich intellektuell nicht sonderlich beweglichen Adam einst zum Bösen verführten, galten sie als gefährlicher und gleichzeitig gefährdeter als Männer. In der katharischen Konsequenz führte das zu gottesdienstlichen Berührungsverboten nach auch in anderen Religionen präsentem Muster: Zwar konnte eine Frau durchaus in die höchsten Ränge der »Perfecti« aufsteigen, der priesterliche Friedenskuss durfte jedoch nur gleichgeschlechtlich gespendet oder empfangen werden. Als optimale Alternative im Fall der Geschlechtsverschiedenheit wurde erwartet, besagten Kuss auf das von den Katharern besonders geschätzte Johannesevangelium zu drücken und dieses dann weiterzugeben.

Die sich so abzeichnende Diskriminierung von Frauen hörte bei den Katharern schließlich noch nicht einmal mit dem Tod auf. Sie dachten sich die Seele als grundsätzlich männlich, was im Fall einer verstorbenen »Perfecta« ein gewisses theologisches Problem aufwarf. Gelöst wurde es verhältnismäßig simpel: Nach dem Ableben ihrer Trägerin und dem Verlassen ihres irdischen Leibes wechselte die Seele einfach das Geschlecht. Die gottgewollte Ordnung in geistigen Sphären war damit wiederhergestellt.

Muslimische Möglichkeiten

Spätestens seit tausendundeiner Nacht scheint es für belesene Bewohner des Abendland festzustehen:

Der Islam ist keineswegs eine so lustlose Religion, wie es der Anblick von Kopf bis Fuß nahezu nahtlos verhüllter muslimischer Frauen manchmal nahezulegen scheint. Im Gegenteil: Der arabische Harem wird in dieser literarisch gelenkten Sicht beinahe zu einem ehelich lizenzierten Eros-Center für potente Potentaten und gut bestallte Bürgerliche. Während das Christentum seine Gläubigen zur Treue in stren-

Männerträume von orientalischen Verlockungen: Die polygame Welt Arabiens fasziniert das Abendland seit Jahrhunderten (Jean-Auguste-Dominique Ingres: Das türkische Bad; 1862; Öl auf Leinwand und Holz; Louvre, Paris).

ger Einehe anhält und den Sex im Ehebett zumindest in seiner römischen Variante an die ungehinderte Fortpflanzung koppelt, ist den Anhängern Allahs weit mehr Abwechslung erlaubt. Womit zudem die promisken Perspektiven nicht einmal ausgeschöpft wären: Gute irdische Führung vorausgesetzt, werden die muslimischen Männer dereinst im Paradies von ebenso willigen wie bezaubernden Jungfrauen nur so bestürmt werden. Auf christliche Gerechte warten im Jenseits in seiner karg durchgeistigten Version dagegen nur fortgesetztes Frohlocken und Hosianna-Gesang bis zum göttlich-gnädigen Abwinken.

In der Tat: Anders als im Christentum, in dem die Monogamie mittlerweile zum festen Grundbestand an moralischen Werten gehört, gestattet der Islam das gleichzeitige Eingehen einer Ehe mit mehreren Frauen. Denen wird dieses Recht andererseits aber nicht zugestanden: Polyandrie, d. h. die gleichzeitige Ehe mehrerer Männer mit nur einer Frau, gibt es im Islam nicht.

Die vierte Sure des Koran gewährt den Muslimen das Recht auf die parallele Ehe mit bis zu vier Partnerinnen; darüber hinaus erlaubt er zusätzlich Verhältnisse mit einer beliebig großen Anzahl von Sklavinnen. Schon die mit diesem letzten Punkt eröffnete Möglichkeit legt die Vermutung nahe, dass es sich bei der islamischen Polygamie eher um ein historisches als um ein aktuelles Phänomen handeln könnte, und für die Richtigkeit dieser Vermutung gibt es tatsächlich Anzeichen. Die Vielehe erscheint heute in islamischen Staaten eher als ein Auslaufmodell als das Maß aller gesellschaftspolitischen Dinge. Zumindest in der Türkei und in Tunesien ist sie sogar gesetzlich verboten.

Der Prophet Muhammad selbst lebte zunächst streng monogam; seiner – wesentlich älteren – Frau Chadidscha war er treu, solange sie lebte. Mehrere Ehefrauen nahm er sich erst nach ihrem Tod, ging dann allerdings auch gleich in der Zahl seiner Ehen um das Mehrfache über das erlaubte Normalmaß hinaus: Eine Verurteilung musste er dafür nicht befürchten, nach muslimischer Auffassung besaß er für die überproportionale Vergrößerung seines Haushaltes eine göttliche Sondergenehmigung.

Durchschnittliche Muslime werden dagegen vom Willen Allahs eher nach unten justiert. Eine Einschränkung der Beziehungszahl, nach der im Extremfall sogar nicht mehr als eine Ehe erlaubt ist und die die drei- bis vierstelligen Gattinnenzahlen mancher biblischer Könige als außerhalb jeglicher Vorstellung erscheinen lässt, wird im Koran bereits an derselben Stelle ausgesprochen, an der die Vielehe grundsätzlich erlaubt wird. Dort heißt es offensichtlich ebenso unter dem Einfluss sozialer Bedenken wie unter Einfühlung in weibliche Befindlichkeiten: »Heiratet von den Frauen, soviel euch beliebt: zwei, drei oder vier. Fürchtet ihr aber, (so viele Frauen) nicht gerecht zu behandeln, dann nur eine.«[14]

---

14. Sure 4,3

Im Westen weit weniger bekannt als die durch die arabischen Harems samt der ihre Insassinnen bewachenden Eunuchen zu einer gewissen folkloristischen Berühmtheit gelangten Mehrehe ist eine zweite Form legaler muslimischer Beziehungen, die so genannte »Mutâ-« oder »Genussehe«. Diese Sonderform der Ehe, die bei weitem nicht von allen Muslimen anerkannt wird und die viele sogar als eine nur geschönte Abart der Prostitution verurteilen, ist anders als die auf unbegrenzte Dauer angelegte Normalehe gewissermaßen eine Ehe auf Zeit.

Gedacht ist sie zur Erfüllung männlicher Bedürfnisse – auch hier fehlt wieder die weibliche Perspektive! – bei längerer Abwesenheit von zu Hause. Für das Eingehen einer Mutâ-Ehe ist ein mündlicher, vor Zeugen abgeschlossener Ehevertrag nötig; sie kann sich auf eine Frist zwischen drei Tagen und mehreren Jahren erstrecken. Der Frau, die bei Abschluss des Vertrages unverheiratet und »ehrbar« sein muss, gebührt eine finanzielle Zuwendung für die Zeit dieser Ehe, der Mann muss während der Zeit des Verhältnisses für ihren Unterhalt aufkommen und ihr zudem Wohnraum zur Verfügung stellen. Die Genussehe endet nach Ablauf des Vertrages, sie kann aber durch einen erneuten Kontrakt verlängert werden. Gehen aus dieser Verbindung Kinder hervor, gelten sie als ehelich und sind den übrigen Kindern gleichgestellt.

Allein schon der Begriff der »*Genuss*ehe« legt nahe, dass dem Islam eine Verurteilung der Sexualität und ihrer Freuden fern liegt. Diese Vermutung drängt sich ebenfalls auf, wenn der Blick auf die versprochenen Belohnungen des Paradieses gerichtet wird: Die Versprechung für die Männer, dort auf »Huris«, die berühmten Paradiesjungfrauen zu treffen, deutet zumindest in diesem Punkt und bei aller gebotenen Zurückhaltung doch eher auf leibliche als auf rein geistige Freuden hin. In ihr drückt sich im Übrigen aber auch das Menschenbild des Islam aus, das im Diesseits wie im Jenseits keine Trennung von Leib und Seele kennt.

Der Islam würdigt ausdrücklich die Rolle der Sexualität in der Ehe. So heißt es in einem aus feministischer Sicht wohl eher wenig geschätzten Bild der zweiten Sure: »Eure Frauen sind eure Ackerfelder, geht zu euren Ackerfeldern, wie es euch beliebt.«[15] Während in diesen Worten

---

15. Sure 2,223

noch allein aus männlicher Perspektive die ehelichen Pflichten benannt werden, stellt ein anderer Text die Geschlechtergleichheit wenigstens in Fragen des ehelichen Verkehrs wieder her. Nach islamischen, in allgemein anerkannten Überlieferungen niedergelegten Lehren ist es weder dem Mann noch der Frau in der Ehe erlaubt, sich ihrem Partner ohne Grund zu verweigern.

Der Grund für diese Vorschrift ist darin zu sehen, dass nach Ansicht des Islam, der sich in diesem Punkt etwa vom deutschen Grundgesetz nicht unterscheidet, die Ehe die zentrale und schutzwürdige Einrichtung der Gesellschaft darstellt. Sexualität außerhalb der Ehe ist, wenn man von solchen Spitzfindigkeiten wie der Genussehe einmal absieht, absolut verboten, weil sie die Stabilität der Ehen unterhöhlen würde. Würde es nun aber einem der beiden Partner auf Dauer verwehrt, seine sexuelle Befriedigung innerhalb der Ehe zu finden, vergrößerte das die Gefahr außerehelicher Kontakte und damit des Scheiterns der Ehe.

Am Bild des lustbetonten Orientalen, dem von Allah mit Harem und Mutâ-Ehe mehr Möglichkeiten zum Ausleben seiner Sexualität eingeräumt wurden, als sie etwa Christen besitzen, sind also Korrekturen vorzunehmen. Der Islamwissenschaftler Josef van Ess erkennt denn auch unter dem Halbmond bestenfalls vielleicht andere, aber keine größere sexuellen Freiheiten als im christlichen Abendland: »Der Muslim erlebt Sexualität nicht als Privileg des ›mündigen Bürgers‹; darum ist er heutzutage prüder als der Europäer. Jedoch erwächst diese Prüderie nicht aus Schuldgefühlen; sie bedeutet vielmehr, dass man den Anteil an der Welt, den Gott gewährt, nicht vergrößern darf. Diesen Anteil allerdings soll man guten Gewissens genießen; Abkehr von der Welt wäre genauso falsch. Das Ideal ist nicht der Mönch, sondern der Verheiratete; ein religiöser Würdenträger, der nicht verheiratet ist, würde großes Aufsehen erregen. Singles sind im Islam vorläufig noch nicht gefragt.«[16] Inwieweit sich zumindest Letzteres in der Zukunft ändern wird, ist eine noch offene Frage. Auch der Islam ist kein monolithischer Block:

16. Josef van Ess: Die leibseelische Einheit des Menschen. In: Hans Küng / Josef van Ess: Christentum und Weltreligionen, Islam. München 1994, S. 121

Schon lange lebt ja die Mehrheit der Muslime nicht mehr in Arabiens Wüsten. Bereits heute gibt es in Südostasien, wo verschleierte Frauen im Straßenbild weitgehend unbekannt sind, mit weit über 100 Millionen Menschen mehr als dreimal so viele Muslime wie in den arabischen Ländern. Zunehmendes Gewicht bekommt auch der »Euro-Islam«, der sich mit den säkularen und christlichen Traditionen namentlich Frankreichs, Englands und Deutschlands auseinander setzen muss. Auch bei einer so statisch erscheinenden Religion wie dem Islam, die sich einer kritischen Exegese ihrer Texte kaum öffnet, darf man also auf Veränderungen gespannt sein. Eine breitflächige Renaissance polygamer Harems ist allerdings wenig wahrscheinlich.

Benten: Die Göttin der Herzen

Die shintoistische Göttin Benten oder Benzai-ten ist eine der sieben japanischen Glücksgötter. Als Einzige von ihnen ist sie weiblichen Geschlechts und sie stellt für Japan in etwa das dar, was die liebreizende Venus für die Römer oder die wiederum mit der syrischen Astarte verwandte Aphrodite für die Griechen ist: eine Göttin der Schönheit und der Liebe. Ebenso wie Letztere, die dem Schaum (griech.: aphros) des Meeres entsprungen sein soll, gilt auch Benten als dem Wasser sehr verbunden. Viele ihrer Tempel und Schreine sind von Teichen umgeben oder stehen an Ufern, an denen die intime Verbindung von Land und Meer eine ganz besondere Atmosphäre schafft. In dieser Idylle eines ihrer Heiligtümer nimmt denn auch die Geschichte ihren Anfang, nach der Benten zwei Liebende zueinander führt, die sich ohne ihre Hilfe vermutlich nie gefunden hätten. Baishu, ein allem Anschein nach des Alleinseins müder junger Mann, hat gerade in der japanischen Kaiserstadt Kyoto einen Tempel der Göttin besucht, als ihm der Wind ein Blatt Papier vor die Füße weht. Darauf findet er ein von einer Frau verfasstes, romantisches Liebesgedicht, in dessen Zeilen er eine verwandte Seele zu erkennen glaubt. Der ebenso einsame wie sensible Baishu ist glücklich: Er freut sich nicht nur an den gefühlvollen Versen, sondern er meint gleichzeitig, den

zielgenauen Flug des Blattes als sicheres Zeichen der von ihm ange-
rufenen Göttin deuten zu können, seine Liebesnöte zu beheben. Voll
himmlischen Vertrauens macht er sich sofort daran, die unbekannte
Poetin zunächst zu finden und dann umgehend zu seiner Frau zu
machen. Langes Zögern ist seine Sache offensichtlich nicht.
Sechs Tage lang geschieht allerdings zunächst nichts. Am siebten
Tag aber kommen ein Greis und ein junger Mann zu ihm, die von
einem zauberhaften jungen Mädchen begleitet werden. Baishu meint
sofort, in ihr die gesuchte Geliebte zu erkennen, und schon bald
kommt es, wie es in jedem auch nur einigermaßen romantischen
Märchen kommen muss. Baishu und seine neue Bekanntschaft füh-
len sich wie füreinander geschaffen, die Liebe zwischen ihnen lo-
dert auf, und ohne langes Warten wird – gewissermaßen im Vertrauen auf die verlässliche Vermittlung von höchster Stelle – die Ehe
geschlossen. Die junge Frau zieht in Baishus Haus, und beide sind
geradezu berauscht voneinander. Störungen des jungen Glücks bleiben völlig aus, denn das Verhältnis der beiden ist in einem Punkt
wahrhaft außergewöhnlich: Nur Baishu kann seine Gattin sehen, für
alle anderen ist er nach wie vor einsam und allein.
Diese Situation verändert sich lange nicht, aber dann passiert plötzlich doch etwas. Eines Tages wird Baishu zu einem vornehmen alten
Mann gerufen, der ihn mit der unerwarteten Mitteilung überrascht,
er, Baishu, sei sein zukünftiger Schwiegersohn. Der Alte habe nämlich in Bentens Tempeln lange um die Hilfe der Göttin bei dem Vorhaben gebetet, für seine geliebte und in jeglicher Beziehung wunderbare Tochter einen ihr würdigen Ehemann zu finden. In einem
Traum habe ihm Benten schließlich anvertraut, dass es sich bei dem
gesuchten Mustergatten um niemand anderen als um den jungen
Baishu handele.
Mehr als nur verwirrt will der darauf hinweisen, dass es sich bei der
nächtlichen Offenbarung nur um eine bedauerliche Fehldeutung handeln könne, weil er bereits überaus glücklich verheiratet sei, da be-
tritt die Tochter des alten Herrn den Raum, und schlagartig klärt sich
die Situation: Die junge Frau ist niemand anders als Baishus Gattin.

Da sie sich nun ein zweites Mal gefunden haben, können beide nun endlich auch eine Ehe führen, deren Glück für jedermann sichtbar ist. Benten, so lässt sich diese Legende deuten, hat dieses romantische Happy End gestiftet. Sie hat zwei Liebende zueinander geführt, die sich mit der Seele suchten. Als die beiden – unsichtbaren – Seelen sich begegneten, begann für sie bereits die Seligkeit, vollendet wurde sie jedoch erst, als sich auch ihre Körper fanden.

Nach shintoistischer Auffassung werden die glücklichsten Ehen zweimal geschlossen: zunächst mit göttlicher Hilfe zwischen den Seelen, später dann durch die Vereinigung der leiblichen Menschen. Benten ist auf beiden Ebenen hilfreich – und sie bietet selbst in solchen Fällen Unterstützung, an die frisch Verliebte wohl nur in den seltensten Fällen denken. An sie kann man sich ebenfalls vertrauensvoll wenden, wenn es einmal am Geld fehlen sollte.

Mehret euch?

Eines dürfte klar sein: Bei einem Zeitgenossen Jesu hätte die Frage nach dem Zweck der Ehe sicher einiges Unverständnis ausgelöst. Während bei heutigen Hochzeitspaaren das Begründungsspektrum für den Schritt in die Ehe ausgesprochen breit zu sein scheint und gleichermaßen die Suche nach Erfüllung in einer durchaus nicht nur sexuell verstandenen Liebe ebenso einschließt wie den kruden Wunsch nach Steuerersparnissen durch kreatives Ehegattensplitting, waren um die Zeitenwende der Sinn und Zweck einer Ehe weit enger gefasst. Für Nachwuchs zu sorgen, stand im Vordergrund, was allerdings auch durchaus als religiöse und von göttlichem Segen begleitete Aufgabe betrachtet wurde. »Als religiöses Gebot gilt deshalb der Beischlaf am Sabbat, er ist integrierender Bestandteil der Sabbatfeier. Während in der christlichen Tradition der Beischlaf den Gottesdienst entheiligte (Eheleute hatten sich vor dem Empfang der Eucharistie zu enthalten), wird er im Judentum in den häuslichen Gottesdienst ›eingeheiligt‹.«[17]

---

17. Herbert Haag / Katharina Elliger, a. a. O., S. 238

Das Christentum blieb dagegen lange dabei, in der sexuellen Lust selbst innerhalb der Ehe ein Übel zu sehen, das den Menschen eher von Gott entfernte, als dass es ihm eine neue Ebene liebender Gotteserfahrung ermöglichte. Die Schriften des Kirchenlehrers Augustinus bieten für diese Gedanken ebenso viele Belege wie die Texte anderer Theologen vor ihm und nach ihm, die den Geist preisen und den Leib verdammen. Dass es indes zu diesem Kanon der Lustfeindlichkeit auch deutlich vernehmbare Gegenstimmen gab, macht nicht nur Martin Luthers volkstümliche Vermutung deutlich »in der Woche zwier, schadet weder ihm noch ihr«. Schon vor ihm hatte die mittelalterliche Kirche den Geschlechtsverkehr als legitimen Teil der Ehe selbst in den Fällen anerkannt, in denen er nicht unbedingt der Fortpflanzung diente. Leah Otis-Cour zitiert in diesem Zusammenhang einen Dominikaner namens Bruder Laurence, der als Beichtvater des französischen Königs Philipp III. die deutlichen Worte fand: »Der Ehestand ist so gesund und ehrbar, dass auch, was außerhalb der Ehe Todsünde ist, in der Ehe sündenfrei ist, und nicht nur sündenfrei, sondern ein Wegweiser zu Lohn und ewigem Leben.«[18]

Für die Position der Frau war es dabei nicht unwesentlich, dass auch über die bereits vom Apostel Paulus in seinem Brief an die Korinther konstatierten »ehelichen Pflichten« neu diskutiert wurde. Ihre Erfüllung konnte von beiden Partnern eingeklagt werden, was zumindest in diesem Punkt eine Gleichberechtigung von Mann und Frau bedeutete. Sollte etwa eine Frau die quasi pflichtgemäße Erfüllung ihrer Ansprüche in der Ehe einfordern, so könne das nach Meinung der mittelalterlichen Theologen Raimund von Pennafort und Johannes Teutonicus sogar den Geschlechtsverkehr an einem Feiertag rechtfertigen. Der 1311 gestorbene Johannes von Freiburg ermahnte die Ehemänner sogar, gar nicht erst abzuwarten, bis ihre Frauen den Wunsch nach Sex äußerten: Manchmal seien sie einfach zu schüchtern, um ihren Wunsch nach etwas mehr Aktivität im ehelichen Bett direkt zu äußern![19]

Sollten sie sich dabei überfordert zeigen, wäre das für sie nicht unbedingt günstig: Im Spätmittelalter wurde Frauen verblüffenderweise ein-

---

18. Zitiert nach: Leah Otis-Cour, a. a. O., S. 108
19. Vgl. Leah Otis-Cour, a. a. O., S. 106ff.

geräumt, ihre Ehe wegen der anhaltenden Impotenz ihres Mannes annullieren zu lassen, obwohl Männern bei Unfruchtbarkeit ihrer Ehefrauen ein gleiches Recht nicht zustand. Im Endeffekt heißt das nicht weniger als: Fehlte auf Dauer die Lust in der Ehe, konnte das auch offiziell ihr Ende sein. Fehlte nur der Nachwuchs, bestand sie weiter.

In der Gegenwart sind die Fragen, die bereits das Mittelalter und das frühe Christentum beschäftigten, noch immer nicht ausdiskutiert. Und zwar in allen großen Kirchen.

Obwohl etwa die katholische Kirche in der Pastoralkonstitution Gaudium et Spes (Freude und Hoffnung) des Zweiten Vatikanischen Konzils immerhin unmissverständlich anerkannt hat, dass die Ehe gleichermaßen eine Lebens- und Liebesgemeinschaft sei, die man nicht auf eine reine Reproduktionsfunktion reduzieren dürfe, und der 1993 unter Papst Johannes Paul II. veröffentlichte »Katechismus der katholischen Kirche« sogar offen und sicher zum Missfallen diverser im Jenseits versammelter Kirchenväter feststellt: »Die Geschlechtlichkeit ist eine Quelle der Freude und Lust«[20], tut sich namentlich der höhere Klerus immer noch schwer damit, den Eheleuten die ausschließlich ihrem persönlichen Gewissen verpflichtete Eigenverantwortung für ihr Sexualleben zuzubilligen.

So stellt der Katechismus nur wenige Zeilen nach seinem Lob der ehelichen Lust ebenfalls fest: »Die eheliche Liebe zwischen Mann und Frau steht unter der doppelten Forderung der Treue und der Fruchtbarkeit«[21], und er benennt die Fruchtbarkeit als wesentlicher »Zweck der Ehe«.[22] Wollen sich die ehelichen Partner – aus welchem Grund auch immer – sexuell einmal nur Freude schenken und von der Fortpflanzung zumindest zeitweise einmal absehen, haben sie dafür nach vatikanischer Auffassung auch heute noch nur jene unsicheren Möglichkeiten, die der Katechismus in bürokratischer Umständlichkeit als »die auf Selbstbeobachtung und der Wahl von unfruchtbaren Perioden der Frau be-

---

20. Katechismus der katholischen Kirche, Ziffer 2362
21. Katechismus der katholischen Kirche, Ziffer 2363
22. Katechismus der katholischen Kirche, Ziffer 2366

ruhende Methoden der Empfängnisregelung«[23] beschreibt und die das weniger verklausuliert formulierende Laienvolk wesentlich kürzer unter Knauss-Ogino fasst. Pillen, Pessare und Kondome sind nach höchster Kirchenmeinung auch in Zeiten der Überbevölkerung ganzer Kontinente von Übel, wobei der die päpstliche Enzyklika »Humanae Vitae« zitierende Text in Klarheit und Menschenfreundlichkeit in nichts hinter der Verlautbarung eines deutschen Finanzamtes zurücksteht: So »ist jede Handlung verwerflich, die entweder in Voraussicht oder während des Vollzuges des ehelichen Aktes oder im Anschluss an ihn beim Ablauf seiner natürlichen Auswirkungen darauf abstellt, die Fortpflanzung zu verhindern, sei es als Ziel, sei es als Mittel zum Ziel«[24].

Auch außerhalb der in diesen Dingen besonders strengen katholischen Kirche erweisen sich die Diskussion der Themen Sexualität und Ehe unter Christen und die Formulierung eindeutiger Positionen zu diesem Komplex als ein nicht unbedingt einfaches Unterfangen. So beschloss beispielsweise der Ökumenische Rat der Kirchen zwar schon im Jahr 1998 auf seiner Vollversammlung in Harare, die Beschäftigung mit Fragen der menschlichen Sexualität der »Aufmerksamkeit der Kirchen« zu empfehlen, zu einer gemeinsamen Haltung über Liebe, Lust und Leidenschaften innerhalb wie außerhalb der Ehe ist man seither aber noch keineswegs gekommen.

Auch Jahre später muss die globale Kirchenvereinigung immer noch einräumen, dass es sich beim Thema Sex »um ein sensibles Thema (handelt), das in vielen Kirchen tabuisiert wird«. Zwar tendierten alle Stellungnahmen der Mitgliedskirchen dazu, »Sexualität grundsätzlich als etwas Positives und als ein Geschenk Gottes zu verstehen«[25], die Differenzen, die beispielsweise zwischen den nicht nur in dieser Frage überaus konservativen Orthodoxen und den seit je besonders liberalen und toleranten Protestanten Mittel- und Nordeuropas nach wie vor bestehen, scheinen manchmal jedoch kaum überbrückbar.

---

23. Katechismus der katholischen Kirche, Ziffer 2370
24. Katechismus der katholischen Kirche, Ziffer 2370
25. Erklärung des ÖRK vom 18. Februar 2005

Immerhin spricht sich der deutsche »Evangelische Erwachsenenkatechismus« in seiner zu Beginn dieses Jahrtausends erschienenen Neufassung unmissverständlich für eine Sichtweise aus, die borniertе Beschränkungen außer Acht lässt: »Zu Unrecht werden Sexualität und Glaube vielfach als fern voneinander liegende Dimensionen menschlicher Existenz angesehen. Denn nur aus einer verengten Perspektive des jeweiligen Begriffs kann es so erscheinen.«[26]

In Bezug auf die Ehe betont der Katechismus das Spannungsverhältnis zwischen göttlichem Geschenk und menschlichem Handeln: »Die Ehe ist eine Gabe Gottes, die im Alltag als Aufgabe angenommen werden will. Sie ist eine Lebensform, die dem gemeinsamen Leben und der Liebe Halt und Gestalt gibt, zugleich in lebendiger Übernahme immer wieder neu gewonnen werden muss, damit sie nicht zur starren Hülse wird.«[27]

Während auf katholischer Seite schon Pillen und Kondome als Mittel zur sündhaften Unterwanderung göttlichen Willens gebrandmarkt werden, können die evangelischen Katechismus-Verfasser in einer solcherart praktizierten Familienplanung ihrerseits kein Problem erkennen. Sie gehen sogar noch einen Schritt weiter und definieren die kirchliche Aufgabe im Fall von Schwangerschaftskonflikten in einer Art und Weise, die wenig Ähnlichkeiten mit den trockenen Kodifizierungen des katholischen Gegenstücks erkennen lässt: »Der Schwangerschaftskonflikt kann die Betroffenen in eine Situation bringen, die sie, so oder anders, zur Übernahme persönlicher Schuld zwingt. Nach einer Abtreibung können sich – manchmal erst nach geraumer Zeit – Gefühle der Trauer, der Schuld, des Versagens einstellen. Neben psychologischen Hilfen ist hier auch die kirchliche Seelsorge gefragt. Sie kann und soll sensibel begleiten und die Erfahrung der Vergebung wie des Neuanfangs erschließen.«[28] Verglichen mit der aus Rom verordneten und überaus rigiden Haltung der katholischen Kirche in Fragen der Schwangerschaftskon-

---

26. Evangelischer Erwachsenenkatechismus: glauben – erkennen – leben; herausgegeben im Auftrag der Vereinigten Evangelisch-Lutherischen Kirche Deutschlands VELKD, 6., völlig neu bearbeitete Auflage, Gütersloh 2000, S. 303
27. Evangelischer Erwachsenenkatechismus, a. a. O., S. 283
28. Evangelischer Erwachsenenkatechismus, a. a. O., S. 307

fliktberatung zeigt sich hier trotz einer klaren Entscheidung für das Leben ebenso eine deutliche Ausrichtung auf den gleichermaßen leidenden wie unvollkommenen Menschen: ›Nach Martin Luther bedeutet das 5. Gebot, ›dass wir unserem Nachbarn an seinem Leibe keinen Schaden noch Leid tun, sondern ihm helfen und beistehen in allen Nöten‹ (Kleiner Katechismus). In diesem Sinne verstehen sich Christen als Anwälte des Lebens, das Gott uns schenkt.«[29]

Gerade bei den meisten mit der Ehe zusammenhängenden Fragen erweist es sich als ein aussichtsloses Unterfangen, die Bibel zum Kronzeugen in sexualethischen Fragen machen zu wollen. Aus ihr bindende Stellungnahmen für oder gegen bestimmte Entwicklungen im menschlichen Sexualverhalten herauszulesen, ist im besten Fall unseriös, wenn nicht sogar gleich zu vermuten ist, dass politische oder theologische Sonderinteressen die Feder führten.

In der Analogie gilt diese Feststellung auch für alle anderen Religionen. Auch deren Positionen sind in der zeitlichen Perspektive und bei der Vielzahl der möglichen Themen bei weitem nicht so fest und eindeutig, wie es zunächst erscheinen mag und wie manche religiösen Würdenträger es zudem gern hätten. Vermutlich ist es allein der Ehebruch, der ohne Ausnahme überall abgelehnt wird; schon bei der Ehescheidung, der wir uns abschließend zuwenden wollen, ist das Bild weit differenzierter.

Was Gott verbunden hat ...

Eigentlich war es ja nicht mehr als eine Familienaffäre. Eine Familienaffäre mit weit reichenden Folgen allerdings. Sie sollte den Gang der Weltgeschichte nachhaltig verändern.

Begonnen hatte alles ziemlich unspektakulär. Ein Ehemann wartete sehnlichst auf einen männlichen Erben, den ihm seine Ehefrau aber offensichtlich auch nach diversen Ehejahren nicht schenken konnte. Zwar

---

29. Evangelischer Erwachsenenkatechismus, a. a. O., S. 307

mochte bei beiden Partnern einst durchaus Liebe zum Hochzeitswunsch geführt haben, wesentlich wichtiger für die Hochzeit dürfte aber gewesen sein, dass der Vater des Bräutigams sich die stattliche Mitgift der Braut nicht entgehen lassen wollte. Überdies war der Ehemann seiner angetrauten Gattin fast gewohnheitsmäßig untreu: Eine Trennung lag also nahe.

Schwierigkeiten gab es dennoch, denn gegen eine Auflösung der Ehe war nicht nur die Ehefrau, gegen sie wehrte sich unter anderem auch deren Neffe. Im Prinzip wäre das zwar noch nicht unbedingt schlimm gewesen, doch wir befinden uns im 16. Jahrhundert, das zu scheidende Paar ist immerhin König und Königin von England, und der angesprochene Neffe regiert als Kaiser das Heilige Römische Reich. Ihre Namen: Heinrich VIII., Katharina von Aragon und Karl V.

Das private Pech Heinrichs VIII. (1491–1547) war im Grundsatz das Unglück einer zu frühen Geburt. In der Gegenwart würde ihn eine Aufeinanderfolge von sechs Ehen vermutlich noch nicht einmal für hohe Staatsämter disqualifizieren, in seiner Zeit sah die Situation für ihn allerdings noch anders aus. Und das trotz kaum zu bestreitender Qualitäten, die er durchaus besaß.

So war er beispielsweise nicht nur jener ebenso ungehobelte wie gewissenlose Macho, als der er über Jahrhunderte weiten Kreisen im Gedächtnis geblieben ist, sondern beim Studium seiner Biografie zeigt er sich eher als ein gebildeter Mann und begabter Politiker. Er sprach mehrere Sprachen, wechselte Briefe mit den Geistesgrößen seiner Zeit und komponierte sogar Musikstücke für den Hofgebrauch. Er tanzte gern, ging regelmäßig zur Jagd und war – zumindest in jüngeren Jahren – überaus sportlich: Er spielte eine Art Tennis und huldigte offenbar selbst einer frühen Vorform des Fußballs: Jedenfalls soll sich eine Rechnung für entsprechende Sportschuhe erhalten haben.

Katharina von Aragon (1485–1536) erschien gegen diese raumgreifende Expressivität weit zurückhaltender. Die spanische Prinzessin war sechs Jahre älter als Heinrich, und eigentlich hatte sie 1501 bereits dessen älteren Bruder Arthur geheiratet, den Prinzen von Wales. Diese Ehe stand jedoch unter keinem guten Stern, bereits wenige Monate nach der Hochzeit fiel Arthur einer Krankheit zum Opfer.

Gewissermaßen um ihren Wert auf dem Heiratsmarkt zu erhalten und überhaupt eine eigentlich kirchlich untersagte Ehe zwischen Schwager und Schwägerin zu ermöglichen, gab Katharina an, die Ehe sei nie vollzogen worden, was der Papst immerhin so glaubwürdig fand, dass er ihre Vermählung mit Arthur annullierte. Einem zweiten Versuch zur Eheschließung, dieses Mal nun mit Heinrich, der sie zu dieser Zeit noch durchaus reizvoll fand, stand also nichts mehr im Wege.

Auch der zweite Versuch eines glücklichen Ehelebens endete jedoch im Desaster. Katharina brachte zwar eine Tochter zur Welt, die sich als englische Königin Maria I. später den Beinamen »blutige Maria« (»bloody Mary«) verdiente und durch ihre gnadenlose Verfolgung der Protestanten zu zweifelhaftem Ruhm kommen sollte, einen Sohn konnte sie ihrem Gemahl jedoch nicht schenken. Mit dem Herannahen der Wechseljahre seiner Frau machte diesen das aus privaten wie dynastischen Gründen zunehmend nervös, und er suchte nach einer Möglichkeit, seinen Ehebund sozial- und religionsverträglich zu lösen.

Neben der dem 3. Buch Mose entnommenen biblischen Begründung, eine Ehe mit der Frau des Bruders sei verflucht[30], sah er eine weitere Möglichkeit darin, Katharina eine Falschaussage bei der Annullierung ihrer ersten Ehe vorzuwerfen. Sollte dieser Vorwurf anerkannt werden, hätte dieses Verdikt das für ihn überaus positive Ergebnis, dass seine eigene Ehe mit Katharina keinen Bestand mehr haben könnte.

Es gelang ihm immerhin, sein Parlament von dieser Sicht der Dinge zu überzeugen, Papst Clemens VII. allerdings, den der deutsche Historiker Leopold von Ranke einmal als den »wohl unheilvollsten aller Päpste« bezeichnete, erwies sich als unbeugsam. Er willigte nicht in eine Scheidung ein, wohl auch, weil er das fragile europäische Kräftegleichgewicht nicht ins Wanken bringen wollte. Überdies war er vom Wohlwollen des deutschen Kaisers Karl V. abhängig, der eine päpstliche Entscheidung gegen die Interessen seiner Tante Katharina vermutlich nie hingenommen hätte. Das Verhältnis zwischen Papst und Kaiser war

---

30. Vgl. Leviticus 20,21

ohnehin belastet, denn nur wenige Jahre zuvor hatte Karl mit seinen Soldaten Rom blutig eingenommen und die Kirchenschätze geplündert. Clemens, unehelicher Sohn des Florentiner Stadtherren Giuliano de' Medici, aber taktisch offensichtlich weniger begabt als der große Rest seiner Familie, hatte damals Leben und Amt nur gegen das Versprechen politischer Neutralität retten können.

Doch zurück nach England. Dort zeigte sich Heinrich VIII. vom mangelnden Entgegenkommen Roms zwar tief enttäuscht, von seinem Vorhaben einer Auflösung seiner Ehe brachte ihn das jedoch nicht ab. Der Wunsch, irgendwann einmal einen eigenen Sohn und Erben in die Arme schließen zu können, erwies sich offenbar stärker als seine Anhänglichkeit gegenüber einem Pontifex, der ihm wegen seiner Verdienste in zurückliegenden Schlachten und wegen seiner tatkräftigen Ablehnung Martin Luthers und des Protestantismus einst immerhin den Ehrentitel »Defensor Fidei« (»Verteidiger des Glaubens«) verliehen hatte.

Um die Scheidung doch noch durchzusetzen, blieb Heinrich jetzt nur noch ein Mittel: Er musste sich von Rom lösen und eine eigene Kirche mit sich selbst an der Spitze etablieren: Die Geburtsstunde der Anglikanischen Kirche hatte geschlagen. Heinrich ließ seine Ehe mit Katharina durch den Erzbischof von Canterbury für nichtig erklären, der Papst wiederum erklärte diese Entscheidung für ungültig, der Bruch war damit vollzogen. England war für den Katholizismus verloren.

Katharina hatte sich mit dem Trennungswunsch ihres Ehemanns übrigens nie abgefunden, die Scheidung wurde von ihr folglich auch zu keiner Zeit akzeptiert. Sie hielt sich hartnäckig an den Spruch aus Rom und betrachtete sich bis zu ihrem Ende als rechtmäßige Königin und Gattin, wurde dafür allerdings auch von ihrem Mann – respektive Ex-Mann – gedemütigt und abgestraft. Er verbannte sie auf abgelegene Schlösser, degradierte sie, aus seiner Sicht durchaus konsequent, zur »verwitweten Prinzessin von Wales« und erklärte ihre gemeinsame Tochter im gleichen Zug für unehelich. Zusätzlich unterband er jeden Kontakt zwischen Katharina und Maria.

Nicht nur das Beispiel dieser unglücklich geendeten Beziehung zeigt, dass Scheidungen immer tief greifende Konsequenzen haben. Das Besondere im Fall der Trennung der Ehe Heinrichs VIII. und Katharinas von Aragon ist allerdings deren schiere Größe: Nicht eine einzelne Familie und nur wenige Personen waren betroffen, die Folgen prägten und prägen in nicht zu unterschätzendem Ausmaß die internationale Politik und die Welt der Religionen und Kirchen bis in die Gegenwart.

Die wirklich historisch zu nennende Scheidung Heinrichs und Katharinas ist damit gleichzeitig ein Beleg dafür, wie weit reichend sich eine positive oder negative Beurteilung ehelicher Schlusspunkte durch die Kirchen und ihre Oberen auswirken kann und welche Bedeutung sie auch weit außerhalb der religiösen Sphäre besitzt. Die päpstliche Ablehnung einer ehelichen Trennung im englischen Herrscherhaus mag aus damaliger katholischer Sicht – und nicht zuletzt auch aus Gründen realpolitischer Räson – zwingend geboten gewesen sein, die Heilige Mutter Kirche hätte das Privatleben ihrer Söhne und Töchter aber auch völlig anders regeln können. Gehört doch die Unauflöslichkeit der Ehe nicht unbedingt zum festen Bestand des christlichen Glaubensgutes.

Bereits in den Zeiten, in denen noch die Apostel die ersten urchristlichen Gemeinden zu rechtem Leben ermahnten, wurde über die Frage der Scheidung anscheinend lebhaft diskutiert. Den rigiden Eckpunkt dieser Diskussion hatte dabei Jesus selbst gesetzt. In seiner Bergpredigt war ausgehend von der traditionellen jüdischen Position durch ihn nämlich ein strenges Gebot formuliert worden, das aus einer einmal geschlossenen Ehe kaum noch einen Ausweg zu lassen schien: »Es ist euch gesagt: ›Wer seine Frau entlässt, gebe ihr einen Scheidebrief.‹ Ich aber sage euch: Jeder, der seine Frau entlässt, außer wegen Unzucht, der macht sie zur Ehebrecherin, und wer eine Entlassene heiratet, begeht Ehebruch.«[31]

Und damit nicht genug. Viele Exegeten nehmen heute an, dass die einschränkende Einfügung »außer wegen Unzucht« nicht unbedingt auf Jesus selbst zurückgeht, da sie die Konstruktion der übrigen Sentenzen davor

---

31. Matthäus 5,31f.

und danach, in denen er den Ehebruch, den Meineid und das gerechte Strafmaß behandelt, formal sprengt. Nimmt man dieses Argument ernst, hätte Jesus sich dann nicht uneingeschränkt gegen eine Scheidung ausgesprochen, wie sie im Judentum seiner Zeit gang und gäbe war?

Nach jüdischer Rechtsauslegung geht die Möglichkeit zur Trennung einer Ehe zurück auf das 5. Buch Mose, das Buch Deuteronomium. In ihm werden die Bedingungen für eine gültige Scheidung anhand eines Beispiels aufgelistet, dessen herzergreifende Melodramatik jedem billigen Groschenroman zur Zierde gereichen könnte: »Falls jemand ein Weib heimführt und sie ehelicht, dann aber, wenn sie nicht sein Gefallen findet, da er an ihr etwas Widerwärtiges entdeckte, ihr einen Scheidebrief schreibt und aushändigt und sie aus seinem Hause entlässt und falls sie nun nach ihrem Wegzuge aus seinem Hause hinging und eines anderen Mannes Weib wurde, der zweite Mann dann aber ebenfalls ihr abgeneigt wurde, ihr den Scheidebrief schrieb und aushändigte und sie aus seinem Hause entließ (...), dann darf ihr erster Mann, der sie entlassen hat, sie, nachdem sie unrein geworden ist, nicht wiederum heimführen, um sie zum Weibe zu haben.«[32] Es sind wohl nicht nur die mehr als einmal miteinander verheirateten Elizabeth Taylor und Richard Burton, die nach diesem strengen Gebot ernsthafte Schwierigkeiten mit ihrem himmlischen Herrn zu gewärtigen hätten.

Stößt man von der farbigen Falldarstellung von Heirat, Scheidung und Wiederheirat zum eher trockenen gesetzgeberischen Kern des Textes durch, zeigt sich unmittelbar, dass nach ihm einzig der Mann bei der Scheidung den aktiven Part spielt; er bestimmt allein über das Schicksal der von ihm abhängigen Frau, die seinem Willen offensichtlich nichts entgegensetzen kann. Wenn ein Mann sich scheiden lassen will, bedarf es für eine Gültigkeit dieses Aktes nur dreier Voraussetzungen: Er muss an seiner Frau »etwas Widerwärtiges« gefunden haben, dessen Natur zwischen Charakterfehlern, nachlassender Schönheit und fehlender Fähigkeiten in Fragen von Tisch und Bett die Bibel allerdings nicht ge-

---

32. Deuteronomium 24,1ff.

nauer definiert. Er muss zudem seiner Frau einen Scheidebrief schreiben und ihr dieses Schriftstück aushändigen oder zustellen. Das wär's dann aber auch schon.

Die Frau ihrerseits hat von einer solchen Scheidung eigentlich nur einen Vorteil: Bei einer zerrütteten Ehe wird sie wieder frei und kann in einer neuen, nicht als ehebrecherisch gewerteten Verbindung eventuell ein neues Glück finden.

Gegen die nach dem jüdischen Scheidungsrecht mögliche männliche Willkür, so meinen viele Theologen heute, wollte Jesus mit seinem Scheidungsverbot Stellung beziehen. Diese an sich fortschrittliche und menschenfreundliche Intention barg für die Frauen jedoch auch deutliche Nachteile: Zwar konnte ihr Mann sie nun nicht mehr nach persönlichem Gutdünken entlassen, andererseits waren die beiden nun aber auch auf Gedeih und Verderb aneinander gekettet. Und das erscheint eigentlich wiederum weniger fortschrittlich und menschenfreundlich.

Theologen wie Herbert Haag und Katharina Elliger mögen deshalb auch nicht daran glauben, dass hinter den Worten Jesu ein Rigorismus steht, der die Menschen neu knechtet, statt ihnen in von Gott übertragener Verantwortung neue Freiheiten zu schenken. Sie gehen deshalb auf die grundlegende Forderung Jesu zurück, was Gott verbunden habe, das solle der Mensch nicht trennen[33], und vor diesem Hintergrund erscheint ihnen Jesu Forderung, am Bestand einer Ehe festzuhalten, weniger als ein ehernes Gesetz und mehr als ein eindringlicher Appell. Seine Äußerung ist für sie »eine Idealforderung, die, wie alle Idealforderungen Jesu (›Seid vollkommen, wie euer himmlischer Vater vollkommen ist‹, Matthäus 5,48), an der moralischen Hinfälligkeit des Menschen ihre Grenzen findet. Jesus sagt nicht, Mann und Frau *könnten* sich nicht trennen, sondern sie *sollten* sich nicht trennen.«[34]

Der Grundsatz der Unauflöslichkeit der Ehe lässt sich also aus der Bibel zumindest nicht zweifelsfrei ableiten. Zudem stieß die urchristliche Kir-

33. Vgl. Matthäus 19,6
34. Herbert Haag / Katharina Elliger, a. a. O., S. 293

che in der Praxis auf Schwierigkeiten, denn weder das römische noch das germanische Recht ging davon aus, dass ein menschlicher Ehebund für immer und ewig geschlossen worden sei. Der römische Kaiser Justinian stellte beispielsweise im sechsten nachchristlichen Jahrhundert eine Liste legitimer Scheidungsgründe auf, die über den kirchlich eingeräumten Trennungsgrund »Untreue« weit hinausging. Sein Verzeichnis liest sich heute wie eine bunte Aufstellung aus Grausamkeiten und Kuriositäten, denn in ihm findet sich neben der versuchten Ermordung des Ehegatten gleichberechtigt die Verschwörung gegen den Kaiser, das nächtliche Verlassen des Hauses ohne Erlaubnis des Gatten, die Impotenz des Ehemannes, Versklavung, Gefangenschaft und der Eintritt in ein Kloster.[35]

In vielen germanischen Königreichen galten gleiche oder ähnliche Scheidungsgründe; in manchen von ihnen wie zusätzlich etwa auch in Irland konnten ebenso wie die Männer überdies auch die Frauen die Scheidung verlangen.

Trotz dieser starken Gegenkräfte gelang es der katholischen Kirche langfristig aber doch, ihre Auffassung von der grundsätzlichen Unauflöslichkeit der Ehe durchzusetzen, was vor allem für die Frauen die von Jesus gewollte größere soziale Sicherheit mit sich brachte.

Gerade einem ehelicher Treue bis zum Tod nicht unbedingt zugeneigten Mann wie Heinrich VIII. dürfte die kirchliche Ablehnung von Scheidungen allerdings wenig gefallen haben, da sie seinen privaten wie politischen Bewegungsspielraum massiv einschränkte. Es ist daher anzunehmen, dass er den Verfassern einer mittelalterlichen Schrift über die »fünfzehn Freuden der Ehe« rückhaltlos zugestimmt hätte, die die Ehe mit einer Fischreuse verglichen hatten: Man kam leicht hinein, aber gegen Ende des Mittelalters nur noch äußerst schwer wieder heraus.

Wer davon – sicher im Sinn der Bergpredigt – profitierte, war klar. »Insgesamt stärkte diese Situation die Stellung der Frau, denn in der Vergangenheit war Scheidung in der großen Mehrheit der Fälle mit

---

35. Zitiert nach Leah Otis-Cour, a. a. O., S. 64

der Verstoßung der Frau durch ihren Mann gleich bedeutend gewesen.«[36]

Bis in die Gegenwart hat sich die Situation weiter verbessert. Heute stellt in vielen Ländern ein fein austariertes Unterhaltsrecht wenigstens ein ungefähres Gleichgewicht zwischen den beiden Partnern eines vor der Scheidung stehenden Paares her. Es schwächt durch seine Fürsorgefunktion sicher in einigen Teilbereichen die biblische Argumentation gegen eine Scheidung, soweit sie sich auf den Schutz der Frauen vor einem Sturz in die gesellschaftliche Bodenlosigkeit bezieht.

Eine Meinung, wie sie etwa von der katholischen Kirche immer noch mit Härte und Konsequenz vertreten wird, dass nämlich eine einmal vor Gott geschlossene Ehe prinzipiell unauflöslich sein müsse, verliert dadurch allerdings nichts von ihrer Bedeutung. Bleibt das Votum Jesu für eine Liebe, die weder zeitliche noch sonstige Beschränkungen kennt und die ihr Ende nicht schon in ihren Anfängen fest in ihre Kalkulationen aufnimmt, davon doch unberührt. Es liegt schlicht auf einer anderen Ebene.

Trennungslinien

In einem Land, dessen Götter im Himmel wie auf Erden mehr Verhältnisse hatten, als sie für jede Seifenoper auch nur im entferntesten denkbar wären, konnte es ja gar nicht anders ein. Im klassischen Griechenland war die Scheidung zerrütteter Ehen kein Problem. Die Trennung ihrer Beziehung war für einen Mann wie für eine Frau überaus einfach: Ihre Ehe wurde mit dem Moment für beendet betrachtet, in dem sie nicht mehr in einem gemeinsamen Haushalt lebten.

In Rom galten ähnlich unkomplizierte Regeln. Da hier wie dort die Ehe allein auf der Übereinkunft zweier Menschen beruhte, wurde sie aufgelöst, sobald mindestens einer von beiden den Willen dazu bekundete. Einen allzu häufigen Wechsel der Beziehungen gab es trotz dieser

---

36. Leah Otis-Cour, a. a. O., S. 70

freizügigen Regelungen dennoch nicht. Da mit dem Ende einer Ehe auch immer die Rückgabe der Mitgift verbunden war, überlegte es sich so mancher scheidungswillige Ehemann anscheinend besonders gründlich, ob er lieber der Stimme seines Herzens oder lieber der seines Geldbeutels folgen sollte.

Möglich ist eine Scheidung auch im Islam, obwohl die muslimische Religionslehre sie nur als letzten Ausweg anerkennt und die Überlieferung gleichzeitig sagt: »Von allen erlaubten Dingen ist die Scheidung das von Gott am meisten verabscheute!«

Grundsätzlich kann eine Scheidung unter Muslimen sowohl vom Mann als auch von der Frau ausgehen. Die Vorschriften, nach denen dabei zu handeln ist, unterscheiden sich allerdings sehr stark je nach dem Geschlecht dessen, der die Scheidung betreibt. Genügt es beim Mann beispielsweise, dass er mündlich, ohne Zorn und in besonnenem Zustand gegenüber seiner Frau seinen Scheidungswillen ausspricht, muss die Frau in jedem Fall den Weg über ein Gericht oder einen Schiedsmann einschlagen.

Überdies muss der Mann keinen Grund für seinen Trennungswunsch angeben, die Frau ist dazu aber sehr wohl genötigt. Scheidungsgrund kann dabei für sie neben Impotenz und ehelicher Gewalt interessanterweise auch vom Mann durch Faulheit herbeigeführte Armut sein, da der Mann als Familienoberhaupt für einen angemessenen Unterhalt seiner Angehörigen zu sorgen hat.

Vorschnellem Auseinandergehen der Ehepartner hat Allah im Koran einen Riegel vorgeschoben. In der zweiten Sure wird eine Wartezeit von vier Monaten bis zum Wirksamwerden der Scheidung verlangt, wobei Muslime bei einer zwischenzeitlichen Versöhnung beider Partner auf das gütige Verständnis Allahs vertrauen dürfen: »Wenn sie davon (der Scheidung) abkommen, wahrlich, Gott ist allverzeihend und allbarmherzig.«[37] Als ohne große und wortreiche Erklärungen zurückgenommen gilt eine Scheidung übrigens auch, wenn es während der Wartezeit zum Geschlechtsverkehr zwischen beiden Ehepartnern kommt. Die Tat spricht dann für sich.

---

37. 2. Sure, 226

Außer der Hoffnung auf eine Versöhnung ist für die mehrmonatige Karenzzeit bis zum Wirksamwerden einer Scheidung auch noch ein zweiter, sehr praktischer Grund maßgebend. Durch die lange Zeit der Enthaltsamkeit soll eindeutig sichergestellt werden, dass die geschiedene Ehefrau von ihrem ehemaligen Mann nicht mehr geschwängert wurde und bei einer möglicherweise rasch folgenden zweiten Ehe dann Streitigkeiten über die Vaterschaft auftreten.

Muss denn Liebe Sünde sein?

Nichts mehr war ihnen aneinander fremd. Jeder Zug im Gesicht des anderen erschien ihnen vertraut wie bei einem Blick in einen Spiegel, keine Geste des anderen konnte sie mehr überraschen. Sie hatten sich in langen Jahren der Gemeinsamkeit alles gesagt, was sich zwei Menschen nur sagen konnten. Solange ihre Erinnerung zurückreichte, hatten sie jeden Tag ihres Lebens miteinander geteilt. Miteinander hatten sie gelacht, zusammen aber auch geweint. Großes Glück war ihnen von den Göttern beschert worden, vom Unglück waren sie allerdings ebenfalls nicht verschont geblieben. Und dennoch: Der Gedanke an Trennung war ihnen weder in den hellsten noch in den dunkelsten Momenten gekommen. Beide wussten, sie waren füreinander bestimmt.

Dabei hätte das Leben für Philemon und Baucis ebenso gut die Hölle sein können. Durch Konventionen in schnöder Langeweile und materieller Armut aneinander gekettet, ohne die geringste Perspektive eines Ausbruchs.

Die beiden Alten im heute türkischen Phrygien waren alles andere als wohlhabend. Sie konnten der Erde ihres schmalen Ackers mit harter Arbeit nur gerade so viel abgewinnen, dass sie nicht Hunger leiden mussten. Um ein wenig Vieh zu halten, hatte es nie gereicht bei den beiden; allein eine einzige Gans fristete ihr Dasein hinter der baufälligen Hütte, deren morsche Bretterwände am Dorfrand einen auffälligen Kontrapunkt setzten zu den prächtigen Höfen der reichen Bauern im Zentrum des Ortes.

Klagen gab es von ihnen trotzdem nie zu hören. Philemon und Baucis waren arm, aber sie waren nicht unglücklich. Sie haderten nicht mit ihrem Schicksal, das sie nicht auf Rosen gebettet hatte. Die dauernden Anstrengungen jedes neuen Tages hatten Baucis' einst so wunderbar glatte Haut zwar faltig gemacht, und Philemons ehedem kastanienbraun schimmerndes Haar war eisgrau geworden, wenn sie sich ansahen, strahlten ihre Augen aber noch immer wie vor Jahrzehnten. Die Not hatte ihnen das Leuchten nicht aus dem Gesicht tilgen können, ihre Liebe zueinander war nicht geringer, sondern größer geworden.

Hätte man sie gefragt, hätten sie wohl selbst nicht sagen können, woran das lag. Vielleicht hätten sie etwas davon erzählt, dass die Liebe zwar ein Geschenk sei, man sie aber verliere, wenn man sich nicht immer wieder um sie bemühe, sie täglich hege und pflege. Vielleicht hätten sie auch gesagt, dass man Liebe teilen müsse, um sie zu vergrößern, dass sie Freiheit brauche, um wachsen und reifen zu können.

Sehr viel wahrscheinlicher ist allerdings, dass sie geschwiegen hätten, wenn die Rede auf ihr Glück gekommen wäre. Große Worte waren ihre Sache nicht, sie waren einfache Leute, keine komplizierten Denker.

Mit zeitlichem Abstand betrachtet, waren Philemon und Baucis eigentlich ein völlig unspektakuläres Paar. Ungefähr so außergewöhnlich wie die beiden freundlichen Rentner mit ihrem Dackel aus dem Haus gegenüber oder so grandios wie die weißhaarigen Großeltern der Kinder von nebenan. Berühmt wurden sie allein, weil ihnen der römische Dichter Ovid in seinen Metamorphosen ein literarisches Denkmal setzte. In seiner Neuerzählung griechischer Mythen stellt er sie vor als ein Paar, das über viele Jahrzehnte zusammengeblieben ist und das nun durch seine beispiellose Güte und Freundlichkeit das Wohlgefallen der Götter erregt.

Zeus und Hermes hatten im Inkognito menschlicher Gestalt die Gastlichkeit der Menschen prüfen wollen, und sie waren dabei bitter enttäuscht worden. Überall in den Häusern der Reichen hatte man sie abgewiesen, als sie wegen eines Nachtquartiers angeklopft hatten, allein Philemon und Baucis hatten sie ohne Zögern aufgenommen und trotz ihrer Armut großzügig bewirtet. Die beiden Alten fuhren auf dem blanken Holz ihres einzigen Tisches alles auf, was sie hatten, ohne dabei an ihr eigenes Morgen zu denken. Sie gingen sich gegenseitig zur Hand, und ihre Liebe zueinander war nicht nur für Götteraugen unübersehbar. Waren ihre gegenseitigen Gefühle im Laufe der Jahre und Jahrzehnte doch nicht kleiner, sondern im Gegenteil immer größer geworden.

Liebe, so wird in dieser Sage aus dem klassischen Griechenland deutlich, ist kein Privileg der Jugend, sondern sie schenkt Glück selbst noch für Greisinnen und Greise. Sie erschöpft sich nicht in stürmischer Lust und lodernder Leidenschaft.

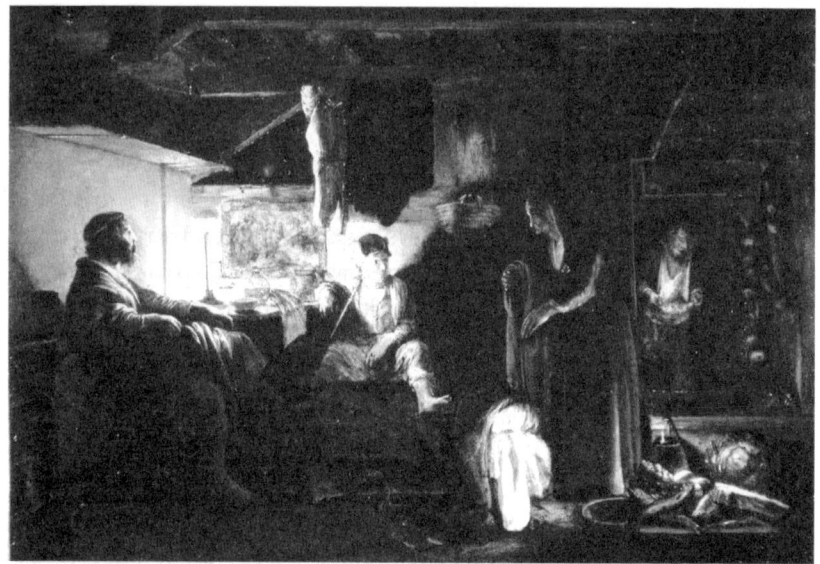

Liebe lässt Liebe wachsen: Das alte Paar Philemon und Baucis bewirtet in seiner Hütte die Götter Zeus und Hermes bei ihrem Besuch auf der Erde
(Adam Elsheimer: Jupiter und Merkur bei Philemon und Baucis; 1609–10; Öl auf Kupfer; Gemäldegalerie Dresden).

Liebe kann alle Formen annehmen, sie ist vom Alter unabhängig. Und selbst, wo sie ihren Ausdruck im genussvollen Ausleben der Sexualität sucht, setzt sie dazu nicht unbedingt die jungen Jahre voraus: Im Alten Testament sind es nicht nur Abraham und Sara, die offensichtlich noch weit jenseits der Lebensmitte auch körperlich Gefallen aneinander fanden.

Liebe, Lust und Leidenschaft werden – mit durchaus wechselnden Akzentuierungen – in allen Weltreligionen als ein göttliches Geschenk begriffen, das weit mehr ist als ein bloßes Spielzeug für die kurze, wilde Zeit des Heranwachsens und der ersten, frühen Reife.

Liebe, Lust und Leidenschaft: Diese emotionale Trias soll die Menschen durch ihr ganzes Leben begleiten und – wie etwa in den paradiesischen Gärten der Muslime – manchmal sogar darüber hinaus.

Liebe, Lust und Leidenschaft: Mit ihrer Hilfe können die Menschen in die Sphäre einer höheren Spiritualität und einer größeren Liebe zu Gott aufsteigen, wie es unter anderem der indische Tantrismus ebenso zeigt wie die Mystiker des christlichen Mittelalters.

Und Sünde? Kann denn Liebe nicht auch manchmal Sünde sein? Zarah Leanders Schlager aus den dreißiger Jahren stellt diese Frage zwar eher rhetorisch und mit der klaren Erwartung eines definitiven Nein als Antwort, aber dennoch: Sicher, Liebe kann Sünde sein – wenn man diesen Begriff überhaupt als wesentlich für sein Leben anerkennt.

Liebe – und vielleicht mehr noch –, Lust und Leidenschaft können dann Sünde sein, wenn sie das eigene Wollen anderen aufzwingen, wenn sie die eigenen Maßstäbe zum allgemeinen Gesetz erheben und wenn sie anderen Schaden an Körper, Geist oder Seele zufügen. Wohl kein spezielles Sexualverhalten und keine konkrete sexuelle Orientierung – sei es nun etwa die Selbstbefriedigung oder die gleichgeschlechtliche Liebe – werden andererseits freilich in den heiligen Schriften der großen Religionen durchgängig und übereinstimmend verurteilt, nichts Menschliches scheint ihnen vielmehr fremd zu sein: Selbst auf dem Olymp kommt Ehebruch in den besten Familien vor, und das Alte Testament lässt sich schwerlich als Brandrede gegen Prostitution und Prostituierte missverstehen.

Liebe, Lust und Leidenschaft in den Weltreligionen: Was das bedeutet, ist immer nur aus einer bestimmten Epoche heraus und auf sie hin zu begreifen. In der Konsequenz heißt das, dass die Menschen in Bezug auf diese drei Gefühle wie auch überall sonst in ihrem Leben zu eigenverantwortlichem Handeln berufen – und aufgerufen – sind. Seine unüberschreitbaren Grenzen findet dieses Handeln im Respekt und in der Beachtung der Freiheiten des anderen, in seinem unveräußerlichen Recht auf körperliche und geistige Unversehrtheit.

»Anything goes!«: Dieser Grundsatz kann für einen Christen oder Juden ebenso wenig gelten wie für einen Muslim, Hindu oder Buddhisten. In keiner Beziehung. Er würde schlechthin die Grundlagen jedes gesellschaftlichen Zusammenlebens unterminieren, jegliches soziale Gebäude zum Einsturz bringen.

Liebe, Lust und Leidenschaft können also sehr wohl Sünde sein, wenn auch vielleicht nicht in der eng geführten Hinsicht, in der es viele der besonders Rechtgläubigen aller Religionen zu vermuten scheinen. Liebe, Lust und Leidenschaft sind nicht dann Sünde, wenn ein Paar in gegenseitiger Zuneigung die Grenzen seines Sexuallebens etwas weiter fasst als üblich. Liebe, Lust und Leidenschaft führen aber dann an den Abgrund, wenn durch das rücksichtslose Ausleben dieser Gefühle andere mittelbar oder unmittelbar zu Schaden kommen. Gott, Allah und die Götter des fernen Ostens oder des antiken Europa zeigen sich viel zurückhaltender als weithin angenommen, wenn sie mit den Richtschnüren ihrer Ethik und Moral die Lebensbahnen ihrer Gläubigen einengen. Sie vertrauen auf die Urteilskraft ihrer menschlichen Geschöpfe, augenscheinlich manchmal mehr als diese selbst.

Philemon und Baucis haben sich dieses Vertrauens würdig erwiesen. Sie haben ihre Liebe zueinander im Laufe ihres langen Lebens wachsen lassen, und diese Liebe brachte wieder neue Liebe hervor. Während ihre reichen und offensichtlich nur an materiellem Besitz interessierten Nachbarn für ihre Habgier und Ichbezogenheit von Zeus und Hermes gestraft wurden, gewährten die Götter Philemon und Baucis die Gnade, um die sie gebeten hatten. Nach einem erfüllten Leben durften sie in Frieden miteinander sterben, ohne am Sarg des anderen stehen und sein Grab sehen zu müssen. Sie wurden am Ende ihres menschlichen Daseins in eine Eiche und eine Linde verwandelt, die nach der Sage nun bis in alle Ewigkeit mit ineinander verschlungenen Ästen auf einem phrygischen Hügel eng beieinander stehen.

Liebe – und am Ende dieses Textes war das wohl auch kaum anders zu vermuten – kann also ein Segen sein, der sogar den Tod besiegt. Sie kann aber auch, wenn sie falsch verstanden wird, eine Sünde darstellen. Aber – um die im Buchtitel gestellte Frage abschließend endlich zu beantworten – sie muss es nicht.

Nein, Liebe muss nicht Sünde sein. Nie und nimmer. Es liegt ausschließlich an uns, was wir aus ihr machen.